U0925927

# 广弘明集

中国佛学经典宝藏

105

巩本栋 释译

星云大师总监修

人民东方出版传媒

東方出版社

# 《中国佛学经典宝藏》
# 大陆简体字版编审委员会

# 总序

星云

自读首楞严，从此不尝人间糟糠味；

认识华严经，方知已是佛法富贵人。

诚然，佛教三藏十二部经有如暗夜之灯炬、苦海之宝筏，为人生带来光明与幸福，古德这首诗偈可说一语道尽行者阅藏慕道、顶戴感恩的心情！可惜佛教经典因为卷帙浩瀚、古文艰涩，常使忙碌的现代人有义理远隔、望而生畏之憾，因此多少年来，我一直想编纂一套白话佛典，以使法雨均沾，普利十方。

一九九一年，这个心愿总算有了眉目。是年，佛光山在中国大陆广州市召开“白话佛经编纂会议”，将该套丛书定名为《中国佛教经典宝藏》①。后来几经集思广

① 编者注：《中国佛教经典宝藏》丛书，大陆出版时改为《中国佛学经典宝藏》丛书。

益，大家决定其所呈现的风格应该具备下列四项要点：

**一、启发思想**：全套《中国佛教经典宝藏》共计百余册，依大乘、小乘、禅、净、密等性质编号排序，所选经典均具三点特色：

1. 历史意义的深远性
2. 中国文化的影响性
3. 人间佛教的理念性

**二、通顺易懂**：每册书均设有原典、注释、译文等单元，其中文句铺排力求流畅通顺，遣词用字力求深入浅出，期使读者能一目了然，契入妙谛。

**三、文简意赅**：以专章解析每部经的全貌，并且搜罗重要的章句，介绍该经的精神所在，俾使读者对每部经义都能透彻了解，并且免于以偏概全之谬误。

**四、雅俗共赏**：《中国佛教经典宝藏》虽是白话佛典，但亦兼具通俗文艺与学术价值，以达到雅俗共赏、三根普被的效果，所以每册书均以题解、源流、解说等章节，阐述经文的时代背景、影响价值及在佛教历史和思想演变上的地位角色。

兹值佛光山开山三十周年，诸方贤圣齐来庆祝，历经五载、集二百余人心血结晶的百余册《中国佛教经典宝藏》也于此时隆重推出，可谓意义非凡，论其成就，则有四点可与大家共同分享：

**一、佛教史上的开创之举**：民国以来的白话佛经翻译虽然很多，但都是法师或居士个人的开示讲稿或零星的研究心得，由于缺乏整体性的计划，读者也不易窥探佛法之堂奥。有鉴于此，《中国佛教经典宝藏》丛书突破窠臼，将古来经律论中之重要著作，做有系统的整理，为佛典翻译史写下新页！

**二、杰出学者的集体创作**：《中国佛教经典宝藏》丛书结合中国大陆北京、南京各地名校的百位教授、学者通力撰稿，其中博士学位者占百分之八十，其他均拥有硕士学位，在当今出版界各种读物中难得一见。

**三、两岸佛学的交流互动**：《中国佛教经典宝藏》撰述大部分由大陆饱学能文之教授负责，并搜录台湾教界大德和居士们的论著，借此衔接两岸佛学，使有互动的因缘。编审部分则由台湾和大陆学有专精之学者从事，不仅对中国大陆研究佛学风气具有带动启发之作用，对于台海两岸佛学交流更是帮助良多。

**四、白话佛典的精华集萃**：《中国佛教经典宝藏》将佛典里具有思想性、启发性、教育性、人间性的章节做重点式的集萃整理，有别于坊间一般“照本翻译”的白话佛典，使读者能充分享受“深入经藏，智慧如海”的法喜。

今《中国佛教经典宝藏》付梓在即，吾欣然为之作序，并借此感谢慈惠、依空等人百忙之中，指导编修；吉广舆等人奔走两岸，穿针引线；以及王志远、赖永海等大陆教授的辛勤撰述；刘国香、陈慧剑等台湾学者的周详审核；满济、永应等“宝藏小组”人员的汇编印行。由于他们的同心协力，使得这项伟大的事业得以不负众望，功竟圆成！

《中国佛教经典宝藏》虽说是大家精心擘划、全力以赴的巨作，但经义深邈，实难尽备；法海浩瀚，亦恐有遗珠之憾；加以时代之动乱，文化之激荡，学者教授于契合佛心，或有差距之处。凡此失漏必然甚多，星云谨以愚诚，祈求诸方大德不吝指正，是所至祷。

一九九六年五月十六日于佛光山

# 原版序

## 敲门处处有人应

慈惠

《中国佛教经典宝藏》是佛光山继《佛光大藏经》之后，推展人间佛教的百册丛书，以将传统《大藏经》精华化、白话化、现代化为宗旨，力求佛经宝藏再现今世，以通俗亲切的面貌，温渥现代人的心灵。

佛光山开山三十年以来，家师星云上人致力推展人间佛教，不遗余力，各种文化、教育事业蓬勃创办，全世界弘法度化之道场应机兴建，蔚为中国现代佛教之新气象。这一套白话精华大藏经，亦是大师弘教传法的深心悲愿之一。从开始构想、擘划到广州会议落实，无不出自大师高瞻远瞩之眼光，从逐年组稿到编辑出版，幸赖大师无限关注支持，乃有这一套现代白话之大藏经问世。

这是一套多层次、多角度、全方位反映传统佛教文化的丛书，取其精华，舍其艰涩，希望既能将《大藏经》

深睿的奥义妙法再现今世，也能为现代人提供学佛求法的方便舟筏。我们祈望《中国佛教经典宝藏》具有四种功用：

### 一、是传统佛典的精华书

中国佛教典籍汗牛充栋，一套《大藏经》就有九千余卷，穷年皓首都研读不完，无从赈济现代人的枯槁心灵。《宝藏》希望是一滴浓缩的法水，既不失《大藏经》的法味，又能有稍浸即润的方便，所以选择了取精用弘的摘引方式，以舍弃庞杂的枝节。由于执笔学者各有不同的取舍角度，其间难免有所缺失，谨请十方仁者鉴谅。

### 二、是深入浅出的工具书

现代人离古愈远，愈缺乏解读古籍的能力，往往视《大藏经》为艰涩难懂之天书，明知其中有汪洋浩瀚之生命智慧，亦只能望洋兴叹，欲渡无舟。《宝藏》希望是一艘现代化的舟筏，以通俗浅显的白话文字，提供读者遨游佛法义海的工具。应邀执笔的学者虽然多具佛学素养，但大陆对白话写作之领会角度不同，表达方式与台湾有相当差距，造成编写过程中对深厚佛学素养与流畅白话语言不易兼顾的困扰，两全为难。

### 三、是学佛入门的指引书

佛教经典有八万四千法门，门门可以深入，门门是无限宽广的证悟途径，可惜缺乏大众化的入门导览，不易寻觅捷径。《宝藏》希望是一支指引方向的路标，协助十方大众深入经藏，从先贤的智慧中汲取养分，成就无上的人生福泽。

**四、是解深入密的参考书**

佛陀遗教不仅是亚洲人民的精神归依，也是世界众生的心灵宝藏。可惜经文古奥，缺乏现代化传播，一旦庞大经藏沦为学术研究之训诂工具，佛教如何能扎根于民间？如何普济僧俗两众？我们希望《宝藏》是百粒芥子，稍稍显现一些须弥山的法相，使读者由浅入深，略窥三昧法要。各书对经藏之解读诠释角度或有不足，我们开拓白话经藏的心意却是虔诚的，若能引领读者进一步深研三藏教理，则是我们的衷心微愿。

# 大陆版序一

《中国佛教经典宝藏》是一套对主要佛教经典进行精选、注译、经义阐释、源流梳理、学术价值分析，并把它们翻译成现代白话文的大型佛学丛书，成书于二十世纪九十年代，由台湾佛光文化事业有限公司出版，星云大师担任总监修，由大陆的杜继文、方立天以及台湾的星云大师、圣严法师等两岸百余位知名学者、法师共同编撰完成。十几年来，这套丛书在两岸的学术界和佛教界产生了巨大的影响，对研究、弘扬作为中国传统文化重要组成部分的佛教文化，推动两岸的文化学术交流发挥了十分重要的作用。

《中国佛学经典宝藏》则是《中国佛教经典宝藏》的简体字修订版。之所以要出版这套丛书，主要基于以下的考虑：

首先，佛教有三藏十二部经、八万四千法门，典籍浩瀚，博大精深，即便是专业研究者，穷其一生之精力，恐也难阅尽所有经典，因此之故，有“精选”之举。

其次，佛教源于印度，汉传佛教的经论多译自梵语；加之，代有译人，版本众多，或随音，或意译，同一经文，往往表述各异。究竟哪一种版本更契合读者根机？哪一个注疏对读者理解经论大意更有助益？编撰者除了标明所依据版本外，对各部经论之版本和注疏源流也进行了系统的梳理。

再次，佛典名相繁复，义理艰深，即便识得其文其字，文字背后的义理，诚非一望便知。为此，注译者特地对诸多冷僻文字和艰涩名相，进行了力所能及的注解和阐析，并把所选经文全部翻译成现代汉语。希望这些注译，能成为修习者得月之手指、渡河之舟楫。

最后，研习经论，旨在借教悟宗、识义得意。为了将其思想义理和现当代价值揭示出来，编撰者对各部经论的篇章品目、思想脉络、义理蕴涵、学术价值等所做的发掘和剖析，真可谓殚精竭虑、苦心孤诣！当然，佛理幽深，欲入其堂奥、得其真义，诚非易事！我们不敢奢求对于各部经论的解读都能鞭辟入里，字字珠玑，但希望能对读者的理解经义有所启迪！

习近平主席最近指出：“佛教产生于古代印度，但传入中国后，经过长期演化，佛教同中国儒家文化和道家文化融合发展，最终形成了具有中国特色的佛教文化，给中国人的宗教信仰、哲学观念、文学艺术、礼仪习俗等留下了深刻影响。”如何去研究、传承和弘扬优秀佛教文化，是摆在我们面前的一个重要课题，人民东方出版传媒有限公司拟对繁体字版的《中国佛教经典宝藏》进行修订，并出版简体字版的《中国佛学经典宝藏》，随喜赞叹，寥寄数语，以叙因缘，是为序。

二〇一六年春于南京大学

# 大陆版序二

依空

身材高大、肤色白皙、擅长军事的亚利安人，在公元前四千五百多年从中亚攻入西北印度，把当地土著征服之后，为了彻底统治这里的人民，建立了牢不可破的种姓制度，创造了无数的神祇，主要有创造神梵天、破坏神湿婆、保护神毗婆奴。人们的祸福由梵天决定，为了取悦梵天大神，需要透过婆罗门来沟通，因为他们是从梵天的口舌之中生出，懂得梵天的语言——繁复深奥的梵文，婆罗门阶级是宗教祭祀师，负责教育，更掌控了神与人之间往来的话语权。四种姓中最重要的是刹帝利，举凡国家的政治、经济、军事、文化等等都由他们实际操作，属贵族阶级，由梵天的胸部生出。吠舍则是士农工商的平民百姓，由梵天的膝盖以上生出。首陀罗则是被踩在梵天脚下的土著。前三者可以轮回，纵然几世轮转都无法脱离原来种姓，称为再生族；首陀罗则连轮回的因缘都没有，为不生族，生生世世为首陀罗，子孙也倒霉跟着宿命，无法改变身份。相对于此，贱民比首陀罗更为卑微、低贱，连四种姓都无法跻身其中，只能从事挑粪、焚化尸体等最卑贱、龌龊的工作。

出身于高贵种姓释迦族的悉达多太子，为了打破种姓制度的桎梏，舍弃既有的优越族姓，主张一切众生皆平等，成正等觉，创立了佛教僧团。为了贯彻佛教的平等思想，佛陀不仅先度首陀罗身份的优婆离出家，后度释迦族的七王子，先入山门为师兄，树立僧团伦理制度。佛陀更严禁弟子们用贵族的语言——梵文宣讲佛法，而以人民容易理解的地方口语来演说法义，这就是巴利文经典的滥觞。佛陀认为真理不应该是属于少数贵族、知识分子的专利或装饰，而应该更贴近普罗大众，属于平民百姓共有共知。原来佛陀早就在推动佛法的普遍化、大众化、白话化的伟大工作。

佛教从西汉哀帝末年传入中国，历经东汉、魏晋南北朝、隋唐的漫长艰巨的译经过程，加上历代各宗派祖师的著作，积累了庞博浩瀚的汉传佛教典籍。这些经论义理深奥隐晦，加以书写的语言文字为千年以前的古汉文，增加现代人阅读的困难，只能望着汗牛充栋的三藏十二部扼腕慨叹，裹足不前。

如何让大众轻松深入佛法大海，直探佛陀本怀？佛光山开山宗长星云大师乃发起编纂《中国佛教经典宝藏》。一九九一年，先在大陆广州召开“白话佛经编纂会议”，订定一百本的经论种类、编写体例、字数等事项，礼聘中国社科院的王志远教授、南京大学的赖永海教授分别为中国大陆北方与南方的总联络人，邀请大陆各大学的佛教学者撰文，后来增加台湾部分的三十二本，是为一百三十二册的《中国佛教经典宝藏精选白话版》，于一九九七年，作为佛光山开山三十周年的献礼，隆重出版。

六七年间我个人参与最初的筹划，多次奔波往来于大陆与台湾，小心谨慎带回作者原稿，印刷出版、营销推广。看到它成为佛教徒家中的传家宝藏，有心了解佛学的莘莘学子的入门指南书，为星云大师监修此部宝藏的愿心深感赞叹，既上契佛陀“佛法不舍一众”的慈悲本怀，更下启人间佛教“普世益人”的平等精神。尤其可喜者，欣闻现大陆出版方东方出版社潘少平总裁、彭明哲副总编亲自担纲筹划，组织资深编辑精校精勘；更有旅美企业家鲁彼德先生事业有成之际，秉“十方来，十方去，共成十方事”之襟怀，促成简体字版《中国佛学经典宝藏》的刊行。今付梓在即，是为序，以表随喜祝贺之忱！

二〇一六年元月

# 目　录

# 题解

《广弘明集》是唐释道宣编纂的一部佛学思想资料集，选收魏晋至唐初有关佛学的各类文章二百八十多篇，作者一百三十余人。

《广弘明集》的版本，据宋代以来的各种官私书目的著录，主要有两个系统：一是三十卷本[①]，一为四十卷本。宋、元和明吴惟明刊本（即《四部丛刊》所据印之本）等单刻本，宋、金、元入《大藏经》本，像北宋《开宝藏》、南宋《资福藏》、宋元《碛砂藏》、金《赵城金藏》和据《开宝藏》翻刻的《高丽藏》、据宋元明诸藏刊刻的日本《弘教藏》《大正藏》以及据《弘教藏》排印的《频伽藏》本等，皆为三十卷本。明《洪武南藏》《永乐北藏》和明《径山藏》（即《嘉兴藏》《支那藏》）、清雍正年间重刊《龙藏》[②]以及中华书局据常州天宁寺刊本印行的《四部备要》本等，皆作四十卷。《广弘明集》的两种版本，在内容上没有什么不同，然自明代以来，此书所以会出现两种版本并行的情况，多半是因为三十卷本中多有一卷篇帙过长的情形，于是才有刊刻者自行将一卷析为两卷或三卷，这就产生了四十卷本[③]。

本书所选原典以影宋《碛砂藏》本《广弘明集》为底本，这是因为《碛砂藏》刊刻于宋、元之际（它所依据的底本是刊于两宋之交的《福州藏》），成书年代较早，较好地保存了《广弘明集》早期版本和宋本《大藏经》的原貌。比如，隋天台智𫖮禅师《与炀帝书》，诸本多有目无文，而《碛砂藏》本《广弘明集》卷二十七却有道宣自注："天台智者禅师《与炀帝书》，文多不载，备所撰《续高僧传》。"以后除较多地保留了宋本《大藏经》原貌的一些版本，如日本《大正新修大藏经》，还有此注之外，其他版本多已不存此注，《四部丛刊》所印行的明吴惟明刻本，则连《与炀帝书》之目也已不存。再者，《碛砂藏》本《广弘明集》每卷之后附有较多的音释；且每篇有分目，并与《弘明集》相对照，每卷又有细目；版式刊刻，多分段落，眉目清爽，这些也都是此本的长处。至于文字，各本互有优劣，我们则于所选原典，取《大正藏》《四部丛刊》《四部备要》本《广弘明集》等互校，择善而从。

《广弘明集》在佛学中的宗教价值，主要在于弘教护法。可从以下两方面来看：

一方面，在编选内容上，《广弘明集》处处体现着鲜明的弘教护法的宗旨和特色。道宣广采博收，分类汇编了南北朝隋唐时期许多有关佛学的论文、讲疏、诏敕、表启、书信、赞颂、诗赋等，这些文章或阐释佛学义理、探讨佛教戒律，或颂扬如来功德、宣传佛迹灵验，或表彰名僧业绩、劝诱世人向善，或表现皈依佛门之志、抒发对佛教崇信的情感，都富有浓厚的宗教色彩。尤其是道宣针对自北朝周、魏以来，中原地区“重老轻佛，信毁交贸，致使工言既申，佞幸斯及”[4]的情况，编选节录了大量排难解纷、反驳道家攻击的论辩性文章，并辟出相当的篇幅叙述了历代王公大臣崇扬或毁废佛教的事迹，同时还通过分篇序文和附于所选之文前后的叙述、评论、说明、注解性文字，传达出编选者弘教护法的宗旨和扬佛抑道的思想倾向[5]，从而使《广弘明集》本身具备了十分突出的弘教护法的特色和价值。

另一方面，从佛教的发展上看，《广弘明集》确曾起过弘教护法的作用。在当时，此书已广为流传。唐释智昇《开元释教录》卷八下即称道宣“存护法城，著述无辍”，“凡所修撰，并行于代”。宋释赞宁《宋高僧传》卷十四亦云：“宣之编修，美流天下。”自宋代以后，此书又入于《大藏经》，且与《弘明集》同列为“护教部”之首，屡为后人称引。由此亦可见《广弘明集》在传播佛学义理、维护佛教地位等方面所起的作用是很大的。

《广弘明集》不但具有明显的宗教价值和特色，而且在中国佛学史上占有很高的学术地位。

佛教作为一种外来的思想文化，从初步传入中国到逐渐扎根生长、枝繁叶茂，从附庸儒道，进而独立发展，蔚为大观，是经历了一个与中国本土思想文化即儒道思想从冲突到融合的曲折过程的。佛教自两汉之际传入中国，传播地区和信仰之人都很有限，其时黄老盛行，世人因好黄老而兼及佛教，以为佛理清虚无为，所谓如来亦不过是一种神，便将黄老浮屠并祠，将佛教纳入黄老之学和神仙方技之中，这是一种融合，但同时即有世人学士“云其辞说廓落难用，虚无难信”，“多讥毁之”，而“视俊士之所规，听儒林之所论，未闻修佛道以为贵，自损容以为上也”[⑥]。这又是一种矛盾和冲突。魏晋时期，玄学兴盛，而佛教经典也已大量传译，为中土士人所认识接受，于是既有佛教信徒用老庄之旨，比佛教般若之学，玄佛互证，以“无”谈“空”，使佛学得以脱离方技而与老庄玄学相辅而行，并渐趋独立、渐趋兴盛，至有宋文帝欲“使率土之滨皆纯此化”，以“坐致太平”[⑦]，梁武帝宣布佛教为国教，且四次舍身佛寺，又有后期玄学由于引入佛教般若学的义理，而得到进一步发展，玄学与佛学逐渐相互吸收和融汇。然自西晋道士王浮作《老子化胡经》，提出老子西出关，教化胡人，创立佛教，儒、道尤其是道与佛在教义上的矛盾冲突从未停止，如本末之争、神灭与神不灭之争、夷夏之争、沙门应否敬王之争等，这种争执一旦和政治权势结合，宗教矛盾和政治冲突交织在一起，就会导致出现北魏、北周的毁教灭佛事件。

从文化研究的视角看，一部中国佛教史，就是外来的佛教文化与中国本土的儒道思想文化不断地相互碰撞、相互影响，以至彼此会通交融的历史，而《广弘明集》则正是继梁释僧祐《弘明集》之后，又一部收录更为广泛、更全面、集中地反映魏晋至唐初佛学义理如何在儒、佛、道三家错综复杂关系中不断演变发展的思想史料集。诸如当日佛教界内外对神不灭、大乘空宗理论中的二谛、法身、涅槃佛性等一系列佛教义理问题的讨论，佛道两教之间激烈的攻驳辩争以及历代帝王兴废佛法的事迹等许多珍贵材料，无不分门别类地保存在《广弘明集》中，从而使此书在佛学中占有很高的学术地位，并历来为佛学研究者所珍视。

值得注意的是，《广弘明集》还有其他许多方面的学术价值。比如，集中所保存的大量的佛学及其他方面的文献资料，在其他著述中不少已经失传，这就在文献上为后代的研究者提供了可资辑佚、考证和研究的有利条件。著名的像南朝梁阮孝绪的《七录序》，四库馆臣已指出："阮孝绪《七录序》序文及其门目部分，儒家久已失传，《隋志》仅存其说，而此书第三卷内乃载其大纲，尚可推寻崖略……不可谓无裨考证也。"[⑧]诚如四库馆臣所云，《七录序》这一我国早期研究目录分类理论的重要文献，确赖《广弘明集》而存。其他许多像魏晋南北朝时期的诗文，本集失载或无专集行世的，也颇赖此以存。所以明代以来冯惟讷编《古诗纪》、梅鼎祚编《古文纪》、张溥编《汉魏六朝百三家集》、严可均编《全上古三代汉魏晋南北朝文》、逯钦立编《先秦汉魏晋南北朝诗》等，均曾加以利用。

《广弘明集》共选并收历代帝王兴废佛教的诏敕和佛道两教的论辩之文，这虽不是道宣的创举，而且其宗旨又在于扬佛抑道，回护佛教处不少（参见本文注⑤），但他毕竟同时收录了佛教的对立面——道教及其他人士攻击佛教的文章，从而不但表现出佛教在唐代的迅速发展和走向繁荣，显示出佛教中人对本教的那种"天上天下，唯佛为尊"[⑨]的自信气概，而且在某种程度上也可见出编选者较为宽阔的学术胸襟和学术识见，它使读者得见两种截然不同的观点，这种观点产生的背景和原因，以及彼此的是非正误。这也就为后世学者的选文和著述提供了有益的借鉴和启示。

根据《广弘明集》的宗教学术价值与特点，在本书的节选标准上，我们主张选观点具有代表性，可以展示当时佛学思想发展的佛学论文，不选一般性的佛经讲疏、论议之文；选反驳儒、道而能持之有据言之成理的论辩之文，不选虚张声势、随意攻击对方的文章；选弘扬慈爱精神、表彰僧行、劝人向善的文章，不选歌功颂德、夸张灵异之文；选崇信佛教而颇有真情实感、颇富文学色彩的诗文，不选虽讲述佛理但却内容干枯的韵文。选文排列的顺序略依原书卷次。总之，我们的节选，应该既能凸显《广弘明集》的编纂特点，又能展示全书的整体风貌。

然而《广弘明集》全书三十卷，约四十万言，而本书所选不过三万字左右，不足原书的十分之一，加之选者识力所限，难免顾此失彼，挂一漏万。为了弥补节选之不足，这里有必要将全书概况（主要是未选部分）略加介绍。

《广弘明集》全书三十卷，分为十篇。第一篇为《归正篇》，共四卷，内容主要有三个方面：

一、认为佛早于儒道，甚至佛为老子之师，释老优劣汉明帝时已经判明，佛教有益于政化。其篇目包括《商太宰问孔子圣人》、《子书中佛为老师》、江淹《遂古篇》《汉显宗开佛化法本内传》《吴主孙权论叙佛道三宗》《宋文帝集朝宰论佛教》《梁武帝舍事李老道法诏》等。

二、概述佛教的发展，简介佛教名理，论证佛教久传于中国，如《魏书·释老志》、《后汉书·郊祀志》、阮孝绪《七录序》等。

三、论述佛教的基本观点，驳正世俗不信因果报应、拘于教迹、好生异端的诸种说法，劝人皈依佛法。这方面的篇目主要有隋释彦琮的《通极论并序》和北齐颜之推的《颜氏家训·归心篇》。

第二篇为《辨惑篇》，包括卷五至卷十四，共十卷，在全书中所占篇幅最多。在中国佛教史上，自南北朝至唐初，有过三次大的佛道斗争，即发生在北魏太武帝太平真君年间（公元四四〇—四五一年），北周武帝天和、建德年间（公元五六六—五七八年），以及唐高祖武德年间（公元六一八—六二六年）的三次斗争。《辨惑篇》所选之文，便主要是在这三次斗争中，佛教僧徒针对道教对佛教的批评、排斥所作的辩驳之文。

北魏太武帝听信道士寇谦之和好道家方术的大官僚崔浩之言，崇奉天师道，焚毁经像，诛灭沙门，举措激烈，佛道两教却没有留下什么论辩文章，所以此篇只收录了太武帝的《击像焚经坑僧诏》。北周武帝废佛法之前曾多次召集学者讨论儒、释、道三教优劣。天和四年（公元五六九年）四月，武帝令司隶大夫甄鸾详论佛道二教先后、浅深、同异、优劣，鸾作《笑道论》三卷，择道教虚妄荒诞、抄袭佛经等方面的观点三十六条（如造立天地、昆仑飞浮、改《法华经》为《灵宝妙经》等），一一加以批驳，结果因此论语涉讥刺而被焚。

释道安（姚安）有慨于甄鸾《笑道论》被焚，随即又作《二教论》破斥道教。他认为所谓三教实只是儒佛二教，佛教是可以教化人心的内教，儒家思想是管理政权、统治百姓的外教，二者虽都不可缺，但以佛教为高，而道教则不过是附庸儒家的一个诡诈虚妄、无甚价值的分支。《笑道论》《二教论》以及周武帝《废二教立通道观诏》和任道林《辨周武帝除佛法诏》等，皆收于此篇之中。

唐初佛道二教斗争激烈，高祖武德四年（公元六二一年），前道士太史令傅奕极力反佛，上废除佛僧表十一条，认为佛教僧徒泛滥、寺塔奢华靡费，奉佛导致政衰，废僧可以益国。又集魏晋以来废除和毁灭佛教的王臣事迹，成《高识传》十卷，远近宣扬，轰动一时。为了捍卫佛教地位，佛教僧徒纷纷起而撰文，驳斥傅奕，其中许多重要的论文就都收在《辨惑篇》中。

如释慧琳《对傅奕废佛僧事并启》（《破邪论》），广征博引大量佛教、道教史料，论述儒道经典中师敬佛教处甚多，而佛教本身“教人舍恶行善……益国利民”，儒道不能比拟，至于龛塔殿堂，非佛僧所立，兵戈不息，朝代更替，并与佛教无甚关系，因此傅奕所言，党恶嫉贤，多属虚妄。

当时又有道士李仲卿、刘进喜分别作《十异九迷论》《显正论》，贬低佛教，慧琳则亦作《辩正论》(《十喻九箴篇》)一一予以批驳。又如，武德年间任东宫学士的李师政所作的《内德论》，也收在此篇中。李师政认为傅奕的主张是“讪上”，而佛教是“劝臣以忠，劝子以孝，劝国以治，劝家以和，弘善示天堂之乐，惩非显地狱之苦”，有益家国的至理良方。

在此篇中，还有道宣针对傅奕《高识传》所撰的《叙列代王臣滞惑解》。这篇文章对傅奕推为废除和毁灭佛教的二十五位高识之人（君始自刘宋世祖终唐高祖，臣始自王度终傅奕），依其对佛教的态度，分别叙述，重新论定他们与佛教的关系，将这二十五人分为“崇敬佛法，恐有淫秽，故须沙汰，务得住持”的兴隆佛教之人和“憎嫉昌显，危身挟怨，故须除荡，以畅胸襟”的废灭佛教的人。傅奕的《上废省佛僧表》及其《高识传》的大略，释明概的《决对傅奕废佛法僧事》等，也见于此篇中。

《辨惑篇》还选收了曹植《辨道论》、孙盛《圣贤同轨老子非大贤论》，这是因为他们的文章或指斥道教方士虚妄，或论证老子西行并未成为神仙，都有利于佛教的缘故。

卷十五至卷十七为《佛德篇》。此篇主要选收颂扬如来功德、佛迹灵验的诏敕、铭赞和记叙当日的一些佛事活动的序记以及宣唱佛法、劝人向善的文章等，如梁武帝《出古育王塔下佛舍利诏》、王劭《舍利感应记》、支遁《释迦文佛像赞并序》、谢灵运《佛影铭并序》、梁简文帝《上菩提树颂启》《唱导文》等都是。

《法义篇》在全书中所占篇幅也比较大，包括卷十八至卷二十二，共五卷。本篇所收主要为魏晋南北朝时期佛教界和社会上对当时所关注的若干佛学理论问题进行探讨的论辩文章。像沈约的《形神论》《神不灭论》《难范缜〈神灭论〉》，是东晋以来神灭神不灭之争的继续；戴安《释疑论》与周道祖的《难释疑论》，何承天《报应问》与刘少府的《答何承天》等，所论辩的问题仍是较为普遍的善恶因果报应问题；谢灵运的《与诸道人辨宗论》《答纲琳二法师》《答王卫军问》，则是对当时思想界有关成佛、成圣问题争辩的评论；昭明太子萧统《解二谛义令旨并问答》《解法身义令旨并问答》，则又是对大乘空宗各派相争的“二谛”“法身”问题所作的解说。

本篇还收集了许多阐释佛教经义（如《般若经》《大

涅槃经》等）的讲疏并序，以及为编译佛经（如《金刚般若经》《一切经》等）、撰著佛学类书（如《法苑珠林》）所作的一些序文，通过这些序文，我们不仅可以对有关的佛学经典有所了解，还可想见当日佛学流行的盛况。

第五篇是《僧行篇》，包括卷二十三至卷二十五。主要收录赞扬、表彰名僧德行和业绩的诔文、行状或诏敕、书信以及一些论述沙门是否应向帝王致敬的文章，前者如《竺罗什诔》《竺道生诔》《释慧远诔》《释净秀行状》《褒扬僧德诏》《吊道澄法师亡书》等，后者如释彦琮的《福田论》和唐初诸僧徒论述沙门不应拜俗的表、启、状、论等。

这些文章诚如道宣在《僧行篇序》中所称，“或抗诏而立谠言，或兴论以详正议，或褒仰而崇高尚，或衔哀而畅诔词”，其主旨皆在强调律仪、僧行，维护和张扬佛教声誉。

卷二十六为《慈济篇》。佛家讲求仁慈善良、戒杀生酒肉，所谓“慈为佛心，慈为佛室”，“慈定深胜，兵毒所不能侵，慈德感征，蛇虎为之驯扰”⑩。本篇所选，便都是劝人以慈悲为怀，戒杀生食肉的文章，如沈约《究竟慈悲论》、周颙《与何胤书论止杀》、梁武帝《断酒肉文》等。

卷二十七是第七篇《戒功篇》。道宣是唐代著名的律学大师、南山宗律学祖师，自然十分重视戒律在佛学中的作用和地位。他认为“正教虽多，一戒而为行本”，“若乘戒舟，鼓以慈棹，而不能横截风涛、远登彼岸者，无此理也”[11]。所以，在本篇中，道宣重点选收了他自己缩略的齐竟陵王萧子良的《净住子净行法门》，并自撰序文一篇。

所谓净住子净行法门，就是依照佛教戒律克服蒙蔽人心的各种欲望，修行进善，教化众生的一系列要求、程序或门径，如“开物归信”“敬重正法”“涤除三业”“断绝疑惑”“出家怀道”“在家怀善”“善友劝讲”“一志努力”等。在佛家看来，只要能按上述方法和程序不断地严格约束自己，明了佛德，清静一心，修诸斋戒，退检自责，便可除去迷惑人心的各种欲望，修业进善，证道成佛。

卷二十八包括第八、第九两篇，即《启福篇》和《悔罪篇》。“启福”和“悔罪”实是在两种不同的情况下修行进善、归信佛教的两条途径。如果你能认识到世俗中各种欲望带来的烦恼、痛苦，自觉地摆脱俗尘，归信佛门，遵守戒约，修善乐施，以成正果，这便是“启福”；而如果你不知守约持律，一味贪图世俗享受，已经堕入欲望的恶趣之中，又该怎样呢？这便有“诸佛大慈，善权方便，启疏往咎，导引精灵，因立悔罪之仪，布以自新之道”[12]，使已堕恶趣之人通过忏悔过失，仍有机会得以挽救，重入佛门。因此，这两篇所收多为历代王臣礼佛发愿、立寺设教、度人出家和忏悔自新的诏敕、书信、铭文、发愿文、忏悔文等。如梁简文帝《四月八日度人出家愿文》《与琰法师书》《六根忏文》，唐太宗《于行阵所立七寺诏》《造兴圣寺诏》《大兴善寺钟铭》，沈约《忏悔文》等，皆属此类。

最后一篇是《统归篇》，包括二十九、三十两卷。在《统归篇》中，道宣选编了许多表现崇信、皈依佛门之志、之情和部分阐释佛理的诗赋文章。这些文章或由怀亲思子、临终向善，或因游谒山寺，得悟玄理，虽多以佛理、佛教故实入诗，但仍有不少富有形象而不乏情趣的较好的作品。

《广弘明集》的编撰者唐释道宣，生于隋文帝开皇十六年（公元五九六年），吴兴（今浙江省湖州市）人[13]，少年时代即遍览图书，能为诗赋，十五岁出家从智頵律师诵习佛经，十六岁削发为僧，一心向佛。隋炀帝大业（公元六〇五—六一八年）中，从智首律师受具足戒（即比丘戒），并开始研习律学，后隐迹终南山白泉寺，又移崇义精舍、丰德寺，潜心研讨、著述，与通晓老庄、释典的处士孙思邈结为挚友，谈论往复。唐初，西明寺建成，诏道宣充上座，直到玄奘法师从西域回国为止。

后道宣又奉诏参加玄奘主持的译经工作。龙朔二年（公元六六二年）四月，唐高宗曾下诏令僧人致拜君亲，道宣等上书叙佛教兴衰、论沙门不应拜俗，六月，高宗即下沙门停拜君诏。道宣卒于唐高宗乾封二年（公元六六七年），其时高宗曾下诏图写道宣像，以示崇奖。唐懿宗咸通年间又敕谥“澄照”[14]。

道宣一生持戒甚严，律学造诣甚高。他继承智首律学事业，又吸收玄奘译传的新义，用大乘教义解释律学经典《四分律》，广事著述，著有《四分律含注戒本疏》三卷、《四分律删补随机羯磨疏》二卷、《四分律删繁补阙行事钞》十二卷、《四分律拾毗尼钞》六卷、《四分比丘尼钞》六卷，合称五大部。道宣的弟子有大慈、文纲、周秀等。东渡日本弘传戒律的名僧鉴真，则是道宣的再传弟子。由于道宣曾久居终南山，后人又称他为南山律师，称他所弘传的律学一派为南山宗。

道宣平生又竭力护法弘教，除《广弘明集》外，还著有《集古今佛道论衡》四卷，收录了自汉明帝至唐太宗时佛道斗争的许多重要史料。他的《续高僧传》三十卷，收入自南朝梁至唐初行品超迈的高僧七百余人，也是佛教史上的重要著作。另外，道宣还著有《大唐内典录》《释迦方志》《三宝录》等。道宣又有《南山文集》，已佚，今人辑为《南山文剩》三卷。

## 注释：

①三十卷本中，又有将卷二十七以后数卷分为上下者，如《四部丛刊》缩印之明吴惟明刊本即是。

②关于《大藏经》的刊刻，请参《周叔迦佛学论著集》下册《大藏经雕印源流纪略》，中华书局一九九一年版。

③《广弘明集》三十卷本与四十卷本的卷数对照，请参本书《附录》。

④道宣《广弘明集序》。

⑤道宣在选文定篇时，亦多有回护佛教之处。如卷二选《魏书·释老志》即多有增删，回护、褒扬佛教，贬低道教之意甚明。《释老志》叙佛教初入中国，有汉"哀帝元寿中景宪，受大月氏王口授浮图经，中土闻之，未之信了也"云云，道宣则将"中土"两句删去。《释老志》又叙佛家三藏十二部经传入中国后，僧人"赞明经义，以破外道，皆傍诸藏部大义，假立外问而以内法释之"。道宣则于末句后加入"传于中国，渐流广矣"两句。《四库全书总目》卷一四五子部释家类《广弘明集提要》，亦曾指出道宣选《释老志》，乃于"叙释氏者具载其全文，叙道家者潜删其灵迹"。这也是不错的。

⑥《牟子理惑论》，载释僧祐《弘明集》卷一。

⑦《弘明集》卷十一《何令尚之答宋文皇帝赞佛故事》。此文亦载《广弘明集》卷一。

⑧纪昀等《四库全书总目》卷一四五子部释家类《广弘明集提要》，中华书局一九六五年版。

⑨道宣《广弘明集·归正篇序》。

⑩《广弘明集·慈济篇序》。

⑪《广弘明集·戒功篇序》。

⑫《广弘明集·悔罪篇序》。

⑬道宣籍贯，唐释智昇《开元释教录》卷八下作“吴兴人”，宋释赞宁《宋高僧传》卷十四《道宣传》作“丹徒人也，一云长城人”。此从《开元释教录》。因为，智昇年代距道宣甚近，其说当较可信。又道宣著书常自署“吴兴释道宣”（如《释迦方志》卷下篇末署名即为“吴兴释道宣”），且《宋高僧传》所谓“长城”，即今浙江省长兴县，唐时正属吴兴。

⑭关于道宣的生平行事，参唐释智昇《开元释教录》卷八下、宋释赞宁《宋高僧传》卷十四《道宣传》、释祖琇《隆兴佛教编年通论》卷十三、元释念常《佛祖通载》卷十二等。

# 经
# 典

# 1 归正篇

## 广弘明集序

唐·释道宣

### 原典

自大夏[①]化行，布流东渐，怀信[②]开道[③]，代有浇淳。斯由情混三坚[④]，智[⑤]昏四照[⑥]，故使浇薄之党，轻举邪风；淳正之徒，时遭佞辩。所以教遗震旦[⑦]，六百余年，独夫震虐，三被残屏[⑧]，祸不旋踵，毕顾前良，殃咎己形，取笑天下。

且夫信为德母[⑨]，智实圣因；肇祖道元[⑩]，终期正果[⑪]。据斯论理，则内倾八慢[⑫]之惑；核此求情，则外荡六尘[⑬]之蔽。萧然累表[⑭]，非小道[⑮]之登临；廓尔高升，乃上仁[16]之翔集。

然以时经三代[17]，弊五滓[18]之沉沦；识蒙邪正，铨人天之法网。是以内教[19]经纬，立法衣[20]以摄机[21]；外俗贤明，垂文论以弘范。

## 注释

①**大夏：**中亚细亚古国名，Bactria之音译，其地在今阿富汗北部，公元前三世纪末一度国势强盛，其文化包罗印度、希腊等。

②**信：**对佛教崇信不疑，心境澄澈。《大乘义章》卷二曰："于三宝等净心不疑名信。"

③**道：**此指佛教。佛教初传入中国时曾依附于道家，故称。

④**三坚：**修行佛教的人获得无极之身、无穷之命、无尽之财，称为三种坚法。见《注维摩诘经·菩萨品》。

⑤**智：**智慧，决断事理的能力。

⑥**四照：**佛施行教化如太阳东升，依次照射到高山、平原等。

⑦**震旦：**中国。《翻译名义集》曰："东方属震，是日出之方，故云震旦。"

⑧**独夫震虐，三被残屏：**佛教自东汉时传入中国，

至唐初，中经北魏太武帝太平真君年间、北周武帝建德年间两次废佛毁法，南朝宋孝武帝大明年间，唐高祖武德末年亦曾有诏沙汰僧尼。三，意谓多次。

⑨**德母**：修成功德的根本所在。

⑩此句中的“圣”和“道元”皆谓佛家正道、佛法之本。

⑪**正果**：学佛者精修有得谓之正果。或曰成佛，就像果实成熟一样。

⑫**八慢**：狂妄凌辱他物的八种傲慢态度，包括：慢、慢慢、不如慢、增上慢、我慢、邪慢、傲慢、大慢。

⑬**六尘**：色、声、香、味、触、法六种事物能蒙垢人心，令人烦恼，称为六尘。又曰六贼。

⑭**萧然累表**：犹超然物外。

⑮**小道**：此谓佛教之外的学说、教派等。

⑯**上仁**：佛家所谓具备德智善行的人。

⑰**三代**：夏、商、周三代。

⑱**五滓**：五浊、五浑。佛教以劫为较长的时间单位。劫有四种，其中之一曰住劫。住劫中人活到两万岁之后，会遇到五种浑浊不净事物：劫浊、见浊、烦恼浊、众生浊、命浊。

⑲**内教**：佛家自指其教为内教，以他教为外教。

⑳**法衣**：本谓出家人所制衣服之通称，此代指佛法的继承流传。

㉑**摄机**：把握人本身具有、可能由佛法激发起来的悟理成佛的契机。

## 译文

佛教自大夏传入中国，有对其采取崇奉态度并加以传播的人，也有拒绝、排斥佛教的人，各朝各代，颇有不同。造成这种情况的原因，既在于常人往往不能忘身弃财，也由于佛法被人接受总有个次序和过程。所以，浮薄之徒很容易蛊惑人心，而淳正之士反遭攻讦诬陷，以致佛教多次被禁毁、排斥，祸不旋踵，善良遭殃，令人痛心。

可见，只有信奉佛法，明察决断，才能不失至圣正道，修行有成。能做到这一点，就可以内不为各种傲慢和偏见所惑，外不被形形色色的烦恼之事所蒙蔽，登高临远，超然物外，进入很高的思想境界，而非其他教化所能及。

然而，时代变迁，世事沉沦，邪正混杂，亟须分辨。因此有释教规划治理，传承佛法，唤醒人心；有世上贤明之士，撰文立论，弘扬法度。

## 原典

昔梁钟山之上，定林寺僧祐①律师，学统九流②，义包十谛③，情敦慈救，志存住法④。详括梁晋，列辟群英，留心佛理，构叙篇什，撰《弘明集》一部，一十四卷。讨颜、谢⑤之风规，总周、张⑥之《门律》，辨驳通议，极情理之幽求；穷较性灵，诚智者之高致，备于秘阁⑦，广露尘心⑧。

## 注释

①**僧祐：**本姓俞（公元四四五—五一八年），彭城下邳（今江苏睢宁西北）人，南朝梁高僧。十四岁投钟山定林寺法达法师，后师从释法颖，精通律学。著有《出三藏记集》《弘明集》等。前者记载佛教经典在中国的译介等，后者收辑东汉至梁的佛教论文，为《广弘明集》之渊源。二书在中国佛教史上皆占有重要地位。

②**九流：**战国时的九个学术流派。此泛指各种学术流派。

③**十谛：**佛典所蕴含的道理。

④**住法：**维护、持守佛法。

⑤**颜、谢：**南朝宋颜延之和谢灵运。《宋书·颜延之传》："延之与陈郡谢灵运俱以词彩齐名，自潘岳、陆机

之后，文士莫及也，江左称颜、谢焉。”

⑥**周、张：**南朝宋周颙、张融。融作《门律》，认为佛道两家并无二致，而以道为主，并将其论送与周颙，周复信加以非难，认为般若所观法性与老子所谓虚无，虽都有寂然不动之意，但其主旨则大有差别。《门律》与周、张往来书信见于《弘明集》卷六。

⑦**秘阁：**古代皇宫中藏书之所。

⑧**尘心：**代指世人。

## 译文

南朝梁钟山定林寺僧祐律师，学识渊博，儒释兼通，生性仁慈，志在护法。收辑自汉至梁名僧、儒士等所撰关于佛学的论文、奏疏、书信，编成《弘明集》十四卷。其中既收入了像南朝齐张融《门律》和周颙的问难这样著名的释道论辩之文，而所选文章又颇具宋颜延之、谢灵运的文风辞采，且论述佛理，细致深刻；探讨性灵，识高见远，一向为人所重，流传很广。

## 原典

然智者不迷，迷者非智，故智士兴言举旨，而心通标领[①]；迷夫取悟繁词，而方启神襟[②]。若夫信解[③]之来，谅资神用，契必精爽，事袭玄模[4]。

故信有三焉：一知，二见[5]，三谓愚也。知谓生知，佩三坚而入正聚[6]；愚谓愚叟，滞四惑[7]而溺欲尘，化[8]不可迁；下愚之与上智，中庸见信，从善其若流哉！

是以法湮三代，并惟寡学所缠，故得师心[9]独断，祸集其计。向若披图八藏[10]，综文义之成明；寻绎九识[11]，达情智之迷解者，则正信如皎日，五翳[12]虽掩而逾光矣。

## 注释

①**标领**：此谓要领。

②**神襟**：胸襟的美称。

③**信解**：对佛法，首先是敬信，其次才谈到理解。

④**玄模**：似指玄远的精神本体。

⑤**见**：思虑推求而对事理做出抉择。

⑥**正聚**：意谓必定能修得正果。三聚之一。

⑦**四惑**：四种烦恼，即我痴、我见、我慢、我爱。

⑧**化**：教化。

⑨**师心**：以己意为师。

⑩**八藏**：八部法藏：胎化藏、中阴藏、摩诃衍方等藏、戒律藏、十住菩萨藏、杂藏、金刚藏、佛藏。此泛指一切佛教经典。

⑪**九识：**识别、明了主客观事物的九种途径，即眼、耳、鼻、舌、身、意、末那、阿赖耶、阿摩罗等识。

⑫**五翳：**烟、云、尘、雾和阿修罗之手，能掩蔽日月之光，故称五翳。

## 译文

然而，有智慧、能决断事理的人，不会被邪说佞词所迷惑，被邪说所迷惑的人，则肯定不是聪明人。对有智慧的人来说，一点即通，而对不明事理的人来说，却需要多加启发，才能有所领悟。如果能信奉佛法，进而真正理解它，那就不但足资器用，而且会有合于至高无上的精神本体。

因此，信奉佛法的人可分为三类：一是天性聪明、对佛法独具慧解的人，他们能够不惜生命、抛弃钱财、不屑官位，行善修道，因而能成正果。二是愚昧顽冥的人，他们沉溺于各种烦恼和欲望之中，蒙昧无知。这两种人，前者无须教化，后者难以救药。第三类是介于前二者之间的人，他们有所见而信，能从善如流，可堪教化，这部分人为数似乎更多。

所以，佛法的沉沦衰落，皆在于世人孤陋寡闻，学识浅薄，从而造成独断专行，禁毁佛教的情况。假如以前就注重对佛教经典的体悟、论释和传播，使佛经要义更为人所明了，使世人不致对其造成误解，那佛法就正如日中天，区区烟尘云雾何至于遮蔽太阳的光辉？

## 原典

余博访前叙，广综《弘明》，以为江表五代[1]，三宝[2]载兴，君臣士俗，情无异奉，是称文国，智藉文开。中原周魏[3]，政袭昏明，重老轻佛，信毁交贸[4]，致使工言[5]既申，佞幸斯及，时不乏贤，剖心特达[6]，脱颖拔萃，亦有人焉。然则昏明互显，邪正相师，据像[7]则云泥[8]两分，论情则倚伏交养[9]；是以六术[10]扬于佛代，三张[11]冒干法流[12]，皆大士[13]之权谋，至人[14]之适化[15]也。斯则满愿[16]行[17]三毒[18]之邪见，净名[19]降六欲[20]之魔王[21]，咸开逼引之殊途，各立向背之弘辙。

今且据其行事，决滞胥徒[22]，喻达蒙泉，疏通性海[23]。至如寇谦之拒崔浩，祸福皎然[24]；郑谌之抗周君[25]，成败俄顷；姚安著论，抑道在于儒流[26]；陈琳[27]缀篇，扬释越于朝典。此之讽议，涅而不缁[28]，坠在诸条，差难综辑。

又梁周二武[29]，咸分显晦之仪；宋魏两明[30]，同乘弘诱之略；沈休文之《慈济》[31]，颜之推之《归心》[32]，词彩卓然，迥张物表。尝以余景试[33]为举之，弊于庸朽，综集牢落[34]。有汉阴博观沙门[35]，系赞成纪，顾惟直笔，即而述之，命族题篇，披图藻镜。至若寻条揣义，有悟贤明，孤文片记，撮而附列，名曰《广弘明集》一部，三十卷。有梁所撰，或未讨寻，略随条例，铨目历举。庶得呈诸未睹，广信释纷，拟人以伦，固非虚托。如有隐括[36]，览者详焉。

## 注释

①**江表五代：**地处江南的五个朝代，即东晋、宋、齐、梁、陈五代。江表，从中原看，其地在长江以外，故曰江表。

②**三宝：**佛教以佛、法、僧为三种可尊敬、供养之宝。

③**周魏：**北周、北魏两朝。

④**交贸：**交替、变易。

⑤**工言：**精巧之言。

⑥**特达：**卓异出众。汉王褒《四子讲德论》："咨，夫特达而相知者，千载一遇也。"

⑦**像：**佛教。佛教拜佛像，故称。

⑧**云泥：**天壤。

⑨**倚伏交养**：相互依存、影响，交替变化。

⑩**六术**：印度佛教之外的六种宗教。

⑪**三张**：汉末五斗米道的三个首领张陵、张衡、张鲁。见《三国志·魏志·张鲁传》。

⑫**法流**：佛法如流水相续不断，称为法流。

⑬**大士**：菩萨的通称。

⑭**至人**：释迦如来之尊号。

⑮**适化**：应缘施教。

⑯**满愿**：满愿子，Pūrṇa（富楼那）之意译。释迦十大弟子中说法第一之阿罗汉。

⑰**行**：离开、去。

⑱**三毒**：妨碍修行成佛的三种心性，即贪婪之心、嗔恚之心、迷暗之心。

⑲**净名**：净名居士，即维摩诘居士。神通广大，法力精深，能降服各种魔干。

⑳**六欲**：色、形貌、威仪姿态、言语音声、细滑、人相六种欲望。

㉑**魔王**：佛教欲界中第六天王，专会阻碍人修行佛道。

㉒**胥徒**：泛指官府衙役，此指世俗之人。“徒”，《碛砂藏》本作“陵”，今从《新修大正藏》本校改。

㉓**性海**：真如理性深广如海，故曰性海。

㉔**寇谦之拒崔浩，祸福皎然：**寇谦之（公元三六五—四四八年），北魏道士，字辅真，上谷昌平（今北京市）人，修道嵩山，托言太上老君授“天师”之位，并赐以《云中音诵新科之诫》二十卷，要他整顿道教。他利用北魏太武帝对道教的崇奉，排斥佛教，改革天师道，称为新天师道。崔浩（公元三八一——四五〇年），北魏人，字伯渊，官至司徒，明元帝时曾参与军国重事，长天文学。崔氏为北方士族之首，试图发展士族势力，曾汲引寇谦之助道抑佛，但寇谦之并不赞同诛灭沙门，毁灭佛教，因而曾与力劝北魏太武帝灭佛的崔浩发生争执。后崔浩终与北魏统治者发生矛盾，以修史暴露“国恶”之名被灭族。而寇谦之一直在嵩山修道，受到北魏历代统治者的器重。

㉕**郑蔼之抗周君：**北周武帝天和、建德年间多次集群臣、道士、沙门等论三教优劣，儒、释、道三家之间展开激烈争辩，静蔼与智炫、僧猛、道积等都曾上书进谏武帝，然未能阻止武帝的排佛。静蔼俗姓郑，事见《续高僧传》卷二十三。

㉖**姚安著论，抑道在于儒流：**姚安，指北周武帝时名僧道安，生卒年不详，冯翊（今陕西省大荔县）人。武帝以儒教为本，先道后佛，公元五七四年二月，甄鸾上《笑道论》攻击道教，同年五月，道安著《二教论》，

评论三教优劣，而斥道教无足轻重，为儒家的一个旁支，据《续高僧传·道安传》载：周武帝“初览安论，通问僚宰，文据卓然，莫敢排斥”。

㉗**陈琳：**唐释法琳，俗姓陈，唐初名僧。武德四年（公元六二一年），前道士太史令傅奕，上废除佛表十一条，得高祖赏识，法琳为捍卫佛教，撰《破邪论》（即《对傅奕废佛僧事并启》），托太子李建成上奏。武德六年，建成上此论，高祖览后，重道破佛决心一度动摇。

㉘**涅而不缁：**语出《论语·阳货》。涅，黑色染料。缁，黑色。用涅染而不黑，喻不受外界影响。

㉙**梁周二武：**南朝梁武帝萧衍（公元四六四—五四九年）和北周武帝（公元五四三—五七八年）。前者极为推崇佛教，后者则曾毁法灭佛。

㉚**宋魏两明：**南朝宋明帝刘彧和北魏孝明帝拓跋元诩。二帝皆信佛教，造像建寺，礼召僧徒，排斥道教。

㉛**沈休文之《慈济》：**沈约（公元四四一——五一三年），字休文，历仕宋、齐、梁三朝，官至尚书令，博览群籍，能诗擅文，亦笃信佛教。曾撰《究竟慈悲论》（本书已选入）论述佛教诫杀之理，《梁书》有传。

㉜**颜之推之《归心》：**颜之推，字介（公元五三一——五九五年），北齐临沂人，初仕梁，后入北齐，历仕北周、隋。其《颜氏家训·归心篇》（本书已选入）糅合儒

释，阐扬了佛教三世轮回、因果报应的教义。《北齐书》有传。

㉝试，《碛砂藏》本作“诚”，今从《大正藏》本校改。

㉞**牢落：**寥落。司马相如《上林赋》：“牢落陆离，烂漫远迁。”

㉟**汉阴博观沙门：**东晋高僧道安。道安俗姓卫，常山扶柳（今河北省冀州西北）人，少年出家，师从佛图澄。北方战乱，率“徒属千余……南渡河，趣汉阴”（道宣《集神州三宝感通录》卷下，《大正藏》本），翻译佛经，整理佛教典籍，传法授徒，为当时佛教界首领，在中国佛教史上占有重要地位。《高僧传》有传。汉阴，即襄阳（今湖北省襄樊市），地在汉水南岸，故称汉阴。

㊱**隐括：**就原有文章的内容加以裁剪修改。

## 译文

博览前代史籍，研读僧祐《弘明集》，可以发现，地处江南的南朝五代，君臣士俗多信奉佛教，以文治国，因而佛教不断发展，十分兴盛。北朝周、魏，地处中原，政治时昏时明，崇奉道家轻视佛教，虽不乏见识卓异的贤达之士，但总是佛法一兴，谗毁即来，昏暗与明智、奸邪与正直、信奉与禁毁，交替变幻。从佛教的角度看，此二者何止天壤之别，而依世俗的情理说，这两种现象又相互影响和混淆，难以分辨。因此，即便是如来在世时，也有其他宗教存在；而在佛教逐渐得到发展的中国，会出现诸如五斗米教的道家，也并不奇怪。这就是菩萨亦有权谋，如来也要应缘施化的缘故。这就是擅长说法的富楼那要去除妨碍修行成佛的贪、嗔、痴迷之心，维摩诘居士须降伏种种欲望的魔障，从而指迷拨雾、教化众生的缘故。

这里，我们将根据史书中有关佛教与儒道相争的记载，引喻、述论，为世人解惑，为众生说法。像北魏寇谦之与崔浩同是扬道抑佛，但寇氏并不赞成崔浩的灭佛毁法，因而二人后来的结局也就不同；北周释静蔼等上书武帝，反对禁毁佛教，虽很快就失败了，然虽败犹荣；道安著《二教论》驳斥道教，将道教贬抑为儒家的无足轻重的一个旁支；唐释法琳撰《破邪论》，力排傅奕之论，认为佛教益国利民没有哪家能与之相比。这些重要的事件和著名的论辩，影响甚著，见解卓异，若不钩稽，散失在经籍中，将很难再搜集寻览。

又如梁武帝、周武帝对佛教一扬一抑，对比鲜明；宋明帝、魏明帝都信奉佛法，造像立塔，同为弘法的楷模；而南朝宋沈约的《究竟慈悲论》，北朝齐颜之推的《归心篇》，则又文采斐斐，超然物外。这些史实与文章，我也曾试作收辑。东晋高僧释道安曾在襄阳整理佛教典籍，弘传佛法，为后人做出了榜样。现在我师法道安，翻览群书，详加探讨，节选移录，依类成篇，编成《广弘明集》一部，计三十卷。有僧祐《弘明集》未收之文，也按编选条例，酌情采入，以补其不足。深望能使读者开卷有得，解除疑惑，信奉佛法。书中所选，皆为信实之文，绝无虚拟，读者明察。

## 归心篇

北齐·颜之推

### 原典

三世[①]之事，信而有征，家素归心，勿轻慢也。其间妙旨，具诸经论[②]，不复于此少能赞述。但惧汝曹犹未牢固，略重劝诱耳。

原夫四尘五阴[③]，剖析形有；六舟三驾[④]，运载群生。万行归空，千门入善[⑤]。辩才智慧，岂徒七经[⑥]百氏之博哉？明非尧、舜、周、孔、老、庄之所及也。

内外两教[⑦]，本为一体，渐极[⑧]为异，深浅不同。内典初门，设五种之禁[⑨]，与外书仁义五常符同。仁者，不杀之禁也；义者，不盗之禁也；礼者，不邪之禁也；智者，不酒之禁也；信者，不妄之禁也。

至如畋狩军旅，燕飨刑罚，因民之性，不可卒除，就为之节，使不淫滥耳。归周、孔而背释宗，何其迷也！

俗之谤者，大抵有五：其一，以世界外事及神化无方为迂诞也；其二，以吉凶祸福或未报应为欺诳也；其三，以僧尼行业多不精纯为奸慝也；其四，以糜费金宝、减耗课役为损国也；其五，以纵有因缘⑩而报善恶，安能辛苦今日之甲，利益后世之乙乎？为异人也！今并释之于下云。

## 解说

《归心篇》原见北齐颜之推《颜氏家训》卷五，《广弘明集》收入卷三。颜之推（公元五三一—五九五年），字介，琅琊临沂人（今山东省临沂市）。他原在南朝梁为官，西魏攻占江陵后，归北齐，历北周而终于隋。《北齐书》卷四十五有传。

《颜氏家训》写于北齐，成于隋，在中国封建社会中享有盛名。此书主旨在宣扬儒家伦理纲常，而兼及释道。《归心篇》即是他糅合儒释，阐扬佛教三世轮回、因果报应的作品，是一篇道宣称为“词彩卓然，迥张物表”（《广弘明集序》）的文章。归心，是心悦诚服而归附（佛教）的意思。

## 注释

①**三世：**亦称三际。佛教称过去世、现在世、未来世为三世。

②**经论：**佛经分经、律、论三部分，称为三藏。经为佛所自说，论是对经义的解释，律是戒规。

③**四尘五阴：**佛教称色、香、味、触为四尘。色、受、想、行、识为五阴，以为这些事物如尘垢一样可蒙蔽人本来清净的心性。

④**六舟三驾：**六舟即六波罗蜜，是到达彼岸的意思。三驾又名三车，比喻声闻乘、缘觉乘、菩萨乘这三种载人超越苦海进入无烦恼、无生死、自由无碍的境界的工具和手段。

⑤于此句中，超越具体物象的境界为空，顺应和依从佛法叫善。

⑥**七经：**汉以来为历代统治者所推崇的七本儒家的书，名目不一。《后汉书·张纯传》注："七经，谓《诗》《书》《礼》《乐》《易》《春秋》《论语》也。"

⑦**内外两教：**内教亦称"内典"，谓佛教。外教亦称"外书"，指儒学。

⑧**渐极：**渐谓渐教，指佛理；极为宗极，指儒学。参见谢灵运《辨宗论》。

⑨**五种之禁：**五戒，不杀、不盗、不邪淫、不妄语、不饮酒。

⑩**因缘：**能产生苦乐等结果和报应的善恶之类的思想和行为。

## 译文

佛教所说的过去、现在、未来三世，确实可信，并非无稽之谈。颜家对佛教一向心悦诚服，你们做子女的切不可掉以轻心。佛法的精妙旨趣，都见于佛教的经、论之中，这里用不着我多说。然虑及你们对佛教的信奉之心尚不够牢固，所以有必要再对你们做些勉励和告诫。

佛教以各种意识和行为方面的概念分析万事万物，用多种手段和方法引导人们超越现实人生的苦海，进入无烦恼、无生死、自由无碍的精神境界。其学说不仅广博通俗，而且充满智慧和极富论辩色彩，哪里是儒、道或其他学派的理论能与之相比的呢？

佛教与儒教，本就相通，只是由于二者施教的对象不同，所以前者主张施教循序渐进，日积月累；后者则主张悟理要凭天分和悟性，心有灵犀一点通，二者深浅不同罢了。佛教设不杀、不盗、不邪淫、不妄语、不饮酒五种戒律，这就与儒家的五常即仁、义、礼、智、信相符。所谓仁，就是不杀；所谓义，就是不盗；所谓礼，就是不邪淫；所谓智，就是不饮酒；所谓信，就是不妄语。

至于像狩猎、打仗、宴饮、刑罚，那是人的习性，不是短时间内就能改掉的，让大家节制一些，不要过分，总有好处。因而归附儒家，背弃佛教，这是何等的不明智啊！

世俗毁谤佛教，大致有五个方面：其一，认为现世以外的事情及神仙方化是荒诞的；其二，因为凶吉祸福有时不能应验，就认为因果报应之说是骗人的；其三，认为僧尼太多太杂，不够精粹纯一；其四，认为世人出家太多，耗费钱财，减少劳力税收，对国家不利；其五，以为纵然有因果报应，也不能自己辛辛苦苦的一辈子，却让后人去受益，做个傻瓜呀！下面我就对此作些辨析和阐释。

## 原典

释一曰：夫遥大之物，宁可度量？今人所知，莫若天地。天为精气，日为阳精，月为阴精，星为万物之精[①]，儒家所安也。星有坠落，乃为石矣。精若是石，不可有光，性又质重，何所系属？一星之径，大者百里；

一宿首尾，相去数万。百里之物，数万相连，阔狭纵斜，常不盈缩。

又，星与日月，光色同耳，但以大小为其等差，然而日月又当石耶？石既牢密，乌兔[②]焉容？石在气中，岂能独运？日月星辰若皆是气，气体轻浮，当与天合，往来环转，不得错违，其间迟速，理宁一等。

何故日月五星[③]，二十八宿[④]，各有度数，移动不均？宁当气坠，忽变为石？地既滓浊，法应沉厚，凿土得泉，乃浮水上。积水之下，复有何物？江河百谷，从何处生？东流到海，何为不溢？归塘[⑤]、尾闾[⑥]，渫何所到？沃焦[⑦]之石，何气所然？潮汐去还，谁所节度？天汉悬指，那不散落？水性就下，何故上腾？天地初开，便有星宿，九州未画，列国未分，剪疆区野[⑧]，若为躔次[⑨]。

封建[⑩]已来，谁所制割？国有增减，星无进退，灾祥祸福，就中不差。悬象之大，列星之伙，何为分野止系中国？昴为旄头[⑪]，匈奴之次，西胡、东夷（一作越）、雕题、交趾[⑫]，独弃之乎？以此而求，迄无了者。岂得以人事寻常，抑必宇宙之外乎？凡人所信，唯耳与目，自此之外，咸致疑焉。

儒家说天，自有数义，或浑或盖，乍穹乍安[⑬]，斗极[⑭]所周，苑（一作管）维[⑮]所属。若所亲见，不容不同；若所测量，宁足依据？何故信凡人之臆说，疑大圣[⑯]之妙旨，而欲必无恒沙[17]世界、微尘数劫[18]乎？而邹衍[19]亦有九州之谈。山中人不信有鱼大如木，海上人不信有木大如鱼[20]。汉武不信弦胶[21]，魏文不信火布[22]。胡人见锦，不信有虫食树吐丝所成[23]。昔在江南，不信有千人毡帐，及来河北，不信有二万石船，皆实验也。

世有祝师[24]及诸幻术[25]，犹能履火蹈刃，种瓜移井[26]，倏忽之间千变万化。人力所为，尚能如此，何妨神通感应，不可思量？千里宝幢[27]，百由旬[28]座，化成净土[29]，踊生（一作出）妙塔[30]乎？

## 注释

①**日为阳精，月为阴精，星为万物之精**：语出《说文解字》。《说文》："日，实也，太阳之精。""月，阙也，太阴之精。""星，万物之精，上为列星。""精，生成万物的精气、灵气。"

②**乌兔**：古代神话传说日中有乌、月中有兔。左思《吴都赋》："笼乌兔于日月。"

③**五星**：金、木、水、火、土五大行星。

④**二十八宿**：古天文家把太阳、月亮所经天区的恒星分为二十八个星座。

⑤**归塘**：亦称"归墟"，指大海最深处，为众水所归。

⑥**尾闾：**亦为传说中海水归宿之处，尾指百川之下游入海处，闾指水聚之处。《庄子·秋水》："天下之水，莫大于海，万川归之，不知何时止而不盈，尾闾泄之，不知何时已而不虚。"

⑦**沃焦：**传说中的山名，在东海南，方圆三万里，见《文选·郭璞〈江赋〉》注引《玄中记》。

⑧**剪疆区野：**分野。古天文学说把十二星辰的位置与地上中国疆域的位置相对应。就天文说称分星，就地上说为分野。

⑨**躔次：**日月星辰运行的轨迹。

⑩**封建：**古代帝王把爵位、土地赐给诸侯，在封定的区域内建立都国。旧史相传黄帝建万国，为封建之始，至西周制度始备。

⑪**昴为旄头：**昴，星名，二十八宿之一。西方白虎七宿，有星四颗，昴位正中，故称旄头。与它相对应的地上的区域，为西北少数民族居住的区域。

⑫**西胡、东夷（一作越）、雕题、交趾：**古地名。西胡，西北少数民族国家总称，又曰西戎。东夷，地在今浙江、福建一带，《史记》有《东越传》。雕题、交趾，皆南方小国，见《礼记》。

⑬此句中的"浑""盖""穹""安"是指儒家谈论天文的四种观点。《晋书·天文志》："古言天者有三家，一

曰盖天，二曰宣夜，三曰浑天。”汉成帝时，虞喜又有《安天论》。

⑭**斗极：**北斗星和北极星。

⑮**苑（一作管）维：**苑当是“管”之讹，管，通斡，旋转的意思。维，大绳。此言天昼夜旋转，若有纲绳所系。《楚辞·天问》：“斡维焉系，天极焉加？”按：以上一段文字，颇与屈原《九章·天问》相近，可参看。

⑯**大圣：**佛的尊称。《观无量寿佛经疏妙宗钞》卷上：“佛是极圣，故称为大。”

⑰**恒沙：**恒河沙。恒河是流经印度的南亚大河，为佛教发源地，故常以恒河或恒沙代指印度和佛教。

⑱**微尘数劫：**微尘数比喻数量多。劫，佛教所谓年、月、日难以计算的长的时间单位。

⑲**邹衍：**战国齐临淄人，阴阳家的代表人物，他提出“五德始终”说，又提出九大州说，论证中国为赤县神州，内有九州，九州外有大海环绕，大海外又有九州，被海环绕，如此共有九个九州。因其说闳大不经，故《史记·荀卿传》中称其为“谈天衍”。

⑳嵇康《答释难宅无吉凶摄生论》：“是海人所以终身无山，山客白首无大鱼也。”

㉑《云笈七签》卷二十六引《十洲记》凤麟洲云：“仙家煮凤喙及麟角，合煎作胶，名之为续弦胶，或名连金

泥，此胶能续弓弩已断之弦，连刀剑已断之金，……武帝幸华林园射虎，而弩弦断，……以续弩弦，帝惊曰：‘异物也。’”

㉒葛洪《抱朴子·内篇·论仙》：“魏文帝穷览洽闻，自呼于物无所不经，谓天下无切玉之刀，火浣之布。及著《典论》，尝据言此事，其间未期，二物毕至。帝乃叹息，遽毁斯论。事无固必，殆为此也。”火浣布即石棉织成的布。

㉓《艺文类聚》卷六十五引《玄中记》：“大月氏有牛名曰日及，割取肉一二斤，明日疮愈。汉人入国，示之，以为珍异。汉人曰：‘吾国有虫，大如小指，名曰蚕，食桑叶，为人吐丝。’外国复不信有之。”

㉔**祝师**：祝史，古代祭祀掌祷告鬼神以祈福的官。

㉕**幻术**：能表演幻术的人。

㉖**履火蹈刃，种瓜移井**：皆为幻化、虚诳之术。《列子·周穆王》：“穆王时，西极之国有化人来，入水火，贯金石，反山川，移城邑，乘虚不坠，触实不硋（碍）。”杨衒之《洛阳伽蓝记》卷一《景乐寺》：“寺中杂技，剥驴投井，掷枣种瓜，须臾之间，皆得食之。”

㉗**宝幢**：用以庄严佛、菩萨之旗帜，常以诸宝严饰。

㉘**由旬**：古代印度长度计量单位，军队行一天的路程，或言三十里，或言四十里。

㉙**净土：**庄严圣洁没有污浊的极乐世界。

㉚**踊生（一作出）妙塔：**《妙法莲华经·见宝塔品》第十一："尔时，佛前有七宝塔，高五百由旬，纵广二百五十由旬，从地涌出，住在空中，种种宝物而庄校之。"

## 译文

先说第一方面。对遥远而博大的事物，是不能用常规去度量的。就今天的人们所知，没有比天地再大的了。照儒家的说法，天是精气积聚而成的，日为阳气之精，月是阴气之精，星是万物之精。但是有时殒星坠落下来，乃是石头。"精"若是石头，不可能发光，况且石头又重，怎么能固定在天上？一颗星星的直径，大的上百里；一个星座，首尾相连，长达数万里。直径百里大的东西，几万个连在一起，宽的窄的竖的斜的，从不改变形状。

还有，星星与日月光和色相同，只是大小不同罢了，那么日月也应是石头啦？石头那么牢固，金乌、玉兔怎么置身其中？石头在大气当中，又如何能运行？日月星辰如果都是气，而气体轻浮，应当同天合而为一，往来运转，运行速度都应是一致的。

为什么日月星辰，各有运行规律而移动不均呢？

难道是气体坠落忽然变成石块的？再说，地既然是渣滓沉淀，理应沉厚，但是，凿土可以凿出水来，可见地是浮在水上面的。那么水下又有些什么呢？江河溪流，又是从哪儿来的？东流入海，为什么不会溢出来？众水最终流归何处？东海中沃焦山又是什么气体生成的？潮涨潮落，是什么调节的？天河悬挂着，怎么不会落下来？水往低处流，为什么能流到天上去？天地初开，就有星宿，当时九州、列国还没有划分，那么是谁确定的星辰运动轨迹？

又是怎样把天上星辰的位置与地上的区域对应起来的？国家有增有减，星还是那么多，灾祥祸福，也没什么显出异样。天空如此广阔，星辰如此众多，为什么分野只限于中原？昴星在西方，白虎星座在正中，与它们相对应的区域倒是西北的少数民族国家；而东西方和南方的雕题、交趾这些少数民族地区就独独被抛弃了不成？以这等道理推求，谁也解释不了，哪里能以人世间平常的道理，去解释、限定人世之外的事物呢？大凡人所相信的，只是耳闻目见的东西，除此之外，都会怀疑。

儒家解释“天”的理论，有浑天说、盖天说、宣夜说、安天说等。又认为日月星辰，都有各自的运行轨道和周期，若就其所见而言，这些看法是可以认同的；但若就其所测量的结果而言，又何足为凭？为什么要相信凡人的瞎说而怀疑如来的精妙之言，必要认定没有西方极乐世界、没有佛和佛法呢？而邹衍即有九州之说。居住在山里的人，不相信有的鱼大得像棵树。生活在海上的人，则不相信有的树像鱼那么大。汉武帝不相信弦胶可续弓弩断弦，魏文帝不信有火浣布。胡人看见丝绸，不相信是蚕吃桑叶吐丝纺织而成。我以前在江南不相信有可容纳千人的大帐篷，现在来到北方，又开始不相信有能装两万石货物的大船。这是我自己的切身体验。

有向鬼神祷告以祈福的官和能表演幻术的人，还能在火里走、在刀刃上行，能在倏忽之间将井移走、种瓜得瓜。人力尚能如此，何况如来神力不可思议，能让高达千里的宝塔一刹那间从地涌出呢？

## 原典

释二曰：夫信谤之兴，有如影响，耳闻眼见，其事已多。或乃精诚不深，业缘未感，时傥差阑[①]，终难获报耳。

善恶之行，祸福所归，九流百氏[②]皆同此论，岂独释典为虚妄乎？项橐[③]、颜回[④]之短折，伯夷[⑤]、原宪[⑥]之冻馁，盗跖[⑦]、庄蹻[⑧]之福寿，齐景[⑨]、桓魋[⑩]之富强，若引之先业[⑪]，冀以后生[⑫]，更为实耳。

如以行善而偶钟祸报，为恶而傥值福征，便可怨尤，即为欺诡，则亦尧、舜之云虚，周、孔之不实也。又安所依信而立身乎？

## 注释

①**差阑：**参差、早晚的意思。阑，原作“闲”，今据王利器《颜氏家训集解》之说校改。

②**九流百氏：**泛指各种学术流派。九流，战国时儒、道等九个学术流派。

③**项橐：**春秋时神童，传说曾为孔子师，早夭。

④**颜回：**字子渊（公元前五二一——前四九〇年），春秋时鲁国人，孔子弟子，以德行著称，早卒。《弘明集》卷一《正诬论》：“颜项夙夭。”

⑤**伯夷：**商孤竹君之子。周武王灭商后，耻食周粟，逃至首阳山，采薇而食，后饿死山里。

⑥**原宪：**孔子弟子，家贫，蓬户、褐衣、蔬食。后多以其泛指贫士。

⑦**盗跖：**相传春秋末人，名跖，杀人食肝，横行天下，以寿终。

⑧**庄蹻：**战国人，楚顷襄王之将军，率兵伐滇，为滇王，《淮南子·主术训》高诱注称其为大盗。

⑨**齐景：**战国齐景公，荒淫奢侈，无德失国。参《论语·颜渊》。

⑩**桓魋：**春秋宋司马向魋，《礼记·檀弓上》记其："自为石椁，三年而不成。"可见其富有。

⑪**先业：**前世所作所为（的因缘）。

⑫**后生：**死后再生（即未来之生）。《法华经·药草喻品》："后生善处。"

## 译文

其次，我们就因果报应问题略作解释。听信诽谤佛教的言谈，如影随形，人云亦云，这种人我们见得多了。有时候吉凶祸福不能一一应验，那不过是由于人心不够诚，缘分未到，因而造成阴差阳错、因果不能相应的情况。

善有善报，恶有恶报，九流百家，无不这么认为，为什么单单要怀疑佛法是虚妄的呢？项橐、颜回短命，伯夷、原宪贫寒，盗跖、庄蹻福寿，齐景、桓魋富有，所以如此，只能推源到他们前世的作为，在其后世的身上得到了应验，才能解释得通。

如果因为做了善事而偶遭灾祸，做了坏事倒忽然走了好运，就埋怨责怪，以为佛教骗人，那不要说因果报应不足信，就连尧、舜、周、孔也都值得怀疑了。人又依赖什么来安身立命？

## 原典

释三曰：开辟已来，不善人多而善人少，何由悉责其精洁乎？见有名僧高行，弃而不说；若睹凡猥流俗，便生诽毁。且学者之不勤，岂教者之为过？

俗僧之学经律，何异士人之学《诗》《礼》？《诗》《礼》之教，格朝廷之士，略无全行者；经律之禁，格出家之辈，而独责无犯哉？

且阙行之臣，犹求禄位；毁禁之侣，何惭供养乎？其于戒行，自当有犯，一被法服，已堕僧数，岁中所计，斋讲诵持，比诸白衣[①]，犹不啻山海也。

## 注释

①**白衣：**原意白色之衣，转称着白衣者，即指在家人。印度人一般皆以鲜白之衣为贵，故僧侣以外者皆着用白衣，从而指在家人为白衣，佛典中亦多以“白衣”为在家人之代用语；相对于此，沙门则称为缁衣、染衣。

## 译文

下面说第三个问题。开天辟地以来，就是不善人多而善人少，又怎么能要求僧尼都是白玉无瑕呢？对于有德行的高僧，视而不见；而见了一般僧人不好的行为，便抓住不放，议论短长，这恐怕不太公允吧！学生不学好，难道是老师的过错？

俗僧学习经律和世人学习儒家学说又有什么区别？若严格按照儒家的礼教来衡量朝廷命官，可以说没有哪一个是十全十美的；那又怎么能用佛教的戒律去要求出家人个个完美无缺呢？

品行有缺陷的人尚且要求取功名，违犯戒律的僧侣倒不好意思求口饭吃，这又是何理？有些僧人确实犯戒毁禁了，但是，他们既已出家，成年累月吃斋念佛，比起一般世人来，还是好得多了。

## 原典

释四曰：内教多途，出家自是其一法耳。若能诚孝在心，仁惠为本，须达[①]、流水[②]，不必剔落鬈发。岂令罄井田[③]而起塔庙，穷编户[④]以为僧尼也？

皆由为政不能节之，遂使非法之寺妨民稼穑，无业之僧空国赋算，非大觉[⑤]之本旨也！抑又论之，求道者身计也，惜费者国谋也。身计、国谋不可两道（一作遂）。诚臣徇主而弃亲，孝子安家而忘国，各有行也。

儒有不屈王侯，高尚其事，隐有让王辞相，避世山林，安可计其赋役，以为罪人也？若能皆化黔首，悉入道场，如妙乐之世，儴佉⑥之国，则有自然粳米⑦，无尽宝藏，安求田蚕之利乎？

## 注释

①**须达**：须达为舍卫国给孤独长者的本名，祇园精舍的施主，见《经律异相》。

②**流水**：流水长者，《金光明经》卷四《流水品》曾载其用大象背水救鱼，十年后，鱼皆生天。

③**井田**：封建社会的一种土地制度，此泛指田亩所收。

④**编户**：编入户籍的平民。

⑤**大觉**：佛。佛能自觉、觉他，故称。

⑥**儴佉**：佛教中有转轮圣王名儴佉，相传以仁慈治天下。

⑦**自然粳米**：《大楼炭经·郁单曰品》："有净洁粳米，不耕种自然生出一切味，欲食者取净洁粳米炊之。"

## 译文

第四点要解释的，是所谓佛教浪费钱财的问题。信佛途径很多，出家只是其中一种。若能诚心敬奉佛教，以仁慈乐施为本，像须达和流水长者那样，亦不必剃须落发。哪里非要倾家荡产去盖寺庙、做僧尼不可呢？

造成寺院林立的原因，在于执政者制度不力，使得非法寺院大肆修建，妨碍百姓务农，无业僧尼泛滥，国家赋税削减，这可不是佛的本意呀！再说，探求佛理的人是个人修行之道，而珍惜钱粮的人是为国家大计着想，两者不可兼得。忠臣为国而不能尽孝，孝子为家又不能尽忠，各有各的道理。

有不事权贵、不屈王侯的高人，有让王辞相、潜遁山林的隐士，怎么能认为他们是不纳赋税、逃避徭役的罪人呢？如果能教化百姓，使其皆皈依佛门，步入极乐世界，那么，无须耕种和蚕桑，自会有布帛五谷和无穷无尽的宝藏。

## 原典

释五曰：形体虽死，精神犹存。人生在世，望于后身，似不连属，及其没后，则与前身似犹老少朝夕耳。世有魂神，示见梦想，或降僮妾，或感妻孥，求索饮食，征须福祐，亦为不少矣。

今人贫贱疾苦，莫不怨尤前世不修功德，以此而论，可不为之作福地乎？夫有子孙，自是天地间一苍生耳，何以身事而乃爱护，遗以基址，况于己之神爽①，顿欲弃之乎？故两疏②得其一隅，累代咏而弥光矣。

凡夫蒙蔽，不见未来，故言彼生与今生非一体耳。若有天眼③，鉴其念念④随灭，生生不断，岂可不怖畏邪？

又，君子处世，贵能克己复礼⑤，济时益物。治家者，欲一家之庆⑥；治国者，欲一国之良。仆妾臣民与身竟何亲也，而为其勤苦修德乎？亦是尧、舜、周、孔虚失愉乐。

一人修道，济度几许苍生，免脱几身罪累，幸熟思之。人生居世，须顾俗计，树立门户，不得悉弃妻子，一皆出家，但当兼修行业，留心读诵，以为来世资粮。人身难得，勿虚过也。

## 注释

①**神爽：**精爽、魂魄。

②**两疏：**汉疏广、疏受叔侄，汉宣帝时皆为皇太子之师，数年后辞官归田，赐赠金七十斤。二疏回乡后每日与乡邻饮酒娱乐。其子孙希望置办家业，疏广则认为，

原有的田地房屋已可供子孙生活的了，皇帝既然赐金给他们养老，就应当与乡亲们同享此福。事见《汉书·疏广传》。

③**天眼**：佛教所谓五眼之一，即天趣之眼，能透视六道、远近、上下、前后、内外及未来。

④**念念**：如念头一闪而过，比喻事物兴衰代谢极快。

⑤**克己复礼**：约束自己，使言行符合于礼。语出《论语·颜渊》。

⑥**庆**：幸福。《易·坤》："积善之家，必有余庆。"

## 译文

最后，要谈一下积德行善的问题。人的形体虽然死了，但精神还存在。人生在今日社会中，而寄希望于来世，这似乎不太有道理，其实，前生与后世，就如同一老一少、一朝一夕的关系那样。人死魂在，会托梦给活人，令祈求饮食和保佑，这种事并不少见。

现在的人贫贱疾苦，都埋怨前世不修善积德，以此而论，又怎能不为后世的幸福预作准备呢？人之子孙，自是天地间的普通百姓，为什么要处处为他们着想，爱护他们，甚至替他们置办家产，而对自己的灵魂却弃置不管呢？倒不如汉代的疏广、疏受明智，还知道有福自己享，为后世之人所称赞。

凡人糊涂，目光短浅，以为今生与来世是两码事。若有如来那样洞察一切的眼光，能看到万事万物既转瞬即逝，又生生不息，恐怕就感悟到行善的重要性了。

按照儒家的观点，君子处世，贵在能约束自己，使言行符合于礼教，匡时救国。掌管家事的人希望家庭幸福；治理国家的人则希望国家富强。而对于普通人，又有多少好处，以至于为他们勤苦修身？这也是尧、舜、周公、孔子殚精竭力，不顾欢娱，却收效甚微的缘故之一吧！

一人修道，能拯救多少百姓？免除几人罪孽？希望你们认真考虑。人生在世，需要顾念家庭，树立门户，不能轻易抛弃妻子儿女，出家为僧，但也应当兼顾修德行善，留心诵读佛经，为来世幸福创造条件。人身难得，切勿虚度时光。

# 均圣论

南朝宋·沈约

## 原典

自天地权舆[1]，民生攸始，遐哉眇邈，无得而言焉。

无得而言，因有可言之象[2]。至于太虚[3]之空旷，无始之杳茫，岂唯言象莫窥，良以心虑事绝。及天地蕞尔[4]，来宅其中，毫端之泛巨海，方斯非譬。然则有此天地已来，犹一念[5]也。我之所久，莫过轩、牺[6]，而天地之在彼太虚，犹轩、牺之在彼天地。龌龊[7]之徒，唯谓赫胥[8]为远，何其琐琐为念之局邪？

世之有佛，莫知其始，前佛、后佛[9]，其道不异。法身[10]湛然，各由应感[11]，感之所召，跨大千[12]而咫尺；缘[13]苟未应，虽践迹[14]而弗睹。娑婆南界[15]，是曰阎浮[16]，葱岭[17]以西，经途密迩[18]，缘运未开，自与理隔。何以言之？夏、殷[19]已前，书传简寡，周室受命，经典备存。象、寄、狄鞮[20]，随方受职，重译入贡，总括要荒[21]。而八蛮五狄[22]，莫不愚鄙，文字靡识，训义不通，咸纳贽[23]王府，登乐清庙[24]。

西国密涂，厥路非远，虽叶书横字，华、梵[25]不同，而深义妙理，于焉自出。唐、虞[26]、三代，不容未有，事独西限，道未东流，岂非区区中国，缘应未启？求其会归，寻其旨要，宁与四夷之乐同日而语乎？非为姬公[27]所遗，盖由斯法宜隐故也。

炎、昊[28]之世，未火未粒，肉食皮衣，仁恻之事，弗萌怀抱，非肉非皮，死亡立至。虽复大圣[29]殷勤，思存救免，而身命是资，理难顿夺，实宜导之以渐，稍启其源。故燧人[30]火化，变腥为熟。腥熟既变，盖佛教之萌兆也。何者？变腥为熟，其事渐难，积此渐难，可以成着。

迄乎神农[31]，复垂汲引，嘉谷肇播，民用粒食，歉腹充虚，非肉可饱，则全命减杀，于事弥多。自此已降，矜护日广。春搜[32]免其怀孕，夏苗取其害谷，秋狝冬狩，所害诚多，顿去之难，已备前说。

周、孔[33]二圣，宗条稍广。见其生，不忍其死；闻其声，不食其肉[34]。草木斩伐有时，麛卵不得妄犯，渔不竭泽，佃不燎原，钓而不网，弋不射宿。肉食蚕衣，皆须耆齿；牛羊犬豕，无故不杀。此则戒有五支[35]，又开其一也。

逮于酣醟[36]于酒，淫迷乎色，诡妄于人，攘滥自己，外典所禁，无待释教。四者犯人，人为含灵之首；一者害兽，兽为生品之末。上圣开宗，宜有次第，亦由佛戒杀人，为业[37]最重也。内圣外圣，义均理一，而蔽理之徒，封着外教，以为烹羊豢豕理固宜然。

惑者又云，若如释氏之书，咸有缘报之业，则禹、汤、文、武并受刲刳[38]，周公、孔子俱入鼎镬[39]。是何迷于见道，若斯之笃耶！试寻斯证，可以有悟矣！

## 解说

此篇选自《广弘明集》卷五《辨惑篇》。沈约，字休文（公元四四一——五一三年），吴兴武康（今浙江省德清）人，历仕宋、齐、梁三朝，与萧衍同为竟陵王萧子良门客，官至尚书令。沈约博才多艺，能诗擅文，精通音律，与谢朓等人作诗讲究声律、对仗，世称“永明体”，对我国诗歌由古体向唐代律诗发展，做出了重要贡献。他的史学著作有《宋书》等。

沈约亦笃信佛教，精通佛典，曾参与齐、梁间的一系列佛学论争，撰有《形神论》《神不灭论》，反对范缜的《神灭论》，他的《佛知不异众生知义》，发挥了当时流行的涅槃佛性说。《均圣论》则是一篇调和儒释，主张“内圣外圣，义均理一”的论文。《梁书》《南史》有传。

## 注释

①**权舆**：起始。《诗·秦风·权舆》：“今也每食无余，于嗟乎！不承权舆。”

②**象**：物象。

③**太虚**：太空、宇宙。

④**蕞尔**：很小的样子。

⑤**一念**：极短促的时间。

⑥**轩、牺：**轩辕和伏羲。即黄帝和太昊。相传为人类的祖先。

⑦**龌龊：**局促、狭隘。

⑧**赫胥：**古帝名。《庄子·马蹄》："夫赫胥氏之时，民居不知所为，行不知所之，含哺而熙，鼓腹而游。"

⑨**前佛、后佛：**前佛指释迦牟尼，后佛即弥勒佛。

⑩**法身：**佛的自性真身。

⑪**应感：**众生有善根感动之机缘，佛应之而来，称为感应。感，属于众生；应，属于佛。

⑫**大千：**三千大千世界，指广阔无边的世界。

⑬**缘：**人认识外界事物的时机、因缘。

⑭**迹：**佛之足迹。

⑮**娑婆南界：**大千世界之南。娑婆，容忍之意，此界中人能忍世界上各种烦恼、痛苦，故以为大千世界总称。

⑯**阎浮：**南方大洲，洲中有阎浮树，一般谓中国和东方诸国为阎浮提洲，实则专指印度。

⑰**葱岭：**古代对今帕米尔高原和昆仑山、天山西段的总称。

⑱**密迩：**贴近、靠近。《尚书·太甲上》："密迩先王其训。"

⑲**夏、殷：**中国有文字记载的最早的两个朝代。

⑳**象、寄、狄鞮：**古时翻译官。《礼记·王制》：“五方之民，言语不通，嗜欲不同，达其志，通其欲，东方曰寄，南方曰象，西方曰狄鞮，北方曰译。”

㉑**要荒：**要服和荒服。古称离王城极远的地方。

㉒**八蛮五狄：**泛指我国南、北方少数民族。下文“四夷”亦同此。

㉓**纳贽：**初见面时馈送的礼物。

㉔**登乐清庙：**到宗庙升堂奏乐。清，肃穆、清净。

㉕**梵：**梵语，古印度书面语。

㉖**唐、虞：**陶唐氏、有虞氏之国，传说中的两个古代部落。

㉗**姬公：**黄帝。

㉘**炎、昊：**炎帝、少昊，都是传说中的古代部落首领。

㉙**大圣：**如来。

㉚**燧人：**古帝名，传说其发明钻木取火，使民熟食。

㉛**神农：**传说古帝名，又称炎帝、山氏，相传始教百姓耕稼，以兴农业，尝百草为药以治疾病。

㉜**春搜：**春猎。

㉝**周、孔：**周公姬旦和孔子。此代指儒家。

㉞语出《孟子·梁惠王上》：“见其生，不忍见其死；闻其声，不忍食其肉，是以君子远庖厨也。”

㉟**戒有五支：**佛教有五戒，不杀生、不偷盗、不邪淫、不妄语、不饮酒。儒家主张畋猎有时，不无故杀生，沈约认为亦是一戒。

㊱**醟：**酗酒。

㊲**业：**一切身心活动。

㊳**刲刳：**割取、挖空。

㊴**鼎镬：**《淮南子·说山训》："知一镬之味"。高诱注："有足曰鼎，无足曰镬。"

## 译文

天地如何开辟，人类怎样出现，至今已年代久远，悠远缥缈，难以言说了。然而开天辟地之事虽难以言说，自然界与人类事物的象状却是可以拟说的。至于太空，则虚无渺茫，无边无际，无始无终，不但难以言说，无可蠡测，甚至也很难揣摩想象。天地处在宇宙之中，就像毫毛漂浮在大海上；自天地开辟至今，亦不过是短短的一瞬。人类的历史，最早可追溯到轩辕和伏羲，而天地的存在，就像轩辕、伏羲之与天地相比那样渺小短暂。世上眼界狭隘的人，只知道古代帝王赫胥距今遥远，这是何等的浅薄、琐屑和局促。

佛陀出世，不知在何时，然释迦牟尼佛和未来的弥勒佛的思想、学说，并没有什么不同。佛陀的法身清虚纯洁，对世人来说，各有不同的感应。若有感应，即相距万里亦犹如近在咫尺；若人们感悟佛身的机缘未到，虽踏着佛的足迹，也会视而不见。佛教源于印度，昆仑山、天山以西的地区，离印度不能不说是很近了，但机缘未到，仍与佛法隔绝。为什么这样说呢？中国古代夏、殷以前，文书简陋，周朝建立以后，经籍逐渐完备起来，并通过专职翻译人员，与偏远地区的国家交往、联系，而边远地区的少数民族则由于不识文字，言语不通，要顺服周的统领，要进献贡品，同时也向周朝学习礼乐文字。

西方佛国离中原并非特别远，虽然文字书写不同，言语有别，但佛教义理应能流传散布。而唐、虞、三代也不应没有记载，然实际上当时佛法并未传入中国，这岂不是由于世人与佛感应遇合的缘分未到吗？尽管如此，探求佛教教义的主旨，当然仍非四方少数民族的乐于归附华夏文化所能相提并论的。因为这并不是中国人的远祖先王的疏忽、遗漏，而是佛法本身隐晦未显不易为人理解的缘故。

上古之世，尚未发明火，人也不会耕作，茹毛饮血，以兽皮为衣，当然还谈不上什么仁慈怜悯，因为不食生肉穿兽皮，人就难以生存。此时即使如来殷勤施教，希望人们不去杀生，恐怕也很难做到，只能逐渐地启发人们，慢慢地改变这种情况。燧人氏钻木取火，饮食变生为熟，这才预示了佛教的产生和发展。为什么这样说呢？因为饮食变生为熟，人的口味也就高了，捕猎禽兽的办法也多了，佛教劝人不要杀生的道理更难为人接受。然而事情发展到极端，往往就会起变化。

到了神农的时代，人们学会了耕稼，用不着捕猎，谷物粮食即可饱腹，杀生害命的事自然减少。这对佛教的传播大有益处。从此，人们日渐懂得了怜老护小的道理，若是春天打猎，便不会随便捕杀怀崽的动物；若是夏天进行农事，便会剔除那些有疾病的庄稼。当然，秋冬季节的大规模的捕杀，仍难避免，要让人一下子改掉这种生活习惯，并不容易。

自周公、孔子制礼作乐，崇尚仁治，人们渐渐有了可资遵循的伦理道德准则。“见其生，不忍见其死；闻其声，不忍食其肉”，割草伐木要按季节，对幼小动物不准捕杀，不竭泽而渔，不因耕作就烧荒为肥，可钓鱼不可撒网，可射猎不可射眠宿之鸟。食肉衣绸，应是老年人的享受；牛羊猪犬，不得无故宰杀。如果说佛教有五戒，那么这里可以说儒家又为其增加了一种禁戒。

至于酗酒、贪色、欺诈、侵夺、乱行非分，则不要说佛法不容，即儒家也是严加禁止的。佛教的五戒，其中有四条是维护人的尊严和利益的，因为人是万物之灵；有一条是不要乱杀鸟兽，因为动物不如人宝贵。儒家创派立说，有高下等级之分的理论，佛教戒杀人，也由于杀人是罪孽最深重的。由此可见，儒家的圣人与佛教的如来，其理论、学说，道理是一样的。而不了解这些道理的人，拘限于一家之说，自以为杀猪宰羊，理所当然，实在是大错特错。

至于有人认为，若按照佛教因果报应的说法，大禹、商汤、周文王、周武王以及周公姬旦、孔子，都该受酷刑，下油锅，那更是执迷不悟，糊涂至极！试读本文，应该醒悟了。

# 2　辨惑篇

## 二教论·依法除疑

北周·释道安

### 原典

（法有常楷，人无定则，若能依法，则众疑自除也。）

于是童子愀然而怒曰：仆闻释典冲深[①]，非名教[②]所议；玄风[③]悠邈，岂器象[④]所该？故染渍风流者，脱形桔于始心；研穷理味者，荡心尘于终虑。抗志与夷、皓[⑤]齐踪，洁己与严、郑[⑥]等迹。忽荣誉，去嗜欲。

然释训稍陵，竞为奢侈，上减父母之资，下损妻孥之分，斋会[⑦]尽肴膳之甘，塔寺极庄严之美，罄私家之年储，费军国之资实。然诸沙门，秀异者寡，受兹重惠，未能报德。或垦植田圃，与农夫等流；或估货求财，与商民争利；或交托贵胜，以自矜豪；或占算吉凶，徇于名誉，遂使澄源渐浊，流浪转浑。仆所以致怪，良在于斯。觊欲清心佛法，钻仰余风，睹此怅然，洗心无托。

## 解说

本文选自《广弘明集》卷八《辨惑篇》。道安，俗姓姚，生卒年不详。冯翊（今陕西省大荔县）人。北周武帝时名僧，《续高僧传》卷二十三有传。周武帝天和、建德年间，多次下诏集朝臣、儒士、僧、道，论儒、道、佛三教先后优劣。公元五七〇年五月，道安上《二教论》十二篇，设为东都逸俊童子、西京通方先生问答，详细评论三教优劣，极力抨击道教，认为佛教为内教，是救心之教，儒为外教，是救形之术，二者虽都不可或缺，但以佛教为高，而道教则不过是附庸儒家的一个旁支。

据《续高僧传》卷二十三《道安传》载：周武帝“初览安论，通问僚宰，文据卓然，莫敢排斥”，直到建德三年（公元五七四年）武帝才令禁止佛教，同时也不得不禁止道教。此后道安隐遁山林，不为武帝笼络所动，死于周世。道安的著作除《二教论》外，还有《训门人遗诫》

等。这里所选的《依法除疑》，为《二教论》十二篇中最后一篇。文章认为，世上万物，禀性不一，沙门中难免有名实不符，有损佛门声誉者，但不应以人废道，而应以道废人，依法行事，消除世人对佛教的疑惑。

## 注释

①**冲深**：深奥。

②**名教**：儒家学说。等级名分是儒家思想的重要内容，故称名教。《庄子·齐物论》曰："六合之外，圣人存而不论。"是此语所出。

③**玄风**：此指佛教义理。

④**器象**：有形的具体事物。

⑤**抗志与夷、皓**：抗志，坚持平素志向而不动摇、不屈服。夷、皓，伯夷和商山四皓。伯夷为商朝孤竹君之子，不愿继承王位，而逃入西周，周灭商，不食周粟而死。商皓指秦末商山四隐士。四人须眉皆白，故称四皓。

⑥**严、郑**：严光与郑均。严光，字子陵，东汉会稽余姚人，少曾与汉光武帝同游学，有高名。秀称帝，光改名隐遁。郑均，东汉人，字仲虞，兄为县吏，常受贿赂，均屡劝不听，于是出外做工，得钱物与兄，兄感其言，遂以廉名。

⑦**斋会**：过午不食为斋。中午之前，僧尼聚会用餐称斋会。

## 译文

（佛法有一定的规则，人却千差万别，若能凡事依法而行，那世人对佛教的疑惑自可一扫而空。）

于是东都逸俊童子变了脸色，怒气冲冲地问道：据我所知，佛典深奥，不是儒家所能评论的；佛理玄远，更不同于一般具体有形的事物。因而信奉佛教的人，从一开始便已摆脱世俗的各种束缚；探究佛理的人，最终会荡除一切迷惑和烦恼。要论坚守自己的志向，他们应能和伯夷与商山四皓相提并论；若说洁身自好、轻名淡利，他们应可与汉代的严光、郑均相媲美。

然而，现在佛法渐渐废弛，僧尼竞相追求生活的奢侈，上占父母的费用，下夺世人妻子儿女的衣食，聚餐有美味佳肴，建寺立塔华美壮丽，耗尽了百姓和国家的物质财富。而令人遗憾的是，僧尼之中，真正卓异出众的人少，受人恩惠却不能报答的人多。他们有的垦田种菜，与农民没什么两样；有的开店经商，与商贾争利；有的交结权贵，自我夸耀；还有的则占卜吉凶，欺世盗名，致使本来清净圣洁的佛门变得污浊不堪。本人所以对佛教进行责难，原因就在于此。以致自己每每想摒弃尘念，皈依佛法，而一看到上述现象，便不能不犹豫徘徊，难下决心。

## 原典

先生怃然而笑曰：余闻鳞介之物，不达皋壤之事；毛羽之族，岂识流浪之形？类异区分，固其宜耳！惟十性[①]渊博，含生[②]等有；二谛[③]该深，物我斯贯。辨有也，则九道[④]森然；谈空也，则万像斯寂[⑤]。故《般若》曰："色即萨婆若，萨婆若即色。"[⑥]然色是无知之顽质，萨婆若诸佛之灵照。论有居然[⑦]无别，言无一而莫异。极矣哉！极矣哉！

老氏之虚无，乃有外而张义；释师之法性[⑧]，乃即色而游玄。游玄不碍于器象，何缘假[⑨]之可除；即色而冥乎法性，则境、智[⑩]而俱寂。《般若》曰："不坏假名[⑪]，而说诸法实相[⑫]。"《维摩》曰："但除其病，而不除法。"信哉此道，孰可逮乎！故能拯溺俗于沉流，拔幽根于重劫[⑬]，远开三乘[⑭]之津，广辟天人之路。

夫大士[⑮]建行，以檀度[⑯]为先；标榜宗极[⑰]，以塔寺为首。施而有报，匪成虚费；惠而有德，岂曰空为？且精微稍薄，华侈渐兴；失在物怀，何关圣虑？故崇轩玉玺，非尧、舜之心；翠居丽食，岂释迦之意？

今大周驭宇，淳风遐被，震道纲于六合，布德网于八荒[18]。川无扣浪之夫，谷无含叹之士[19]。四民咸安其业，百官各尽其分。嘉谷秀于中田，仓库积而成朽。方将击壤[20]以颂太平，鼓腹[21]而观盛化，吾子何拘，妄虑穷竭？

## 注释

①**十性：**众生本来所具有的圆满、渊博、永恒不变的心性。

②**含生：**一切有生命之物。

③**二谛：**真谛和俗谛。真谛乃圣者由究竟处体验事物的真实情况（空），又名第一义谛；俗谛指世俗的道理。

④**九道：**一切众生依其所修行的程度不同，而居住的不同地方。

⑤关于此句中的“有”和“空”，一切事物之存在状况叫作有，宇宙间的万事万物虽存在但不实在、无实体叫作空。

⑥般若云云，语出《摩诃般若波罗蜜经》卷十六，鸠摩罗什译。般若、萨婆若，意谓智慧。色指一切有形之物。

⑦**居然：**确实。

⑧**法性：**佛教所谓精神本体。

⑨**假：**凭借、虚妄不实。

⑩**境、智：**境，指所观之对象、境界；智，指能观之心、智慧。

⑪**假名：**佛教认为一切事物都是因缘和合而成，都是幻象，都是借助于人们给它的名称才有差别，自身没有真实之体和差别，故称其为假名。

⑫**诸法实相：**宇宙间万事万物的真相。

⑬**劫：**乃是古印度用以计算时间单位的通称。它并非佛教所创造的名词，常指长时间而言。

⑭**三乘：**此指声闻乘、缘觉乘和菩萨乘三种能把众生从生死的此岸运载到涅槃彼岸，修成正果的教法。乘，运载的意思。

⑮**大士：**此指能自利利他、大愿大行的人。通常是指菩萨。

⑯**檀度：**布施。六种普度众生成正果的门径和方法之一。

⑰**宗极：**至高无上的精神本体。

⑱此句中的“六合”和“八荒”皆谓四面八方。

⑲于此句中，扣浪之夫，指隐居遗世的人。扣浪，语出《楚辞·渔父》。含叹之士，亦指隐士。

⑳**击壤：**相传尧时有老人击壤而歌，后以击壤而歌

为歌颂太平。

㉑**鼓腹**：袒腹、饱食而闲暇无事，亦为盛世之象，语出《庄子·马蹄》。

## 译文

西京通方先生听到这里，不无遗憾地说：众所周知，生活在水里的鱼类，是不能到陆地上来的；而栖息于陆地上的鸟兽，也不会懂水里的事。物类不同，习性各异，是很自然的。唯有圆满、渊博、永恒不变的心性，总是蕴含于众生的自身之中；唯有佛教的与世俗的道理，永远贯穿在人类和其他一切事物之间。佛教论辩关于万事万物皆为实有的问题，可令众生为之肃然而起敬畏之心；谈及万事万物皆是空无的道理，则又足以让一切事物和景象归于寂灭。所以，《摩诃般若波罗蜜经》中说："色即萨婆若，萨婆若即色。""色"是顽冥无知的物质，"萨婆若"是众佛心中的聪颖、智慧。但如果就其皆为一种实际的存在（即"有"）而论，确实没什么区别；而就其都是因缘和合所成，自身并无永久不变的实体（即"无"）来说，二者又没什么不同。这真是绝妙之极！真是绝妙之极！

老子所说的虚无，是超然物外、无所为无所不为的意思；佛教所谓法性，则是既沉潜于事物之中，无处不在，又超越事物之上，深奥广博、无所不包、永恒不变的精神本体。游于物外，深奥广博，无所不包，而能与具体的器具、物象不发生矛盾，融通无碍，自然也就不存在要摒弃可资凭借的器具和虚幻不实的物象的问题；如果虽不离于有形的器物却对“法性”一无所知，那么心与心中所思虑的事物，就都会悄然消失。《般若经》中说：“论说宇宙间万事万物的真相，用不着去破除这些只不过是因缘和合而成的事物的幻象。”《维摩诘经》说：“要消除摒弃的是佛法施行和教化过程中出现的失误和弊病，而不是佛法本身。”这是十分正确的，也是其他理论学说和宗教难以比拟的。所以，佛法能够将人们从苦难中拯救出来，能够清除掉人们根深柢固的愚昧思想，普济众生，广开成佛门径。

如果能够自利利他的人，依法修行，当以布施为最先；如果夸耀佛教精神本体的高妙，则应以建寺立塔为首要之事。有布施就会有回报，有恩惠也就有德行，这既不是浪费钱财，也不是无所作为。而现在精打细算的渐少，浮华奢侈的逐渐增多，错在世俗之人的认识糊涂，并不是圣明的帝王和佛陀的本意。尧舜没想高居宏丽的殿宇，炫耀权势，琼楼玉宇、山珍海味，又怎能是释迦牟尼佛的所求？

自本朝建立，统驭天下，民风淳厚，朝纲大振，广施仁政，远近闻名。江河之上，没有隐遁避世之人；山野之中，并无怀才不遇之士。士农工商，安居乐业；百官公卿，各尽其职。五谷丰登，仓廪殷实。如今可谓正是歌舞升平、国富民安的盛世，你又何必杞人忧天、自寻苦恼呢？

## 原典

古人叹曰："才之为难。"[①]信矣！孔门三千，并海内翘秀，简充四科[②]，数不盈十。其中伯牛恶疾[③]，回也六极[④]，商也悭吝[⑤]，赐也货殖[⑥]，求也聚敛[⑦]，由也凶顽[⑧]，而举世推戴，为人伦之宗；钦尚高轨，为搢绅[⑨]之表，百代慕其遗风，千载仰其景行。

至于沙门，苦相驳节[⑩]。盖发肤徽嗣[⑪]，世人之所重，而沙门遗之如脱屣；名位财色，有情之所滞，而沙门视之如秕糠。斯乃忍人所不能忍，去人所不能去，可谓超世之津梁，弘道之胜趣也。录其脱俗之诚，足消四事[⑫]；采其高尚之迹，可报四恩[⑬]，况优于此者乎？

夫昆山多玉，尚有砾沙；浮水丰金，宁无土石？沙门之中，禅禁实多，不无五、三[⑭]缺于戒律，正可以道废人，不应以人废道。子何睹此遂替释教？故经曰："依法不依人，依智不依识。”不可见纣、跖[15]之踪，而忽尧、孔之轨；览调达[16]之迹，而忘妙德[17]之风。

今当为子，撮言其致。三乘俱出生死，而幽驾大有浅深；九流[18]咸明宇内，冲赜[19]宁无总别？儒经曰：“夫孝德之本，教之所由生也。”既云德本，道高仁义之迹；教之由生，坟典[20]因之以弘。然则同归而殊涂，一致而百虑，孝慈为总，子何惑焉？儒之为统，子何疑焉？

## 注释

①**才之为难**：《论语·泰伯》孔子曰：“才难，不其然乎。”才，人才。

②**四科**：孔子施教分德行、言语、政事、文学四科。见《论语·先进》。

③**伯牛恶疾**：伯牛即冉耕，字伯牛，孔子弟子。伯牛病重时，孔子去看他，说：“斯人也，而有斯疾也！”（《论语·雍也》）

④**回也六极**：颜回，孔子得意门生，贫不失志，早逝。参《史记·仲尼弟子列传》。中医谓气极、血极、筋极、骨极、精极、肉极为六极，均为虚劳重症。

⑤**商也悭吝**：卜商，字子夏，孔子弟子，长于文学，吝啬。有子早死，痛哭失明。

⑥**赐也货殖：**端木赐，字子贡，孔子弟子，善经商，家累千金，所至之处与贵族、王侯分庭抗礼。

⑦**求也聚敛：**冉求，字子有，孔子弟子，为季孙氏家臣，帮助季氏聚财，发展势力。

⑧**由也凶顽：**仲由，字子路，孔子弟子，有勇力。

⑨**搢绅：**插笏于带间。绅，大带，古时仕宦者垂绅插笏，因指士大夫。

⑩**苦相驳节：**艰苦卓绝，守志不渝。

⑪**徽嗣：**继嗣。徽，系。

⑫**四事：**生活中衣、食、住、医药之事。

⑬**四恩：**父母、师长、国王、施主之恩。（亦有其他说法，如：父母、众生、国家、三宝之恩。）

⑭**五、三：**杀生、偷盗等五戒；在家戒、出家戒、道俗共戒三戒。

⑮**纣、跖：**商纣王和盗跖，前者为历史上有名的暴君，后者传说是春秋末年的大盗。

⑯**调达：**提婆达多，斛饭王之子，与佛为叔伯兄弟，后因罪堕于地狱。

⑰**妙德：**文殊师利菩萨的意译。

⑱**九流：**此泛指各种学术流派。

⑲**冲赜：**冲淡、幽深。

⑳**坟典：**三坟五典，古书的泛称。

## 译文

古人说过，人才难得。这是不错的。孔子弟子三千，都号称海内英杰，然各依其所能，真正可以列为德行、政事、言谈、文学孔门四科的，不到十人。其中冉耕患有难以疗救的疾病；颜渊虚劳过度，中年早逝；卜商虽长于文学，为人却很吝啬；端木赐做了商人，家缠万贯；冉求替季孙氏搜括民财，为虎作伥；仲由则不过是一有勇无谋的赳赳武夫。即使如此，他们仍为世人拥戴，被看成做人的楷模，士大夫的表率，甚至与孔子一起享受祭祀，流芳后世，传颂不衰。

至于僧人，艰苦卓绝，守志不渝。发肤得之于父母，为世人所珍重，而沙门却摩顶受戒，像脱鞋子似的轻易地把它们丢弃了；名利地位，金钱美女，是世人情有所钟的事，然出家人则将其看作糠秕。他们能忍受世人所难以忍受的痛苦，能抛弃世俗所不肯割舍的东西，真可谓超凡脱俗，情趣高尚。就其脱俗的诚心来说，他们已不再为生活中衣、食、住、行之类的琐事所羁绊；若论他们高尚的品行，足以报答父母师长、君王施主的恩德，更不用说那些比一般出家人更优秀的高僧、名僧了。

昆仑山多产美玉，然亦有沙石；河水中能淘出金子，又岂能少了泥沙？佛门之中，禅定之法、各种戒律，都有很多，正可以法行事，裁制邪恶，而不应因为有少数败坏佛门之风的人就去禁毁整个佛教。正如《大智度论》卷九所说："依法不依人，依智不依识。"不能因为历史上有过商纣王和盗跖，就忽视了尧舜和孔子的圣明；不应看到提婆达多的犯罪堕入地狱，就对文殊师利菩萨的仁德、智慧视而不见。

这里我们再对此中的要义做些论述。三乘都是使人超越生死、修成正果的工具和手段，但这些手段和方法却有高下优劣之分；天下各种学术流派争奇斗艳，其中当然也有深浅雅俗之别。《孝经·开宗明义章》说："孝是道德的本源所在，一切教化都由此开始。"既然孝是德的本源，那么孝道也就比仁义更重要；既然孝是一切学说和教化的源头，那么儒家经典也因为孝而得到弘扬传播。殊途同归，百虑一义，以孝慈总括一切，这还有什么困惑？以儒教为统领，你就更不必置疑了。

## 原典

于是童子莞然而悦曰：夫柏梁[①]之构兴，乃知茆茨之仄陋；仰日月之弥高，何丘陵之可窄；睹真筌之辽廓，觉世训之为近；寻二经[②]之实谈，悟三张之诡妄。佛生西域，形仪罔觌；教流东土，得听余音。然神踪旷远，理乖称谓；因果寂辽，信绝名言。

今以浅怀，得闻高论；销疑散滞，涣若春冰，始知释典茫茫，该罗二谛；儒宗硌硌[3]，总括九流，信侅[4]常谈，无得而称者矣！仆诚不敏，谨承嘉诲。

## 注释

①**柏梁：**柏梁台，汉武帝时以香柏所修，在长安城内。

②**二经：**佛教经典的简单分类，即大乘和小乘经典。

③**硌硌：**山石不齐貌。

④**侅：**食物卡在喉间。

## 译文

于是童子高兴地说道：得见柏梁台，才知道茅屋的简陋；仰望日月，方知丘陵是何等的矮小；目睹佛法的渊深广博，才能体会世俗道理的浅近；探究佛典中的真言实义，更明白道教的虚妄欺诈。佛生于西方，难睹仪容；佛教流传到中国，使人有可能了解其学说。然西域距此遥远，佛典流传难免会有舛误；因果报应往往也不是一时一地就能显示出来的，似有讹错。

今天得以聆听高论，疑虑困惑，涣然冰释，这才知道佛典渊博，总括了人世间和出世间的道理，而儒家思想虽也囊括了其他学派的成分，但仍不过是老生常谈，不足以称道。本人不敏，谨承嘉诲。

## 破邪论（节选）

唐·释法琳

### 原典

奕云：请胡佛邪教，退还西域，凡是僧尼，悉令归俗者。

对曰：庄周云："六合之内，圣人论而不议；六合之外，圣人存而不论。"[①]老子云："域中有四大，而道居其一。"[②]考《诗》《书》《礼》《乐》[③]之致，但欲修序彝伦[④]，明忠列孝慈之先，意在敬事君父。纵称至德，唯是安上治民；假令要道，不出移风变俗。自卫反鲁，讵述解脱之言[⑤]；六府九畴[⑥]，未宣究竟[⑦]之旨。

及养生、齐物之谈[⑧]，龙图凤纪之说[⑨]，亦可怀仁抱信，遵厉乡[⑩]之志；删经[⑪]赞象，肆阙里[⑫]之文。次曰九流[⑬]，末云《七略》[⑭]，案《前汉艺文志》所纪众书，一万三千二百六十九卷，莫不功在进益，但未畅远途，皆自局于一生之内，非迥拔于三世之表者矣。遂使当现因果，理涉旦[15]而犹昏；业报[16]吉凶，义经丘而未晓。故知《逍遥》[17]一部，犹迷有有[18]之情；《道》《德》[19]二篇，未入空空[20]之境。斯乃六合之寰块，五常[21]之俗谟，讵免四流[22]浩汗，为烦恼之场；六趣[23]喧哗，造尘劳之业也。

原夫实相杳冥，逾要道之要；法身凝寂，出玄之又玄。惟我大师，体斯妙觉[24]，二边[25]顿遣，万德俱融。不喧不寂，安能以境智求；非爽非昧，胡可以形名取。为小，则小也而无内；处大，则大也而无外，故能量法界[26]而兴悲，揆虚空而立誓。

所以见生穆土，诞圣王宫，示金色之身，吐玉毫[27]之相。布慈云于鹫岭[28]，则火宅[29]焰销；扇慧风于鸡峰[30]，则幽途雾卷。行则金莲捧足，坐则宝座承躯，出则帝释[31]居前，入则梵王[32]从后。左辅密迹[33]，以灭恶为功；右弼金刚[34]，以长善为务。声闻、菩萨[35]，俨若侍臣；八部万灵[36]，森然翊卫。

演《涅槃》[37]，则地现六动[38]；说《般若》[39]，则天雨四华[40]。百福庄严[41]，状满月之临沧海；千光照耀，犹聚日之映宝山。师子一吼[42]，则外道摧锋；法鼓[43]暂鸣，则天魔[44]稽首。是故号佛，为法王[45]也。岂得与衰周迦叶，比德争衡；末世儒童，辄相联类者矣[46]。是以天上天下，独称调御[47]之尊；三千大千[48]，咸仰慈悲之泽。

## 解说

本文选自《广弘明集》卷十一《辨惑篇》。释法琳（公元五七二—六四〇年），俗姓陈，颍川郡（今河南省许昌市）人，唐初名僧。住荆州玉泉寺，唐初住长安济法寺，他出入儒释，博通内外，曾一度舍佛而潜心儒道经典。唐高祖武德初年又重归佛门。武德四年（公元六二一年），原道士，太史令傅奕上废佛僧表十一事，得唐高祖赏识。为了护卫佛法，法琳与傅奕展开激烈论战，他曾上书太子建成和秦王李世民，驳斥傅奕的观点，又撰本文托建成上奏，唐高祖阅后破佛决心动摇。后清灵观道士李仲卿、刘进喜分别写《十异九迷论》《显正论》贬低佛教，法琳又著《辩正论》予以驳斥，以致因此而在太宗朝被流放，卒于途中。法琳事见《续高僧传》卷二十四《释法琳传》和《唐护法沙门法琳别传》等。本文所选为《破邪论》最后一段。

## 注释

①**六合之内，圣人论而不议；六合之外，圣人存而不论：**语出《庄子·齐物论》。原文“六合之外，圣人存而不论”在前。六合，指天、地和四方。论，评论。议，

多指非议。

②语出《老子》第二十五章："道大、天大、地大、王大，域中有四大，而王居其一焉。"

③**《诗》《书》《礼》《乐》：**《诗经》《尚书》《周礼》《乐经》。

④**彝伦：**天、地、人之间固定的等级次序。语出《尚书·洪范》。

⑤《论语·子罕》："吾自卫反鲁，然后乐正，雅、颂各得其所。"

⑥**六府九畴：**六府，古代六种税官总称，见《礼记·曲礼下》。九畴，传说禹治理天下的九类大法，见《尚书·洪范》。

⑦**究竟：**事物的根本道理。

⑧**养生、齐物之谈：**道家理论。《庄子》有《养生主》《齐物论》两篇，主要论养生之道和泯灭是非彼此，齐一物我夭寿。

⑨**龙图凤纪之说：**儒家祥瑞之说。龙图，河图。《周易·系辞上》："河出图，洛出书，圣人则之。"《竹书纪年》记黄帝轩辕氏五十年秋，凤鸟至，帝祭于洛水。

⑩**厉乡：**老子。相传老子是陈郡苦县（河南省鹿邑县东）厉乡人。

⑪**删经：**相传孔子曾删定《诗经》。

⑫**阙里：**孔子故里，指代孔子。见《汉书·梅福传》。

⑬**九流：**此谓战国时九个学术流派。见《汉书·艺文志》。

⑭**《七略》：**我国最早的图书目录分类著作，汉刘歆撰。原书已佚。《汉书·艺文志》即依其分类。此指其他理论、学说。

⑮**旦：**周公姬旦。相传周代的礼乐制度皆为周公所定。

⑯**业报：**善恶之行带来苦乐之报。

⑰**《逍遥》：**《庄子》有《逍遥游》一篇，论万物贵任性自由，即逍遥至乐。此代指《庄子》。

⑱**有有：**认为一切事物都是实有、实在。

⑲**《道》《德》：**《老子》分为《道经》《德经》两篇。

⑳**空空：**空也是空，完全超然物外。

㉑**五常：**仁、义、礼、智、信，语见《汉书·礼乐志》。

㉒**四流：**见、欲、有、无明四流。谓世上欲河横流，世人愚昧，随水漂流，不自主。

㉓**六趣：**六种去向，指地狱、饿鬼、畜生、阿修罗、人、天等六道。众生依其所行的善恶，而最终归向不同的处所。

㉔**妙觉：**自觉、觉他、觉行圆满之佛果。

㉕**二边**：断、常二边见，一认为人身心断灭不续生；一认为人身心三世皆常住无间断。

㉖**法界**：一切事物的分界。

㉗**玉毫**：佛眉间生白毫毛，光润犹如白玉。

㉘**鹫岭**：灵鹫山，佛尝居此，山顶似鹫，山泉树林，风景优美。

㉙**火宅**：佛教认为众生所在的整个世界中充满苦恼、忧患等，譬如火宅。

㉚**鸡峰**：鸡足山，迦叶尊者入定之山，在摩揭陀国。

㉛**帝释**：佛经中的忉利天主，居须弥山顶，统领三十三天，常与梵天王居于佛左右。

㉜**梵王**：色界第三天大梵天王。

㉝**密迹**：密迹力士，手持金刚杵武器护卫佛的夜叉神。

㉞**金刚**：持金刚之力士。

㉟**声闻、菩萨**：声闻，指聆听佛之教诲，体悟四谛之理，断除各种所思所见、迷惑，修得正果之出家弟子。菩萨，即指以智上求无上菩提，以悲下化众生，修诸波罗蜜行，于未来成就佛果之修行者。

㊱**八部万灵**：天龙等八部众。

㊲**《涅槃》**：《涅槃经》，分大小乘两类，前者以阐明教义为主，有昙无谶译本等；后者记载佛入灭的历

史，有东晋法显译本等。

㊳**六动**：六变震动。见《大般若经》卷一。

㊴**《般若》**：《般若经》。此类经说明怎样以智慧超度众生抵达涅槃彼岸。

㊵**四华**：白、青、红、黄四种莲花。

㊶**百福庄严**：如来的三十二相，行百善乃得一妙相，称为百福庄严。

㊷**师子一吼**：比喻佛陀说法犹如百兽之王狮子之吼叫声。

㊸**法鼓**：喻佛说法劝人进善，如军队击鼓进军。

㊹**天魔**：天子魔，四魔之一。第六天之魔王波旬，专会设障碍破坏人修道。

㊺**法王**：佛于一切事理通晓无碍，并能自在教化众生，故称法王。

㊻此句中的“衰周迦叶”与“末世儒童”指老子和孔子。南朝伪经《清净法行经》（道安《二教论·服法非老》引）认为儒释同源，曰：“儒童菩萨，彼称孔丘。”“摩诃迦叶，彼称老子。”

㊼**调御**：佛的名号之一。一切众生如狂象恶马，唯佛能调治驾驭，故称。

㊽**三千大千**：三千大千世界。佛经中以须弥山为中心，以铁围山为外郭，一日月所照范围为一小千世界。

一千个小千世界合为中千世界，一千个中千世界合为大千世界，称为三千大千世界。

## 译文

傅奕说：请佛教退回印度，凡是僧尼，皆令其归俗。

法琳回答：庄子说："天地之外的事，虽然圣人也承认它的存在，然并不进行讨论，而对天地之内的事，圣人只作讨论却不会加以非议。"老子说："世界上有道、有天、有地、有君王，道，即不主故常、应物变化的精神本体，是其中之一。"考查《诗经》《尚书》《周礼》《乐经》等儒家经典，其主旨不过是研习、制定天、地、人之间的各种等级次序，指出忠义、坚贞、孝敬、仁慈等伦理道德的重要性，意在尊敬父祖、事从君王。即使有所谓崇高的道德，也只是治国安民；纵然有重要的道理，也不外乎教化百姓，移风易俗。孔子周游列国，晚年自卫国返回鲁国后，曾整理过儒家经籍，却没有论述过把世人从苦难中解脱出来的道理；中国古代传统的治国经邦的理论和制度，也没有谈及事物的根本道理。

至于道家论述养生、泯灭物我的学说，儒家天降祥瑞、君命神授的传说，或者遵循老子志趣，或是对孔子思想的发挥。再像先秦以来的其他学术流派，汉刘歆《七略》、班固《汉书·艺文志》所著录的各种书籍，虽然也对世人不无裨益，但其论说都局限于现实社会，视野狭隘，不能超越现世而进入佛教所谓过去、现在、未来三世的范畴，以至于本来应当显现的因果关系，在制礼作乐的周公那里隐晦未显；本来应当明了的善恶报应，到了删订《诗》《乐》的孔子手里，也令人难晓。由此可见，《庄子》一书，仍陷在以事物为实有的困惑之中，《道经》《德经》两篇，也未进入完全超然物外的空无的境界。中国虽有仁、义、礼、智、信之类的道德伦理，却不免人欲横流，痛苦烦恼，所在皆有。各类人物，为恶作孽，根源就在此吧！

我们对佛经进行了深入研究之后会发现，佛教渊深广博的精神本体，远比儒家思想的主旨更重要；如来法身，悄然而现，也比老庄玄学更为玄妙。唯有我佛如来能体悟这玄妙不可思议的道理，能排除偏执之见，包融无限德行，不用喧噪，也不担心寂寥；不浅薄也不晦涩，绝不是一般人所能揣度的，更难以用名词概念来界定。说他小，可以小到不能再小，若论大，则可以大到无限。因此，他能够量度、判明世上一切事物的界限和实质，而生悲悯之心；能揆度、把握渊深广博、无边无际、无形无碍的佛理，并指明其主旨。

同样，佛虽生于尘世，却长于王宫，有金色的身体，有如玉的容颜。佛在灵鹫山上讲法，如甘霖普降，世间种种欲火灾难，随之消灭；在鸡足山传道，则又如风吹云散，人生幽暗之途，顿时一片光明。佛行有金莲捧足，佛坐有珍宝之座承托，佛出有诸天之主在前开道，佛入又有大梵天王随后护卫。左有密迹力士，专门惩治邪恶；右有金刚力士，专门劝人行善。声闻、菩萨宛如佛的侍从之臣，众天神神情严肃，又好像是佛的卫士。

佛演说《涅槃经》，大地为之震动；佛讲说《般若经》，上天感悟，降下四色莲花。撒播佛种，功德圆满，犹如满月照临沧海之上；佛光普照，则似一轮红日辉耀于宝山之巅。佛之说法，威力无比，如狮子吼叫，似擂鼓进军，魔王波旬俯首称臣，其他教派莫敢抵挡。所以，佛号称法王。哪里是周朝衰落时期的老子、孔子所能相比、所能抗衡的呢？因此天上天下，唯佛为尊；宇宙之间，无不仰盼佛的恩泽。

## 原典

然而理深趣远，假筌蹄[①]而后悟；教门善巧，凭师友而方通。统其教也，八万四千之藏[②]，二谛十地之文[③]，祇园[④]、鹿苑[⑤]之谈，海殿龙宫之旨[⑥]，玉谍金书[⑦]之字，七处八会之言[8]，莫不垂至道于百王，扇玄风于万古，如语实语[9]不思议也。近则安国利民，远则超凡证圣[10]，故能形遍六道[11]，教满十方，实为世界福田[12]，盖是苍生归处。于时敬信之侣，犹七曜之环北辰；受化之徒，如万川之投巨海。考其神变[13]功业，利益人天，故无得而名也。既满恒沙之因，故得常乐之果，善矣哉！不可测也。

但以时运未融，遂令梵汉殊感，所以西方先音形之奉，东国暂见闻之益。及慈云卷润，慧日收光，乃梦金人于永平之年[14]，睹舍利于赤乌之岁[15]。于是汉、魏、齐、梁之政，像教[16]勃兴；燕、秦、晋、宋已来，名僧间出。或画满月于清台之侧，或表相轮于雍门之外[17]。逮河北翻辞[18]，汉南著录[19]，道兴三辅[20]，信洽九州。跨江左而弥殷，历金陵而转盛[21]。渭水备逍遥之苑[22]，庐岳总般若之台[23]，深文奥旨，发越[24]来仪[25]，硕学高僧，蝉然远至。

暨梁武之世，三教连衡，五乘[26]并骛，虽居紫极，情契汾阳[27]，屏酒正而撤饔人[28]，薰戒香而味法喜。恐四流[29]而难拔，躬七辩[30]以能持，乃轻衮饰而御染衣，舍雕辇而敷草座，于时广创慧台之业，大启宝塔之基。(《梁记》[31]云："东台西府，在位八十余年，都邑大寺，七百余所，僧尼讲众，常有万人。讨论内典，共遵圣业，孜孜无倦，各厌世荣也。")遂令五都[32]豪族，献冠冕而归依；四海名家，弃荣华而入道。自皇王所居之土，声教所覃之域，莫不顶礼回向，五体归依，利物之深，其来久矣。孔老垂化，安能与京?

案《三十六国春秋》[33],《高僧》[34]《名僧》[35]《牟子》[36]等纪传，始后汉永平十年已来，佛法东流，政经十代，年将六百，名僧大德，世所尊敬者，凡二百五十七人；傍出附见者，及燕赵王公，齐梁卿相等，凡二百五十一人。陈其行业，大开十例：一曰译经，二曰义解，三曰神异，四曰习禅，五曰明律，六曰遗身，七曰诵经，八曰兴福，九曰经师，十曰唱导[37]。此例高僧，皆德效四依[38]，功备三业[39]，法传震旦，实所赖焉；邪见隐而不论，但说五三恶者。夫雪山之内，本多甘露，亦有毒草；大海之中，既有明珠，亦饶罗刹[40]。喻昆岳缺于片石，邓林[41]损其一枝耳，复何可怪之哉?

## 注释

①**筌蹄**：捕鱼狩猎的工具。比喻达到某种目的的手段。

②**八万四千之藏**：言佛教经典之多。

③**二谛十地之文**：一切佛教经典。十地，菩萨修行渐近于佛的十种境界，包括欢喜地、离垢地、发光地等。

④**祇园**：祇陀太子园林，在舍卫城之外，林木泉

池，风景优美。

⑤**鹿苑：**鹿野苑，如来始说法之处。

⑥**海殿龙宫之旨：**据《海龙王经·请佛品》，海龙王曾在海底龙宫造大殿，并以珍宝造台阶，迎佛等入海讲佛法。

⑦**玉谍金书：**佛典。

⑧**七处八会之言：**六十卷《华严经》，此亦泛指佛典。

⑨**如语实语：**如实之语，即真实不虚妄之语。

⑩**超凡证圣：**南朝齐萧子良《净住子·敬重正法门》谓佛法"近则安国利人，远则超凡证圣"。证圣，谓证入圣谛。

⑪**六道：**地狱等六趣。

⑫**福田：**善行可得善报，犹如耕稼，春种秋收。

⑬**神变：**内心智慧，以祥瑞的形式外现出来。

⑭**乃梦金人于永平之年：**《牟子理惑论》云："昔孝明皇帝梦见神人，身有日光，飞在殿前，欣然悦之。"即指此。永平，汉明帝年号。

⑮**睹舍利于赤乌之岁：**《高僧传·康僧会传》谓吴主孙权赤乌十年（公元二四七年），康僧会到建业，权初不信佛，打试佛骨，具显神异，遂叹服，为建塔，号建初寺，江南有佛寺始于此。

⑯**像教：**佛教立形像设教，故称。

⑰**或画满月于清台之侧，或表相轮于雍门之外：**北齐王琰《冥祥记》谓东汉明帝梦见金人后，“乃遣画工图之数本于南宫清凉台”，时又“于洛阳城西雍门外起佛寺”(《牟子理惑论》)。满月，即满月尊，佛之德号。相轮，塔顶九轮，此指建寺塔事。(佛塔建筑中，“平头”以上之轮盘形建筑称为相轮。)

⑱**河北翻辞：**河北指东魏都城邺(今河北省临漳)，后赵时佛图澄在邺兴隆佛法，菩提流支等人在此译经。

⑲**汉南著录：**东晋释道安在襄阳(今湖北省襄樊市)整理佛教经典，弘扬佛法，撰《综理众经目录》等事。襄阳在汉水之南，故称汉南。

⑳**道兴三辅：**三辅，原指长安近郊地区，佛教传入中国，长安为必经之地，西晋竺法护即在此译经，弟子众多，佛教已盛。后秦时鸠摩罗什至长安，门下名僧云集，对中国佛教发展影响很大。

㉑**跨江左而弥殷，历金陵而转盛：**与北方佛教兴盛的同时，南方东晋以降佛教亦十分兴盛，道安由邺至襄阳，慧远在庐山，传播佛教。都城建业不仅名僧众多，且帝室朝贵、名士，奉佛者亦不在少数，翻译佛教义学，西行求法，都有成绩。

㉒**渭水备逍遥之苑：**长安鸠摩罗什弟子僧肇等的佛

学，融老庄之说于般若学之中，故此云云。

㉓**庐岳总般若之台**：庐山慧远之佛学宗旨在般若学，故云。

㉔**发越**：昂扬。

㉕**来仪**：此比喻特出人物的出现。

㉖**五乘**：教化众生使得成正果的五种手段或途径。说法不一，一般指人乘、天乘、声闻乘、缘觉乘和菩萨乘。

㉗**汾阳**：县名，汉置，故地在今山西阳曲县。东晋道安曾在太行山立寺塔传教，而汾阳在太行山西，或以汾阳指代道安。

㉘酒正、饔人，分别掌管酒政和烹调。皆见于《周礼·天官》。

㉙**四流**：见、欲、有、无明四流，指三界一切随欲望之河漂流的人。

㉚**七辩**：菩萨所具有的七种论辩口才。

㉛**《梁记》**：或为沈约等人编撰的《梁书·武帝纪》，唐以前人所撰《梁史》都已佚失。

㉜**五都**：泛指繁华的都市。

㉝**《三十六国春秋》**：记载西域诸国历史的史书。

㉞**《高僧》**：《高僧传》，十四卷，梁释慧皎撰，详载东汉明帝永平十年至梁天监十八年四百余位佛教人物

事迹，传分十类编排，下文所说即《高僧传》。

㉟**《名僧》**：《名僧传》，并序录三十卷，梁释宝唱撰，今只存节钞一卷。

㊱**《牟子》**：《牟子理惑论》，为收录我国早期佛教思想资料的重要著作。

㊲**唱导**：宣唱法理，开导众心。

㊳**四依**：此指法四依：依法不依人、依了义经不依不了义经、依义不依语、依智不依识。见《大智度论》卷九。

㊴**三业**：一切思想、言语、行动。

㊵**罗刹**：梵文 Rākṣasa，恶鬼之总名。

㊶**邓林**：神话中的树林，见《山海经·海外北经》。

## 译文

然而佛教奥妙无穷，理趣深远，必须借助于有效的手段和工具，才能使世人领悟；必须通过师友讲论切磋，才容易融会贯通。佛教经典，浩如烟海，像佛在祇园、鹿苑所讲之经，在海殿龙宫所谈佛法，以及其他一切佛教经典，皆真实无妄。近可安国利民，远则超凡入圣，实为世上一切善良行为的根源，确是百姓的皈宿之地。所以，世人崇仰佛教，就像七曜环绕北极星；皈依佛法，犹如万川汇入大海，以致人间天上，广为流传，千秋万代，繁盛不衰。就其以祥瑞的形式出现，有益于人与天，难以用语言形容。既然佛陀至尊，佛教有益，佛法必传，那么皈依佛门，按法修行，也就必得涅槃正果。

然而，由于历史和其他方面的原因，佛教在东汉以后才传入中国。汉明帝于永平年间曾夜梦金人飞落殿前，三国吴赤乌十年（公元二四七年）孙权亲见康僧会打试佛骨，具显神异。汉、魏、齐、梁四朝，佛教勃兴；燕、秦、晋、宋以来，名僧时出。汉明帝梦见金人后，曾令画工在南宫清凉台描绘出金人形像，又在洛阳城西建寺立塔。待到后赵佛图澄、东魏菩提流支在河北传法、译经，东晋释道安至湖北襄樊整理佛教典籍，佛教从长安兴起，至此已传遍了全中国。佛教发展到南朝，更极为繁盛。长安鸠摩罗什等融老庄之说于般若学之中，庐山慧远治佛学则尤重般若学，佛学义理得到进一步阐扬，博学高僧远道而至。

梁武帝时，佛教与儒道三教并兴，种种教化众生，使成正果的手段和途径亦皆通行。梁武帝虽高居皇位，却对佛教情有独钟，尤为重视。他戒食酒肉，一心修善；屡次舍身，时时讲法；多建寺塔，颇立功业，以致都邑豪族，四海名家，皆厌弃荣华富贵，甘愿皈依佛门。由此可见，自佛教传入中国以来，崇奉之人甚诚，有益家国实多，流传年代已久，影响之大，都足以超越儒道两家了。

记载西域诸国历史的书有《三十六国春秋》，记述中国高僧事迹和佛学思想资料的著作，则有梁释慧皎的《高僧传》、宝唱的《名僧传》和《牟子理惑论》。《高僧传》为之立传的，有自东汉永平十年至梁天监十八年（公元六七—五一九年）四五三年间的高蹈绝俗、德行卓特的僧伽，计二百五十七人；其他附见的朝臣、名士，亦有二百五十一人。《高僧传》将各色人物依类立传，分译经、义解、神异、习禅、明律、遗身、诵经、兴福、经师和唱导共十类。这些高僧依法行事，功业卓著；佛法相传，多所依赖。当然，鱼龙混杂，僧徒之中也有邪恶偏执之人，不过，正如雪山之间既有甘露也有毒草，大海之中既有明珠亦有恶鬼。巍巍昆仑，缺一石片；莽莽森林，折一树枝，又有什么可奇怪的呢？

## 内德论·空有

唐·李师政

### 原典

或有恶取于空[1]，以生断见[2]，无所惭惧，自谓大乘[3]，此正法所深戒也。

其断见者曰：经以法喻泡影[4]，生同幻化。又云：罪福[5]不二，业[6]报非有。故知殖因收果之谈，天堂地狱之说，无异相如述上林之橘树[7]，孟德指前路之梅园[8]，权诱愚蒙，假称珍怪，有其语焉，无有实矣。至如冉疾颜夭[9]，以摄养[10]之乖宜；彭寿聃存[11]，由将卫之有术。贵贱自然而殊，苦乐偶其所遇，譬诸草木，区以别矣。若蓂荚[12]之表祥瑞，连理[13]之应休明[14]，名载于竹帛[15]，状图于丹青[16]，此则草木之贵者也。若被三径[17]而易蔓，亘七泽[18]而难翦，充仆妾之薪蒸，被牛羊之履践，此则草木之贱者也。若列挺干云之峰，罗生绝迹之地，斤斧莫之及，樵苏[19]所不至，此则草木之全寿者也。若匠石之所数顾，农夫之所务去，遭荷蒸之奋锄，值工输[20]之挥斧，此则草木之夭命者也。若篠簜[21]比质于松柏，蕙若同气于兰芷[22]，翠陵寒而未渝，芳在幽而不已，草木之贤俊者也。若蒺藜生而见恶，枳棘多而莫美，在《诗》《骚》[23]之比兴[24]，以匹奸而喻鄙，草木之庸猥者也。

若乃异臭殊味，千品万形，壤之所殖，胡可胜名？何业而见重，何因而被轻？何尤而速毙，何功而久生？何咎而枯槁，何福而华荣？何习而含毒，何修而播馨？此岂宿业之所致乎？乃自然而万差耳。人之殊命，盖亦如是，岂由前业使之然哉？然则无是无非，大乘之深理；明善明恶，小乘之浅教，愚骇者合真，谨慎者乖道，何为舍恶趣善，而起分别之心乎？又嫌佛之说法，端绪太多，论空说有，自相乖背，此是佛斗众生耳，何不唯明一种之法乎？

邪空之说云尔，正空则不然矣。苟识空有之理者，岂发如是之言乎？此既喻非而博，言伪而辨，惧其迷误后人，增长邪见，聊率所闻，试论之曰。

## 解说

本篇选自《广弘明集》卷十四《辨惑篇》。李师政，唐初山西上党（今长治市）人，历仕扶沟令、门下典仪、东宫学士等职。早年相信儒道，后皈依佛教，曾拜名僧释慧琳为师。唐初佛道二教论争激烈，唐高祖武德年间，太史令傅奕七次上书抨击佛教，释法琳和普应分别撰《破邪论》，反驳傅奕，李师政则著《内德论》，认为佛教于国于家皆有益处，斥傅奕讪上。

《内德论》分三篇：《辨惑》，分十条，逐一辨驳傅奕对佛教的各种指责；《通命》论因果报应；《空有》则破斥歪曲大乘空有之说。不信因果报应的执着之见，发挥大乘空宗思想，并汲取了大乘有宗的部分观点。这里我们选了《空有》，从中亦可略见佛教各宗派在唐初的相互融合发展。全文语言整饬，比喻恰切，有较强的说服力。

## 注释

①**空**：此指大乘空宗之“空”，其含义是一切事物和现象都是因缘和合而成的假象，没有独立的实自体，即所谓“空”。

②**断见**：认为一切身心活动都限于一个时期而断绝是断见，与此相对的是“常见”，即认为一切身心活动常住不灭。二者都不合于中道，属于五恶见之边见。

③**大乘**：公元一世纪左右古印度佛教派别。大乘佛教认为本教教法最好，可以把一切众生从生死之河的此岸，运载到无生无死、自由无碍的涅槃彼岸，故称“大乘”。大乘贬低主张自我解脱的教派为小乘。

④**泡影**：佛教以泡影比喻世间一切事物都虚假不实。《金刚经》曰：“如梦幻泡影，如露亦如电。”法，指一切事物。

⑤**罪福**：五逆十恶为罪，五戒十善是福。

⑥**业**：一切身心活动。

⑦**相如述上林之橘树**：司马相如（公元前一七九—前一一八年），西汉辞赋家，字长卿，成都人，景帝时为

武骑常侍。所作《子虚赋》为武帝赏识，又作《上林赋》，武帝用为郎，曾奉使西南，后为孝文园令。其赋描写帝王苑囿之盛、田猎之乐，极尽铺张之能事。《上林赋》有云："卢橘夏熟，黄柑橙榛。"

⑧**孟德指前路之梅园：**《世说新语·假谲》："魏武（曹操，字孟德）行役，失汲道，军皆渴，乃令曰：'前有大梅林，饶子甘酸，可以解渴。'士卒闻之，口皆出水，乘此得及前源。"曹操梅林之云，实欺诈之言。此所谓"望梅止渴"。

⑨**冉疾颜夭：**见前《二教论》《归心篇》注。

⑩**摄养：**摄生、摄卫、养生的意思。下文"将卫"亦同此意。

⑪**彭寿聃存：**彭，彭祖，传说为颛顼帝玄孙，陆终氏第三子，姓篯名铿，封于彭城，寿八百岁，因其养生有道，为后人崇奉，故称彭祖。聃，即李聃，老子。

⑫**蓂荚：**古代传说的瑞草。《汉书》卷九十九上《王莽传》："甘露降，神芝生，蓂荚、朱草、嘉禾、休征，同时并至。"

⑬**连理：**异根草木，枝干连生，旧以为吉祥之兆。班固《白虎通·封禅》："德至草木，朱草生，木连理。"

⑭**休明：**美善旺盛。

⑮**竹帛：**竹简、丝帛。古代初无纸，用以书写文字，

后指书册、史乘。

⑯**丹青：**丹砂、青雘两种可制颜料的矿石。后泛指绘画用的颜色或绘画艺术。

⑰**三径：**西汉末王莽专权，兖州刺史蒋诩告病辞官，隐居乡里，于院中辟三径，唯与求仲、羊仲来往。后常用指家园。

⑱**七泽：**古代楚地诸湖泊沼泽，其中以云梦为著名。

⑲**樵苏：**樵夫。

⑳**工输：**古代著名工匠，或称公输般、鲁班等，此泛指工匠。

㉑**篠簜：**小竹、大竹。《尚书·禹贡》："篠簜既敷。"

㉒"蕙若""兰芷"指蕙草、杜若、兰草、白芷，皆香草名。屈原《离骚》："兰芷变而不芳兮，荃蕙化而为茅矣。"

㉓**《诗》《骚》：**《诗经》《离骚》。前者为我国最早的诗歌总集，后者则是我国最早的文人创作的一篇抒情长诗，在此代指《楚辞》。《诗经》和《楚辞》是中国文学发展的重要源头。

㉔**比兴：**文学写作的两种手法。比是譬喻，兴是寄托。比兴两法在《诗经》《楚辞》中已开始大量运用。

## 译文

有人片面理解大乘佛教关于“空”的道理，而产生了断灭的见解，即关于一切事物和现象都是因缘和合而成，都没有独立的自性或实体的观点，认为人身既死便万事俱灭，不复存在，以致无所顾忌，大言不惭地自称大乘佛教。这种错误的看法显然是与真正的大乘理论相背离和格格不入的。学习正法，必须深深以此为戒。

持这种错误看法的人以为，既然佛经中以泡影比喻万事万物，视其为梦幻、假象，那么善与恶便没有什么区别，善恶与苦乐之间也没什么必然联系，因果报应之说、天堂地狱之谈，也就无异于司马相如在《上林赋》中，夸饰帝王园囿之中的柑橘，曹孟德在行军途中，欺骗士卒说前面有梅林可以止渴，而其实这些都不过是诱惑愚蠢之人的权宜之计，纯属子虚乌有。冉耕病卒，颜渊夭亡，是因为他们不会养护自己；彭祖长生，老聃高寿，在于他们善于养生。贵贱天生就不同，苦乐也出于偶然，这就像自然界中草木的不同一样。如蓂荚代表吉祥福瑞，连理反映时代的美善旺盛，它们名载于史册，可见于画图，这属于高贵的草木。像一般的草木，生长在园林之中，蔓延于沼泽之上，被牛羊所践踏，为奴仆所砍伐，这又是低贱的草木。如果植根于高山之巅，人迹罕至，砍柴的樵夫也鞭长莫及，这些草木便可长寿。如果生长在伐木者常去的地方，或农夫的田里，那就难免被砍伐、遭铲锄，这些草木便不免短命。再如青松翠竹，蕙若兰芷，岁寒而不凋，处隐蔽之地而能芬芳远播，可谓草木之中的贤俊之士。而蒺藜一长出来就为人所厌恶，荆棘虽多却不美，在《诗经》《楚辞》中被比作奸邪小人，这又是草木之中的平庸鄙下之辈。

至如异味奇臭，千形万状，自然界无所不有，举不胜举。这一切事物究竟有何作为而被看重，有何原因而被轻视？有何罪过而短命，有何功劳而长生？有何错误而枯槁，有何福佑而荣华？有何研习而含毒，又有何修行而流芳？这难道都是由前世作恶或行善所造成的吗？不，这是大自然的造化。人的命运不同，原因也在于此，哪里是什么前世的因缘呢？无是无非，是大乘佛教的深刻的道理；明辨善恶，则是小乘佛教的浅薄之见，因而倒是愚昧无知的人暗合佛法，聪明谨慎的人有悖佛道。既是如此，又何必教人分别善恶，舍恶向善呢？持上述观点的人还以为佛法头绪太多，论空说有，自相矛盾，似乎是有意与众生为难。与其如此，何不专明一法呢？

以上论点，都不过是空理的邪说，真正懂得空、有之理的人是不会说这样的话的。然这些说法虽不正确却引喻广博，虽是欺人之谈却又巧言善辩，因而有必要加以论析，以防其迷误后人，助长偏见。

## 原典

若夫如梦如幻，如响如泡，无一法而不尔，总万像而俱包。上士[①]观之以至圣[②]，至圣体之而独超，大浸[③]稽天而不溺，大风偃岳而无飘；具六通[④]而自在，越三界[⑤]而逍遥。然理不自了，正观以昭；心不自寂，静摄斯调；障[⑥]不自遣，对治方销；德不自备，勤修乃饶。六蔽[⑦]既除，则真如[⑧]可显；三障未灭，则菩提[⑨]极遥。

故真谛离垢净之相，俗谛立是非之条，指事必假于分别，论法岂宜于混淆？六度[⑩]不可为坠苦之业，三毒[⑪]不可为出世之桥，投谷难以无坠，赴火何由不烧？尧舜不可比之于昏桀，幽厉不可同之于圣尧，忠贤不可斥之于荒野，邪佞不可升之于明朝。不可反白而作黑，不可俾昼而为宵，不可以邪害于正，不可持凤比于枭，何得同因果于兔角，匹罪福于龟毛乎[⑫]？

虽引大乘之妙言，不得妙之真致，说之于口若同，用之于心则异。异者何也？正法以空去其贪，邪说以空恣其爱；智者观空以除恚，惑者论空而肆害；达者行空而慧解，迷者取空以狂悖；大士体空而进德，小人说空而善退，其殊若此，岂同致乎！良由反用正言，以生邪执矣。骐骥浮水，勤而无功；舟楫登山，劳而不进，岂骐骥、舟楫之不善哉？但浮水登山用之反也。读净名离相之典⑬，而废进修；诵庄周《齐物》之言⑭，以纵情欲，无异策驷马而溯流，棹方舟以登坂，望追造父⑮之长驱，欲比越人⑯之利涉⑰，不亦难乎！夫净名有清高之德，庄周无嗜欲之累，故知断见之论空，与无为之道反矣。

## 注释

①**上士**：自利、利他、圆融通洽的人。

②**至圣**：修行能达到断绝妄惑、契合正理境界的人。

③**大浸**：大水。《庄子·逍遥游》："之人也，物莫之伤，大浸稽天而不溺。"

④**六通**：三乘圣者所得之六种神通：天眼、天耳、他心、宿命、神足、漏尽。亦称六神通。

⑤**三界**：凡人生死流转的世界。包括欲界、色界、无色界。

⑥**障**：烦恼。因其能障碍修行正道，故称。下文言三障谓烦恼障、业障、报障。

⑦**六蔽**：蒙蔽人心的六种欲望和情感，指悭贪、破戒、嗔恚、懈怠、散乱、愚痴。

⑧**真如**：永恒常在的精神本体。

⑨**菩提：**明辨善恶、觉悟真理，亦即修成正果，达到涅槃境界的意思。

⑩**六度：**六种渡过生死苦海，到达涅槃彼岸的修行方法和途径，包括布施、持戒、忍辱、精进、禅定、智慧。

⑪**三毒：**又称三不善根，即贪欲、嗔恚、愚痴。

⑫于此句中，兔不长角，龟不长毛，二者比喻必无的事物。《楞严经》："无则同于龟毛、兔角。"

⑬**净名离相之典：**净名，即维摩诘。维摩诘与释迦同时，曾向佛弟子舍利弗、弥勒、文殊等讲说大乘教义。离相之典，指《维摩诘所说经》，此经记维摩诘与舍利弗、弥勒等问答之辞，说明大乘教理，今存鸠摩罗什、玄奘等译本。

⑭**庄周《齐物》之言：**庄周即庄子，（公元前三六九—前二八六年），战国宋蒙人，曾为漆园吏。相传楚威王闻其名，欲迎之为相，不就。著作十余万言，倡清净无为之旨。今本《庄子》一般认为《内篇》为庄周所著，《外篇》则多为其弟子和后来道家之士所述。《庄子·内篇》有《齐物论》一篇，主张对天下事物应顺其自然，一概视之，进而可忘是非，均物我，外形骸，遗生死，游心无穷。

⑮**造父：**周时善御者，传说曾取骏马以献穆王，王

赐造父以赵城，由此为赵氏。

⑯**越人**：江浙闽一代人，谙水性，善行船。

⑰**利涉**：顺利渡河。《易·需》："利涉大川，往有功也。"

## 译文

万事万物皆如梦如幻，如声如泡，无一例外。自利利他，圆融通洽的人明白了这个道理，可进入断绝妄惑、契合正理的境界，而断绝妄惑、契合正理的圣者体悟了这一道理，便能超遥世外，大水漫天而不伤，大风吹倒五岳却吹不动他；神通广大，超凡脱俗，自由无碍。然而，真理不会自动地显示出来，探寻真理的办法要正确才能真正将它弄明白；人心本身不会自觉地进入涅槃境界，必须静心调养方能修成正果；烦恼不会自己跑掉，要割断情、欲之根才能消除烦恼；美善之德也不会与生俱来，需要努力修行、不断积累，才能具备。除掉蒙蔽人心的各种欲望和情感，成佛才成为可能；不消除障碍人修行的各种烦恼，涅槃就遥遥无期。

因此，佛教的道理是摆脱了世间万物具体相状的真理，而世俗的道理则斤斤计较于事物的曲直是非，二者不容混淆。引导众生超越生死、到达涅槃彼岸的修行方法和门径，不可能使人坠入苦海；贪婪、嗔怒与无知，则不可能是教人超然出世的津梁，这正像跳崖不能不坠，投火难以不烧一样。不能将尧、舜与桀、纣相比，幽、厉也不可能与圣人相同；是忠贤则不应排斥于外，为奸邪也不可用于朝。不可反白为黑，不可以昼为夜，不可以邪害正，不可将凤比枭，怎能将因果之说指为兔角，把罪福之报比于龟毛呢？

片面理解“空”的道理的人，虽引用大乘佛教的字词，却并不了解这些词语的真正含义，因而听起来好像相同，但二者的效用是完全不同的。何以见得呢？真正的大乘佛教说“空”是要去除人的贪欲，而持邪空之见的人所说的“空”，只能助长人的欲望；有智慧有见解的人论“空”，可以消除人的嗔恚之心，愚蠢无知的人说“空”，则会更加肆意妄为；通达事理的人依“空”而行，可对佛法有更明晰的理解，迷惑蒙昧的人以“空”为名，则又会妄发议论，与真理背道而驰；自利利他的人体悟“空”的道理，有助于其修善进德，狭隘自私的人谈“空”，则反会消沉倒退。真正的大乘空论与名实不副的所谓的空理，其作用相差如此之大，又岂能含义相同呢？与真理背道而驰的结果，只能是妄生邪见，执迷不悟。良马渡水，非其所长；乘船登山，劳而无功。并不是马不好、船无用，而是犯了用非所用，物反其用的错误。读《维摩诘所说经》，而不思进德修善；诵《庄子·齐物论》，却又放纵情欲，这就无异于骑着马逆水而上，划上船去登高坡，还要去追赶擅长骑术的造父，妄想与谙熟水性的南方人比试行船，谈何容易！维摩诘德行高洁，庄子没什么欲望和嗜好，可知固执偏见的人虽谈空说无，但实际上却是反其道而行之的。

## 原典

夫妙道之玄致，即群有以明空，既触实而知假，亦就殊而照同。其何类也？譬如对广镜而傍观，临碧池而俯映，众象粲而在目，可见而无实性。缘生有而成形，有离缘而丧质，水过寒而冰壮，冰涉温而坚失，凡从缘而为有，虽大有其何实？故天与我皆虚，我与万物为一。菩提不得谓为有，何况群生与众术？故察于物而非物，取诸身而匪身；丽天[①]着而皆妄，镇地崇而莫真；言论穷理而无说，宾客盈堂而无人；艳色绝世而无美，瑰宝溢目而无珍，善恶殊途而不二，圣凡异等而常均。

寻夫经论之大旨也，从缘以明非有，缘起以辨非无；事有而无妙实，义空而匪太虚。无人非窥户之阒[②]，无见非面墙之愚，无说非金人之口[③]，无体非棘猴[④]之躯，无动非山立之貌，无别非雷同之谀，无真非鱼目之宝，无实非雁足之书[5]。财比梦财而莫异，色与幻色而何殊？猗顿[6]等原宪[7]之产，宋里[8]匹平城之姝[9]。道智[10]了空而绝缚，俗情滞有以常拘；人与业报而非有，业报随人而不无；天堂类天而匪妄，地狱等地而焉虚。非同扬雄之假称玉树[11]，曼都之矫见神居[12]，何乃取空言而背旨，援卉木而比诸？

夫夜光、结绿[13]之宝，南威、毛嫱[14]之色，人皆见其有而兴爱，孰能体其空而不染？睚眦蒂芥[15]之隙，青蝇贝锦[16]之仇，莫不着其相而兴愤，鲜能比于空而不憾；独谓鄙行空而不戒，善法空而不遵，三惑[17]应舍而未悛，五德[18]应修而反弃；不观空以遣累，但取空而废善，此岂净名不二之深致，庄周齐物之玄旨乎？

## 注释

①**丽大**：附大。《易·离》："日月丽乎天，百谷草木丽乎土。"

②**窥户之阒**：窥，视；阒，寂静。《易·丰》："窥其户，阒其无人。"

③**金人之口**：金人，金属所制的人像。《孔子家语·观周》："孔子观周，……有金人焉，三缄其口而铭其背曰：'古之慎言人也。'"

④**棘猴**：战国宋有人请为燕王在棘刺尖上做母猴，后王觉其虚妄，乃杀之。后以棘猴喻欺诈妄诞。见《韩非子·外储说左上》。

⑤**雁足之书**：雁足传书，事见《汉书·苏武传》。

⑥**猗顿**：春秋鲁人，以经营畜牧及盐业而成为富豪，拟比王侯。见《史记·货殖传》。

⑦**原宪**：春秋鲁人，字子思，孔子弟子。传说蓬户、褐衣、蔬食而不减其乐，后泛指贫士。见《史记·仲尼弟子列传》。

⑧**宋里**：周朝诸侯国宋国。宋人为殷商后代，受周人歧视，在先秦典籍中常被作为愚人的代称。

⑨**平城之姝**：平城，汉县名，其地在今山西大同市东北。相传平城多出美女。

⑩**道智**：十智之一，能辨别修行成佛的正道。

⑪**扬雄之假称玉树**：扬雄《甘泉赋》："翠玉树之青葱兮，璧马犀之瞵瑞。"

⑫**曼都之矫见神居**：东汉项曼都，河东蒲坂（今山西省永济市）人，好道学仙，弃家而去，三年返回，向家人讲述月宫幽冥寒冷之状。参见王充《论衡·道虚》。

⑬**夜光、结绿**：夜明珠和美玉。东汉桓谭《新论》："夜光之珠，潜辉郁浦。"《战国策·秦策》："宋有结绿，……天下名器。"

⑭**南威、毛嫱：**古美女名。《战国策·魏策》："晋文公得南之威，三日不听朝。"《庄子·齐物论》："毛嫱、丽姬，人之所美也。"

⑮**睚眦蒂芥：**睚眦，怒目而视。蒂芥，细小的梗塞物。引申为小怨小忿。

⑯**青蝇贝锦：**青蝇，苍蝇的一种；贝锦，古代锦名，上有贝形花纹。《诗·小雅·巷伯》："萋兮斐兮，成是贝锦。"二者皆喻谗言和进谗言的人。

⑰**三惑：**见思惑、尘沙惑、无明惑。泛指一切困惑。

⑱**五德：**五种积善的修行方法，即不爱、不恚、不怖、不痴、自恣不自恣知。

## 译文

大乘空宗理论的巧妙、深奥之处在于它所提出的空，正是通过实际存在的万事万物来认识和阐明的，它既不脱离具体存在的事物和现象，又看到了事物皆因缘和合而成、皆如梦如幻的"假"；既看到众生的纷纭、事物的差别，又看到了这些事物自身皆无独立实体的同。这就像观看镜子里的物体，欣赏池水倒映出的风景，虽五彩缤纷，历历在目，却并非实有。因缘和合而生成万物，离开了事物借以生成的因缘和条件，事物就不存在。水在低温下会结冰，冰遇热则又会融化。凡事都是因缘和合而成，无论大小，概莫能外。所以说天与人皆是虚空，人与万物并无二致。即使是最高的觉悟、无上的智慧，亦无具体的相状，何况是芸芸众生和其他种种说教呢？因此，按照大乘空宗的理论，万物既存在又不存在，思想意识来自于人自身而又并不等于人自身；有些事物虽附着于天亦属欺妄，虽高耸于地却并非真实；有些理论似乎蕴含着无穷无尽的道理，但其实并没什么道理，虽有宾客满堂亦像无人一样；美貌堪称绝代，好像一点也不漂亮，珍宝琳琅满目，又似空无一物，总之，从万事万物皆无独立的实自体这一点看，善恶殊途而同归，圣凡有异却又并无二致。

然而，就大乘空宗理论的主旨而言，它从事物的因缘和合而成来判明其并非实有，而事物既已因缘和合而成，那就已不是一切虚空、一无所有；事物虽有但其自身又没有独立的、永恒不变的实体，而没有独立的、永恒常在的实体，又并非一切事物都不存在，并非空无一物。这就如同没有人并不一定满室寂静无声，不看也未必就如愚人面壁而坐，不说话并不就像铜人一样闭口无言，没有实体也并不就像棘猴之体一样欺诈虚妄，不动并非就像耸立的山峰，没有区别并不等于一概雷同，不真实并不是鱼目混珠，非实有也不是雁足之书。梦境中的财宝与真的财宝没什么不同，幻想中的景物与实际的景物也都一样。猗顿的富比王侯与原宪的家徒四壁没什么差别，宋人的愚昧丑陋与平城美女的艳丽漂亮也同样相等。能识别成佛正道的人理解了空的道理，可以摆脱世俗的各种约束，尘世凡庸之人陷于实有的窠臼，则永远难以自拔；人与人的所作所为及其不同结果，都非实有，而人的善恶行为及其报应虽取决于人却又不无；佛家所说的天堂虽类似于世人所说的天，但并没有虚妄的成分，而地狱虽等同于地，也不是凭空虚设。这绝不能等同于扬雄赋中所夸饰的玉树，也不是曼都所诈称的他见过的神宫，怎么可以抓住大乘空宗的只言片语，却违背其主旨，且引据一些花草树木来进行不恰当的比喻呢？

像夜明珠、结绿这样的珠宝，南威、毛嫱这样的美女，人见人爱，谁能体悟到她空幻的一面而不为其所动？芝麻大的小怨小忿，几句坏话所引发的仇恨，没有人不斤斤计较，满腔愤怒，很少有谁看透这一切现象背后的虚假无谓，而不嗔不怒；只看到恶言丑行的虚幻而不引以为戒，又以为善言善行空幻而不加以遵循，不去做，应该舍弃的困惑不能舍，应该修行的功德却不去修习；不通过对空理的体悟去消除烦恼和其他连累，反借空理而废止修善，这哪里是大乘理论的深意，哪里是庄子物我同一的妙旨呢?

## 原典

大矣哉！至人之体空也，证万物之本寂，知四大[①]之为假，视西施[②]如行厕[③]，比南金[④]于碎瓦；五欲[⑤]不能乱其心，四魔[⑥]无以变其雅。智日明而德富，惑日除而过寡，截手足而无憾，乞头目而能舍。八法不生二相[⑦]，万物观如一马，故能证无上智[⑧]，为萨婆若[⑨]。(如者反。)得其理也，解脱如此，失其旨者，过患如彼，何得为非而不惧，崇邪以为是?

夫见舟见水，皆非真谛，而将涉大川，非舟不济；病体药性，均是空虚，而人由病殒，病因药除；犀角鸩毛[⑩]，等类泡沫，而饮鸩者死，服犀者活；淡水醇醪，并非真有，而浆不乱人，酒能生咎；忠顺叛逆，皆如嶋响，而叛逆受诛，忠顺获赏；罪福之性，平等不二，而福以善臻，祸因恶致；善恶诸法，等空无相，而善法助道，恶法生障。故知万法真性[⑪]，同一如矣，无妨因缘法中，有万殊矣。空有二门，不相违矣，真俗二谛，同所归矣。

若谓小乘有罪福之言，大乘无是非之语，似胡越[⑫]之殊趣，若矛盾之相拒。童子尚羞翻覆，圣人岂为首鼠[13]？良以道听而途说，遂使谬量而恶取，若博考而深思，必疑释而迷愈矣。敬惟十力世雄[14]，无上慈父[15]，言无不实，慈无不普，相无不离，视无不睹，德无不周，过无不去，善无不劝，恶无不沮，香涂不欣，刀割无怒，不爱从顺，不憎违拒。福慧圆满而靡余，烦恼罄竭而无绪，拔三界之沉溺，启四生[16]之聋瞽；空有俱照以相济，真俗会通而双举，务在量病而施药，不可违中而偏处。

若夫方等一乘[17]，波若八部[18]，圣慧之极，大乘之首，莫不广述受持[19]之利，深陈毁谤之咎。经又云："深信因果，不谤大乘。"何谓大乘之理，都无因果乎？夫取相而为善，则善而未精；见相而断恶，则断已复生[20]。若悟善性寂而无作，若了恶体空而何断，乃令三障冰销而寂灭，万德云集以弥满。智慧如海，不可酌之以一蠡；道亘人天，岂得窥之以寸管？而喻之以梼杌[21]，测之以愚短，不亦谬哉！

## 注释

①**四大：**地、水、火、风，四者广大。

②**西施：**春秋时越国美女。

③**行厕：**佛家以厕所比喻身体的不洁净。

④**南金**：南方出产的黄金。喻南方优秀的人才。

⑤**五欲**：色、声、香、味、触，能使人产生各种欲望，故称。

⑥**四魔**：烦恼魔、阴魔、死魔、他化自在天子魔，能破坏人的慧命及修行。

⑦**八法不生二相**：人身由四大（地、水、火、风）假合而成，而此四大亦由四微（色、香、味、触）组成，故总称八法。相，事物的形体和相状。二相，总相与别相。

⑧**证无上智**：无上智即菩提。指对佛教真理的觉悟。

⑨**萨婆若**：一切智，无所不通的意思。

⑩**犀角鸩毛**：犀角，犀牛角，可入药；鸩，鸟名。鸩的羽毛有剧毒，以鸩毛浸制的酒，人饮之立死。

⑪**真性**：诸法之真实体性。亦即宇宙一切现象所具有之真实不变的本性。

⑫**胡越**：我国古代泛称北方边地与西域少数民族为胡，称东南地区少数民族为越。

⑬**首鼠**：迟疑不定。旧说鼠性疑，出穴时不果断。

⑭**十力世雄**：具有十种智力的如来。世雄，佛之异称。

⑮**无上慈父**：亦指佛。

⑯**四生**：胎生、卵生、湿生（如虫依湿而受形）和化生（无所依托凭自身业力忽然而生）。

⑰**方等一乘：**方等，方正平等，为一切大乘经之通名。一乘，成佛的唯一教义。

⑱**波若八部：**八部般若经。波若，又称般若、般罗若等，智慧之意。

⑲**受持：**领悟、接受、保持。

⑳此句中的“取相”和“见相”都是指执着于事理相状的思虑、推求。

㉑**梼杌：**传说中的怪兽名，常比喻恶人。

## 译文

释迦如来所指明的空理，其内容和作用都是极为渊博和巨大的。它证实万事万物本来都是虚无的、虚假的，西施并不漂亮纯洁，南方的优秀人才也如同碎砖断瓦；领悟空理的人，世俗的欲望已不能扰乱其心，各种障碍修行进善的事物也难以改变其走向成佛的正道。智慧日渐增长，善行愈积愈多，困惑日渐破除，过失越来越少，进入了这种境界，断足截臂不足为憾，乞头索目也在所不惜。万事万物都已等同一概，于是能修成正果，无所不通。既然把握了大乘空理，便可以自我解脱，反之则忧患无穷，那么又怎能为非作歹，步入歧途却不感到可怕呢？只看到问题的这一方面，或只看到问题的另一方面，都失之偏颇。

譬如，只看到船或只看到水，都不符合真正的佛理，但要渡大河，却离不开船；病人的身体和药物治疗原都是空幻之物，但没有药物人就可能因病而亡；犀牛的角和鸩鸟的羽毛，都如同泡沫一样会幻灭，然饮鸩者死，服犀者活；淡水与醇酒都非实有，而水不会使人迷乱，酒却能令人出错；忠顺与叛逆皆如山涧水响，但叛逆的人遭诛伐，忠顺者受赏赐；罪恶与福佑的本性平等无二，然福来自善行，祸则由作恶所造成；善恶等各种各样的事物，无不虚空幻灭，但善良的事物有助于修行成佛，罪恶的事物会阻碍人的修行。因此，万事万物本来所具有的性质虽都是一样的，但这并不妨碍由于各种因缘条件的不同和变化，而形成事物间的千差万别。认为一切虚无空寂和认为一切都是实有，并不矛盾，佛家的道理与世俗的道理，也可以殊途同归。

有人说小乘佛教犹有分辨祸福的理论，大乘佛法却不论是非，这不就像南北之人习俗不同而相互矛盾吗？儿童尚且知道反复无常是可羞的事，释迦如来怎么能这样首鼠两端、前后不一致呢？持这种观点的人，实属道听途说，主观臆测，若博览深思，就不会产生这类疑虑和困惑。智慧、仁慈的释迦如来，言无不实，仁慈普施，不执着事物相状，不眼光短浅，德行完美，绝无过失，劝善惩恶，爱憎公平，夸美不喜，刀割不怒。善福、智慧十分圆满，烦恼欲望消除净尽，使沉溺于生死苦海的人们得到拯救，使蒙昧无知的众生觉悟、聪明。虚空与实有皆能兼顾，佛理与俗情融合会通，务必按病用药，因人施教，不偏不倚，中庸公道。

大乘经典方正平等，是成佛的唯一教义；八部般若经，是智慧的结晶，为大乘经之首。这些经典，都曾对学习、接受大乘经的好处，以及怀疑、诋毁大乘经的坏处，做过广泛深入的阐述，并告诫人们要相信因果之说，不要诽谤大乘佛教。怎么能说大乘经典不讲因果报应呢？如果你执着、局限于具体的事理之中，那么即使修道行善，这种善行已不精纯；即使想以智断恶，恶也会灭而复生。如果你能认识到善的本性原就静寂自在，恶的本体虚无空幻，无所谓断灭，这就可使各种阻碍正道、害人心性的烦恼烟消云散，能令各种善德逐渐积聚而达到圆满。大乘经的智慧渊博如海，怎能以瓠瓢来测量？大乘空理远非人和神所能揣度，哪里是用寸管就能窥探的呢？偏要用怪兽来比喻，让愚人来揣测，实在荒谬得很！

## 原典

夫说空而恣情者，不能无所苦也。疾痛恼之，则寝不安矣；刀锯伤之，则体不完矣；终日不食，则受其饥矣；无裘御冬，则苦其寒矣。然则致苦之业，岂可轻而不避乎？夫五福[①]之与六极[②]，人情所不能齐也，故居穷而思达[③]，处危而求安；婴疾而愿愈，在戚而羡欢；爱寿考而忌短折，荣世禄而耻形残；乐加之而欣笑，苦及之而忧叹，何得雷同于善恶，而不修于福因乎？

观万姓之异禀，实千种而殊级，或比上寿而有余，或匹下殇而不及；或衣单布而无恙，或服重襦而寒入；或借草土而安和，或处床褥而风湿；或不治而自愈，或虽治而不立；或无术而体康，或善摄而痾集。其形之表也，均有发肤；肤之内也，府藏奚殊？皆含血而包肉，并筋连而骨扶，何一寿而一夭，何一充而一癯，禀何灵而独实，受何气而偏虚？虚者不独埃尘而作体，实者岂偏金石以为躯？未必寿长者有医术，龄促者无道书。何谓专由摄养，不在业乎？亦有夭命胞胎，受疾婴孩，喜怒未竞，嗜欲未开，未触冒于寒暑，未毁悴于悲哀，寿欲何而夭，疾从何而来？则其所以然者，岂非前业之由哉！至如汉昭、哀[④]之二主，魏文、明[⑤]之两帝，或未三九而登遐，或仅五八而捐世。术人云集，但致李氏[⑥]之灵；方士如林，不救仓舒之逝[7]。君王不乏于药，巫医岂秘其艺，何寝疾而弗瘳，何促龄而莫继？岂非随业而感报，非道术之所济乎！

然经称施药之功，佛叹医王[8]之德，孔公明慎疾之轨[9]，老子有摄生之则[10]。不信业者既迷，不顺医者亦惑。能详因果之深浅，乃辨药石之通塞，可究之以智慧，难具之于翰墨。至如公明辨祟[11]，扁鹊[12]除疴，河东郭璞[13]，谯郡华佗[14]，广陵吴普[15]，彭城樊阿[16]，或禳凶[17]而作吉，或止疾以为和，何得不信医术之有益乎？然景纯识加刑之日，而不能使刑之不加；公明知寿尽之年，不能令年之不尽；扁鹊、元化，不能使其亲不殁；吴普、樊阿，不能令其躬不殒，何得不信长短之有业乎？

医由业会，药依缘聚；医实有功，药非无取。必死之病，虽圣莫之蠲[18]，可疗之疾，待医而方愈。魂由业反，则僵尸遇再生之药；命以业徂，则圣医为一棺之土。寿之修促，体之安苦，随遭否泰，妍媸伸伛，千品万端，皆业为主；三界六趣，随业而处。百卉无情，故美恶非关于业报；四生有命，则因缘不同于草莽。斤斧伐木不惊，刀杖加人则惧；匏瓜系而不食[19]，羽毛食而驰骛。比有情于无知，何非伦而引喻！

## 注释

①**五福**：五种幸福。《尚书·洪范》："五福：一曰寿，二曰富，三曰康宁，四曰攸好德，五曰考终命。"

②**六极**：六种凶恶的事。《尚书·洪范》："六极：一曰凶短折，二曰疾，三曰忧，四曰贫，五曰恶，六曰弱。"

③穷，困厄；达，显达。《孟子·尽心上》："穷不失义，达不离道。"

④**汉昭、哀**：西汉昭帝、哀帝。昭帝即刘弗陵，武帝子，公元前八七—前七四年在位。二十一岁病死。哀帝即刘欣，在位仅六年。二帝都未活到二十七岁。

⑤**魏文、明**：魏文帝、明帝。文帝曹丕（公元一八七—二二六年），三国魏的建立者，文学家，享年三十九岁。明帝曹叡（公元二〇六—二三九年），为曹丕之子，能诗文，与操、丕并称三祖，两人都未活到四十岁。

⑥**李氏**：李耳，即老子。

⑦**方士如林，不救仓舒之逝**：未详。

⑧**医王**：医中之王，比喻佛。

⑨**孔公明慎疾之轨**：孔公，指孔子。此似谓孔子弟子冉耕病重，孔子去看望，执其手曰："亡之，命矣夫！

斯人也而有斯疾也！”痛惜之极。

⑩**老子有摄生之则**：《老子》一书中多处讲到“贵生轻利”“轻物重生”，所谓养生之则即全身保性，任其自然。

⑪**公明辨祟**：管辂，字公明（公元二〇九—二五六年），三国魏术士，平原（今山东平原县西南）人，应清河太守华表召为文学掾，官至少府丞。幼年好天文，及长，通《易》和占卜，《三国志》本传及《世说新语·规箴》载其卜筮奇验的传说甚多。下文“知寿尽之年”，管辂曾自卜可活四十七八岁，后果验。

⑫**扁鹊**：战国时名医。姓秦，名越人，渤海郡鄚（今河北省任丘县）人，遍游各地行医，兼擅各科，后被秦太医令李醯妒忌杀害。《史记》有传。

⑬**郭璞**：（公元二七六—三二四年）东晋文学家、训诂学家，字景纯，河东闻喜（今属山西省）人，博学，好文字，又喜阴阳卜筮之术。下文“识加刑之日”即：璞每言“杀我者山宗”，后果有姓崇者谗璞于王敦，王敦欲谋反，命璞卜成否，曰：“无成。”问其寿，曰：“命尽今日日中。”遂于当日被杀，果言中。

⑭**华佗**：字元化，汉末医学家，沛国谯（今安徽省亳州）人，精通医术，尤擅长外科。《三国志·魏志》有传。

⑮**吴普**：三国时广陵（今江苏省扬州市）人，名医

华佗弟子，精医术，素重养生，编《华佗方》，其传附《三国志·华佗传》。

⑯**樊阿：**三国彭城（今江苏省徐州市）人，得名医华佗之传，尤精针术，其传附《三国志·华佗传》。

⑰**禳凶：**祭祷消灾。

⑱**蠲：**除去，减免。

⑲**匏瓜系而不食：**《论语·阳货》："吾岂匏瓜也哉？焉能系而不食！"此用字面义。匏瓜，葫芦科植物。

## 译文

如果口头上讲说大乘空理，而实际上却恣情纵欲，那就不能不自受惩罚。疾病痛苦，则坐卧不安；刀砍斧剁，则身体不完；终日不食，则饥渴难忍；无棉过冬，则难以御寒。既然如此，岂能轻视恣情纵欲这一导致痛苦的根源而不加以躲避呢？每个人所得到和遭遇的幸福与灾祸，是不会一样的。因此，在仕途不利的时候，应看到仕途的光明，在危难之中，应希求安全；身患疾病，总是盼望早日痊愈，悲哀伤感，则又期羡欢娱快乐；希望长寿而忌讳夭折，喜爱富贵而羞于贫穷；遇到高兴的事，欣然开颜，遭受痛苦，又忧愁哀叹。既是如此，又为什么要将善恶等同起来，却不去为将来的幸福去修善忌恶呢？

人与人的先天禀赋，是千差万别的。有人比长寿者还长寿，有人则比短寿者还不如；有人穿着单衣也不会受凉，有人却身着棉衣还会染病；有人借草而卧平安无事，有人则睡在温暖的床褥上也难免遭受风寒；有人生病不治而愈，有人染疾却久治不愈；有人并没什么养生之术仍可身体健康，有人则特注意保养反难以不生病。这些人外表没什么不同，而皮肤之内，五脏之中，也没多少差别，都血肉相连，筋骨相扶，为什么会一寿一夭，一胖一瘦呢？他们的先天禀赋有什么不同呢？身体虚弱的人，并不是泥捏的，身体强壮的人，也不是金石之躯；长寿的人未必有养生之术，短命的人不一定没有道家养生之书。既然如此，为什么只重视保养护持，而不考虑行为的善恶会给你带来完全不同的结果呢？又如未生或初生的婴儿的夭折，这些婴儿既不知喜怒，又未经寒暑，怎么会生病早夭呢？可见这是由其前世的所作所为决定的。至于汉昭帝、汉哀帝，享年都不到三十岁；魏文帝、魏明帝则年未四十而去世。有道术的人虽多，亦只是就老子之说而加以发挥；方士云集，仍难以挽救仓舒的性命。君王并不缺医少药，巫医也不是不肯施展其本领，那为什么君王有病难医，生命短促呢？这岂不是出于因果报应而与道术无关吗？

佛经中以医法比佛法，以医中之王比如来，医王因人施药，普救众生，功德无量。俗世间孔子亦慨叹人死生无常，须谨防疾病，老子更是讲究全身保性，轻物重生。不相信因果报应、不听从医嘱的人，当然会产生迷惑，只有真正理解因果之说的人，才能懂得医术和药性，此中奥妙，明眼人自可意会。比如，管辂能辨祟去邪，扁鹊能治病救人，山西郭璞，亳县华佗，扬州吴普，徐州樊阿，或者祭祷消灾，逢凶化吉，或者施针用药，去病止痛，使人不能不相信医术的功效。然而，郭璞能预知自己何时被杀，却没有躲避杀身之祸的办法；管辂能预卜自己的寿命长短，却没能力延长自己的生命；扁鹊、华佗医术尽管十分高明，然并不能让其亲人长命百岁；同样，吴普、樊阿也不能使自己不死，这又使人不能不相信寿命的长短是与人的善恶之行紧密相连的。

首先取决于行为的善恶和因缘的好坏，其次才是医药的治疗效果。如果是不治之症，即使是圣人也不免一死；如果是可疗之疾，经过治疗则可以痊愈。如果由于善行而命该还魂，医药才会显示出它起死回生的妙用；如果因为行恶而应受报应，则圣医亦回生无术。寿命的长短、境遇的好坏、身体的安逸和痛苦、容貌的美丽和丑陋等，无不取决于行为的善恶；人最终的归宿如何，也取决于人的善还是恶。百草无情，美恶与因果报应没有关系；人和各种动物是有生命的，行恶行善情况便大不一样了。用斧头伐木，树木不存在害怕与否的问题，而面对刀枪棍棒，人就难免有恐惧之感；成熟的葫芦放在那里人们也不会吃它，飞禽走兽遇到猎人则会四散逃命。如果将有生命之物与无生命之物笼而统之，相提并论，那只能是不伦不类。

## 原典

夫空有略谈，则率由心业。前且咏其生常，今则示其正法。小乘以依报①为业有②，大乘以万境为识造③，随幻业而施之天地，逐妄心而现之识草。若翳目睹乎空华，比睡梦现其生老；若悟之于心业，则唯闻乎佛道。

原夫小乘之与大乘，如小学之与大学④；幼唯教之以书计，长乃博之以礼乐；始冡然而类牛毛，终卓尔而同麟角⑤；此乃为训之次序，何有异同而可剥？良以众生之根，有利有钝，是故圣人之教，或渐或顿⑥；或致之于深远，或进之以分寸，虽百虑而一致，非异道而乖论。乃有执空门⑦以反教，论大乘而谤小，佛不阙众生，众生自不了。譬暗室之无烛，如夜游而未晓，故相剥夺而喧喧，竞是非而扰扰，何以采芙蓉于木末，寻吴楚于燕赵，不亦谬乎?

夫一味无以和羹，一木无以构室，一衣不称众体，一药不疗殊疾，一彩无以为文绣，一声无以谐琴瑟，一言无以劝众善，一戒无以防多失，何得怪渐顿之殊异，令法门之专一?

夫法门之多品，如药石之殊功。救冷以温物为用，去热则寒药宜丰;或特宜于御湿，或偏须于止风[8]，不可同病而殊药，不可病殊而药同;若守株而必碍，能达变而后通，何得拘一途而相剥，起战争于其中乎?

三世因果，佛不诳欺;十力劝戒，闻当不疑。劝之者应修，戒之者宜远，抑凡情之所耽，行圣智之所愿，何得违经论之所明，以胸臆而为断，而谓善恶都空，无损益乎!夫法眼[9]明了，无法不悉;舌相广长[10]，言无不实。其析有也，则一毫为万;其等空也，则万象皆一。防断常之生尤，兼空有以除疾，彼菩提之妙理，实甚深而微密。厌尘劳而求解慧，当谨慎而无放佚，非圣者必凶，顺道者终吉。勿谓不信，有如皎日。

## 注释

①**依报：**人的身心活动所依存的外界环境。

②**业有：**七有之一，意谓人的身心活动不会消灭。

③**万境为识造**：这是大乘有宗的主张。“识”有八，可变现一切诸法。

④小学、大学，周代贵族子弟读书的场所。大学即太学，《大戴礼记·保傅》：“古者年八岁而出就外舍，学小艺焉，履小节焉；束发（十五岁）而就大学，学大艺焉，履大节焉。”

⑤牛毛、麟角，分别比喻凡俗常人和杰出人才。

⑥渐、顿，指渐悟、顿悟。参《辨宗论》注。

⑦**空门**：空相之法门，空相即大乘空宗所谓一切事物都无自体、自性的意思。法门，修行入道的门径。

⑧**风**：中医六种病因之一。《素问·风论》：“风之伤人也，或为寒热，或为热中，或为寒中，或为疠风，或为偏枯，或为风也。”

⑨**法眼**：五眼之一。菩萨为普度众生而照见一切法门的智慧之眼。

⑩**舌相广长**：佛舌广长，表示不妄语。

## 译文

谈“空”说“有”，都属于思想认识的范畴。上文多是从现实生活中的常理上进行论述的，这里再从佛法的角度略作阐述。小乘佛教把人的身心活动及其所依赖的外界事物看作永不消灭的东西，大乘佛教则认为这一切都离不开“识”，随着人的幻觉而充斥于天地之间，依人的想象而表现出来，就像闭着眼睛所想象出的花朵，睡梦中所阅历的人生。要真正从思想认识上弄清这些问题，必须对佛教的道理有所了解和体悟。

小乘与大乘的关系，就像初等教育与高等教育的关系。对刚入学的孩子，只教他读书认字和算术就够了，长大了才给他讲授礼、乐，扩大他的知识范围；而孩子小的时候，可能是蒙昧无知，平凡无奇，经过不断学习和教育，最后却可能出类拔萃，成为杰出的人物，这是人才培养的一般顺序和规律。启蒙教育与高等教育之间，只有教学的深浅层次不同，而没有高低贵贱之分。由于众生的先天禀赋不同，有的聪明颖悟，有的愚笨迟钝，圣人对他们的教育方法也就有渐悟、顿悟的区别；有的你可以一开始便给他讲很深的道理，有的则只能反复施教、循序渐进。教学方法虽多种多样，但目的并没有什么不同。现在有人表面上打着大乘空宗的幌子，实际上却在反对大乘空理，诽谤小乘说教，这实在是缺乏教育。如来不去启发教育众生，众生就难以觉悟，这正像暗室中没有烛光，夜游时天还未亮，到树上去采莲花，南辕而北辙，甚至还在那里相互攻击，争吵喧闹，这岂不都是很荒谬的吗？

靠一种作料很难调制出诸味齐全的羹汤，用一根木头也难以搭成漂亮的房子，一件衣服不可能众人穿，一剂药不能包治百病，一种颜色绣不出五彩斑斓的锦衣，一种乐器奏不出音韵和谐的乐曲，一句话难以让众生都向善，一条戒律也不可能禁住各种过失，因此，也不应该去责怪渐悟、顿悟的同时并存，不应该去强求修行成佛的门径划一。

佛教修行的方法和途径多种多样，这就像药物、针灸的疗效各有不同，都不可或缺一样。治疗由风寒所引发的疾病，要用温性的药物，治疗由内火所生成的疾病，则又要用凉性的药物；有的病需要防治阴湿，有的病则需主治寒热，不能同病异药，也不能异病而同药；如果拘守教条则会处处行不通，只有通达灵活才能无所阻碍，有什么必要固执己见，在佛教内部挑起争端呢？

佛所大力劝戒的三世因果之事，皆为真实，不必怀疑。佛所鼓励的事应努力修习，佛所禁止的事则应避免发生，要克制各种世俗的欲望，要按照佛教的道理去行动，违背佛经的义旨，自以为是，甚而认为善恶都是空幻，可有可无，显然是不正确的。菩萨慧眼，明察秋毫；佛不妄语，言无不实。其分析万物的存在，极为细致，一分为万；其论述万物的虚空，又高度抽象，万物归一。既没有认为一切身心活动都限于一个时期而断绝的断见的片面，也没有认为一切身心活动常住不灭的常见的缺点，而是兼容并蓄空有两家的观点且能去其弊病，这种关于“菩提”或“涅槃”的妙理，真可谓深奥广博，细微缜密。因此，人既然已厌弃尘俗，想寻求解脱的智慧，那就应当谨慎观察思考，不能无所顾忌，偏听偏信，否定佛说的人必定有灾，遵循正道的人终会有福。如若不信，上天为证。

# 3　佛德篇

## 阿弥陀佛像赞并序

东晋·支遁

### 原典

夫六合之外，非典籍所模[①]，神道诡世[②]，岂意者所测？故曰："人之所知，不若其所不知。"[③]每在常，辄欲以所不能见，而断所未能了，故令井蛙有坎宅之矜[④]，冯夷有秋水之伐[⑤]，故其冥矣。

余游大方[⑥]，心倦无垠，因以静暇，复伸诸奇丽。佛经记西方有国，国名安养[⑦]，回辽迥邈，路逾恒沙[⑧]，非无待者[⑨]，不能游其疆，非不疾者[⑩]，焉能致其速？其佛号阿弥陀，晋言无量寿。国无王制班爵[⑪]之序，以佛为君，三乘为教，男女各化育于莲华之中[12]，无有胎孕之秽也。馆宇宫殿，悉以七宝[13]，皆自然悬构，制非人匠。苑囿池沼，蔚有奇荣，飞沉天逸[14]于渊薮，逝寓[15]群兽而率真，阊阖[16]无扇于琼林，玉向天谐于箫管，冥霄陨华[17]以阖境，神风拂故而纳新[18]，甘露征化以醴被[19]，蕙风导德而芳流，圣音应感[20]而雷向，慧泽云垂而沛清，学文噏兮[21]而贵言，真人[22]冥宗而废玩，五度[23]凭虚以入无，般若[24]迁知而出玄，众妙[25]于兹大启，神化所以永传。

别有经记以录其懿，云此晋邦，五末之世[26]，有奉佛正戒，讽诵《阿弥陀经》[27]，誓生彼国，不替诚心者，命终灵逝，化往之彼，见佛神悟，即得道矣。遁生末踪，忝厕残迹，驰心神国，非所敢望。乃因匠人，图立神表[28]，仰瞻高仪，以质所天，咏言不足[29]，遂复系以微颂。

## 解说

支遁，字道林，俗姓关（公元三一四—三六六年），陈留（今河南省开封市东北）人。东晋著名高僧，般若学六大家之一，即色宗的代表人物。他二十五岁出家，主要活动在浙江、苏南一带。支道林好谈玄理，交游甚广，与当时名流如王洽、殷浩、许询、郗超等私交甚笃。孙绰《道贤论》把他比于玄学家向秀。谢安、王羲之也非常推崇他的佛学和庄学造诣。

支遁一生著述很多，然多已佚失，今存《大小品对比要钞序》等（见《弘明集》《广弘明集》《世说新语》等），本篇即收在《广弘明集》卷十五《佛德篇》中。

支遁佛教信仰的归宿是西方的弥陀净土，在《阿弥陀佛像赞并序》中，支遁对西方佛国没有等级制度、男女都极为清净、按佛教教义生活的极乐世界，对佛国馆宇宫殿、苑园池沼的庄严宏伟，神奇瑰丽，都有形象的描绘。阿弥陀佛，亦译为无量清净佛、无量寿佛、无量光佛，是西方极乐世界的教主。赞，一种以颂扬为主旨的文体。

## 注释

①**六合之外，非典籍所模：**六合，天、地、四方。《庄子·齐物论》："六合之外，圣人存而不论。"

②**神道诡世：**神道，原谓神妙不测地造化自然。《易·观》："观天之神道，而四时不忒。"此指佛教。

③语出《庄子·秋水》，意谓可知的事物是有限的，而不可知的事物却是无限的。

④**井蛙有坎宅之矜：**《庄子·秋水》："井蛙不可以语于海者，拘于虚也。"比喻见识狭隘的人。坎宅，坎井、

废井。

⑤**冯夷有秋水之伐：**冯夷，河神名。《庄子·秋水》："于是焉河伯欣然自喜，以天下之美为尽在己。"伐，夸。

⑥**大方：**大道理，此指佛理。《庄子·秋水》："吾长见笑于大方之家。"

⑦**安养：**西方极乐国之异名。《无量寿经》卷下义寂疏曰："安于养身，故曰安养。"

⑧**恒沙：**恒河沙数之略称，此言西方路途遥远。

⑨**无待者：**可以无所凭借、随心而行的人，即超然物我，进入自由无碍精神境界的人。《庄子·逍遥游》："若夫乘天地之正，而御六气之辩，以游无穷者，彼且恶乎待哉！"

⑩**不疾者：**亦指无所待的神人、圣人。《周易·系辞》曰："唯神也，故不疾而速，不行而至。"

⑪**王制班爵：**王制，王者的制度；班爵，序列爵位。唐孔颖达《礼记·王制》疏："王制者，以其记先王班爵、授禄、祭祀、养老之法度。"

⑫**男女各化育于莲华之中：**据《阿弥陀经》云，信仰弥陀净土、念佛往生极乐世界之人，"皆于七宝水池莲华中化生"。《阿弥陀经》强调主观信仰，认为只要对极乐净土有坚定的信仰，有往生极乐世界的强烈愿望，坚持念佛，临终时就会有佛接引，往生西方极乐世界，享

受人间享受不到的幸福和快乐，成为菩萨。

⑬**七宝**：多种珍宝装饰。《无量寿经》卷上以“金、银、琉璃、珊瑚、琥珀、玛瑙、砗磲”为七宝。

⑭**飞沉天逸**：飞鸟沉鱼，自放安逸。

⑮**逝寓**：奔驰和卧居的动物。

⑯**阊阖**：此指阊阖风，即西风。《淮南子·天文训》：“凉风至四十五日，阊阖风至。”

⑰**冥霄陨华**：雨花，佛说法感动天神，自诸天上降下种种香花。

⑱**拂故而纳新**：拂除浊气，吹来清风。《庄子·刻意》：“吹响呼吸，吐故纳新。”

⑲**征化以醴被**：谓象征教化的甘露滋润着万物。

⑳**应感**：神佛之感应。

㉑**噏兮**：似同翕习，威盛的样子。

㉒**真人**：阿罗汉之总称，亦称佛，证真理之人。

㉓**五度**：五种使人渡超生死苦海的修行方法和途径：布施、持戒、忍辱、精进和禅定。再加上般若，则为六度。

㉔**般若**：智慧的意思。此指佛教般若学说，按照般若的观点，世界上一切皆空，同时空即一切。《般若经》就是要用智慧去济度一切众生。

㉕**众妙**：万物之理。

㉖**五末之世**：衰落之世。

㉗**《阿弥陀经》**：三国吴支谦译《大阿弥陀经》二卷，魏康僧铠译《无量寿经》时曾参阅此经。二经都是说弥陀净土而较有影响的经典。

㉘**神表**：神像。

㉙**咏言不足**：咏言，（歌是）延长诗的语言。《尚书·尧典》："诗言志，歌咏言。"《毛诗序》："情动于中而行于言，言之不足故嗟叹之，嗟叹之不足故永歌之，永歌之不足，不知手之舞之，足之蹈之也。"

## 译文

现实世界以外的事，在儒家的经典中没有论述，佛教超然出世，当然也不是闭门造车者所能臆测的。所以《庄子·秋水》篇中说："人所已知的事理，与人所未知的事理相比，实在是少得可怜。"世人在日常生活中，每每对没见过、不了解的事物，评头品足，妄下断语，以致闹出坐井观天、夜郎自大的笑话，显然都是缺乏自知之明。

我曾对佛理做过长期的研究，又曾在空闲的时候，对佛经中的一些神奇之事做过探索。《无量寿经》上记载，西方极乐世界有安养国，距离中国路途遥远，如果不是无所凭借、随心而行的人，不是超越物我、进入自在无碍的精神境界的人，是难以踏上这片乐土的。安养国的教主称阿弥陀佛，意译为无量寿佛。在这个极乐世界中，没有俗世的国君，也没有诸侯臣僚，佛便是君王，三乘便是治理国家、教化百姓的主要方略，无论男女都生于莲花之中，没有胎孕的痛苦和污秽。极乐净土上的宫殿庙宇、亭台楼阁，皆用各种珍珠宝石所建，自然而成，毫无人工雕琢的痕迹。园囿池沼，神奇瑰丽，欣欣向荣。飞鸟在天空中自由地翱翔，游鱼在河流中悠闲地浮动，珍禽信步林中，仁兽安然而卧。琼林苑内，和煦温暖，磬声悠扬，宛若萧管。云霄之上，香花飘落，极乐净土，清风除秽。佛理教化像甘甜的露水一样滋润着人心，佛的善德如芬芳的微风四处传颂，佛声感应如春雷震响，弥陀慈慧如细雨润物。学文的人华而不实，夸夸其谈，修行证道者则沉思冥想，废寝忘食。布施、持戒、禅定等修行方法可以将人带至涅槃彼岸，佛教关于智慧的学说能使众生超越生生死死的苦难之海，万物之理由此得以勃发，佛理教化亦从而流传不息。

东晋时代，南北分裂，社会动乱，风俗衰败，因而不乏信奉净土，记诵《阿弥陀经》，发愿往生西方极乐世界的人士。据称这些人只要信仰坚定，愿望强烈，临终之时就会有阿弥陀佛出现，将其接引到极乐净土，得道成佛。遁生于晋世，投身佛门，对西方佛国亦向往已久。

现敬请工匠绘制阿弥陀佛肖像，以供瞻仰，撰写序文，略述缘由，又作颂词，赞美弥陀。

## 原典

其词曰：

王猷[1]外厘，神道内绥[2]。皇矣正觉[3]，实兼宗师。
泰定轸曜[4]，黄中[5]秀姿，恬智交泯，三达[6]玄夷。
启境金方[7]，缅路悠回，于彼神化，悟感应机。
五度砥操，六慧[8]研微。空有同状，玄门[9]洞开。
咏歌济济，精义顺神，玄肆[10]洋洋，三乘诜诜[11]。
藏往摹故，知来惟新，二才[12]孰降，朗滞[13]由人。
造化营域，云构峨峨，紫馆[14]辰峙，华宇星罗。
玉闱通方，金墉启阿，景倾朝日，艳蔚晨霞。
神提回互，九源[15]曾深。浪无筌忘[16]，鳞罕饵淫。
泽不司虞[17]，骇翼怀林。有客驱徒，两埋机心[18]。
甘露敦洽，兰蕙助馨，化随云浓，俗与风清。
葳蕤消散，灵飙扫英，琼林谐向，八音[19]文成。
珉瑶沉粲，芙渠晞阳，流澄其洁，蕊播其香。
潜爽[20]冥萃，载哲[21]来翔，孕景中葩，结灵幽芳。
类诸风化，妙兼于长，迈轨一变，同规坐忘[22]。

## 注释

①**王猷**：王道，儒家以仁慈治国，称为王道。

②**内绥**：佛教重在安抚人心。

③**正觉**：佛的智慧。

④**泰定轸曜**：泰定，眉宇安详镇定；轸，星宿；曜，明亮。《庄子·庚桑楚》："宇泰定者，发乎天光。"

⑤**黄中**：黄是中和之色，喻内德之美。

⑥**三达**：佛了悟过去、现在种种事物因果关系，并断绝生死烦恼的能力，即天眼、宿命和漏尽。

⑦**金方**：西方。金，五行之一，位于西。

⑧**六慧**：六种智慧，即闻、思、修、无相、照寂和寂照六慧。

⑨**玄门**：玄妙之法门。

⑩**玄肆**：似指佛寺。

⑪**诜诜**：众多的样子。

⑫**二才**：古以天、地、人为三才（见《易·说卦》)。二才或谓天、地。

⑬**朗滞**：高明，滞碍。

⑭**紫馆**：此指佛所居之地。

⑮**九源**：此似指诸多水流。

⑯**筌忘**：筌，捕鱼竹器。《庄子·外物》："筌者所以

在鱼，得鱼而忘筌。”此用其本义。

⑰**虞：**管山泽、园囿、田猎之官。

⑱**机心：**智巧之心。

⑲**八音：**古称金、石、丝、竹、匏、土、革、木为八音。

⑳**潜爽：**深潜之鱼。此喻避世高隐。

㉑**载哲：**载，语气词，无义。哲，哲人，明智之人。

㉒**坐忘：**物我两忘、淡泊无思虑的境界。《庄子·大宗师》：“堕肢体，黜聪明，离形去知，同于大通，此谓坐忘。”

## 译文

词曰：

儒家以仁慈治国，佛教则重在救治人心。佛有无上的智慧，实为世代宗师。

佛容慈祥，光彩照人；佛德圆满，仪态秀美。佛的智慧，可超越一切是非、有无；佛的能力，能领悟不昧因果、断绝种种烦恼。

西方极乐净土，离此路途遥远，然佛法广大，佛理神妙，有缘感应，可以悬想，可以领悟。

多种修行方法，足资砥砺操行；种种聪明才智，用以深研佛理。虚空与实有，皆平等如一；各种玄妙法门，无不开启、并存。

寺院佛塔，美妙盛大，菩萨、罗汉、缘觉济济；梵歌诵经，不绝于耳，论议讲说，皆符经义。

过去未来，三世洞晓；天地与人，三才融通。

寺塔楼台，星罗棋布；街衢道路，四通八达。

殿宇巍峨，金碧辉煌；馆阁映日，自然成化。

长幼互敬互爱，学派互尊互重。水中无捕鱼器具，鱼类也不会贪食。

山泽无须看护之官，林中不见惊飞之雉。路有行客，途有游人，敦厚自然，不动机心。

甘露滋润，兰蕙播香，教化深入，风俗清淳。

飞花随风飘落，天籁胜似八音。

美玉流光溢彩，荷花摇曳晨光；河水清澈见底，花蕊馨香芬芳。

高隐荟萃，明哲云集，孕于花中，化生莲房。

弥陀教化，兼有众长，誓愿往生，物我并忘。

## 万佛影铭序

东晋·释慧远

### 原典

夫滞于近习，不达希世[1]之闻；抚常[2]永日，罕怀事外之感。是使尘想制于玄襟[3]，天罗网其神虑。若以之穷龄，则此生岂遇？以之希心[4]，则开悟靡期。于是发愤忘食，情百其慨；静虑闲夜，理契其心。尔乃思沾九泽[5]之惠，三复[6]无缘之慈[7]，妙寻法身之应，以神不言之化。

化不以方，唯其所感；慈不以缘，冥怀自得。譬日月丽天，光影弥晖，群品熙荣，有情[8]同顺。咸欣悬映之在己，罔识曲成[9]之攸寄，妙物之谈，功尽于此。将欲拟夫幽极，以言其道，仿佛存焉，而不可论。何以明之？法身之运物[10]也，不物物而兆其端，不图终而会其成，理玄于万化之表，数绝乎无形无名者也。若乃语其筌寄，则道无不在。是故如来或晦先迹以崇基；或显生涂[11]而定体；或独发于莫寻之境；或相待于既有之场，独发类乎形，相待类乎影。

推夫冥寄，为有待[12]耶？为无待耶？自我而观，则有间于无间矣[13]。求之法身，原无二统，形影之分，孰际之哉？而今之闻道者，咸摹圣体于旷代之外，不悟灵应之在兹；徒知圆化[14]之非形，而动止方其迹，岂不诬哉？远昔寻先师[15]，奉侍历载，虽启蒙慈训，托志玄籍，每想奇闻，以笃其诚。遇西域沙门[16]，辄餐游方[17]之说，故知有佛影，而传者尚未晓然。及在此山，值罽宾禅师[18]、南国律学道士[19]，与昔闻既同，并是其人游历所经，因其详问，乃多有先征。

然后验神道无方，触象而寄，百虑所会，非一时之感。于是悟彻其诚，应深其信，将援同契[20]，发其真趣，故与夫随喜[21]之贤，图而铭焉。

## 解说

此篇选自《广弘明集》卷十五《佛德篇》。慧远，本姓贾（公元三三四—四一六年），雁门楼烦（今山西省宁武附近）人，东晋名僧，出家前曾游学河南洛阳等地，博览儒、道典籍，出家后师从释道安，善用老庄解释般若学，深得道安赏识。后至庐山，广泛结交文人名士，从事译述等佛教活动。在传播佛学理论上，慧远主要继承和发展了道安思想，尤其是佛教三世报应和神不灭的理论。他认为佛教的最高实体（空）与最高精神境界是一致的。神能感应、发生一切事物和变化，但神本身是不生不灭的。由此，他与当时许多文士结莲社，念佛修行，希望往生西方净土。慧远在中国佛教史、哲学史上有重要地位。

慧远现存著作有：《沙门不敬王者论》《明报应论》《三报论》及一些书信、序、铭赞等，主要收在《弘明集》《广弘明集》《出三藏记集》中。慧远师从道安时，曾闻西域沙门言西域有佛影（即佛像），及至晋安帝义熙年间，罽宾禅师佛驮跋陀罗及南国律学道士至庐山，慧远又详问其所见，于是立台画像，刻铭于石（义熙十年元月作铭），又命弟子道乘远至江东，嘱谢灵运制铭刻石。

所谓法身，按般若学派的观点，法身即实相或真如，指佛教所谓最高的精神本体，而慧远所理解的法身，则是圣人成道的神明，是证得法性的神的表现。慧远铭序描绘的是佛影法身的“不物物而兆其端，不图终而会其成”，实则是论述神明不灭，愚智同禀，无处不在，只不过愚人为情、形所拘限，意识不到，而智者则能遂感而应，体悟神明。

## 注释

①**希世**：世所罕见。

②**抚常**：按常规思考问题和生活。

③**玄襟**：事佛之心。

④**希心**：迎合世俗之情怀。

⑤**九泽**：古九大湖泊。见《周礼·夏官·职方氏》。

⑥**三复**：反复思虑。

⑦**无缘之慈**：以一切法空之理让慈心遍及一切众生，任运无碍，无特定之对象。

⑧**有情**：有感情、有意识者。指众生而言。

⑨**曲成：**多方设法使有成就。《易·系辞上》："曲成万物而不遗。"注："曲成者，乘变以应物，不系一方者也。"

⑩**运物：**操纵、统驭万物。

⑪**生涂：**生死之道路。

⑫**有待：**有所依凭。语出《庄子·逍遥游》。

⑬关于"有间"与"无间"，对于佛和佛理的意念常有间断、间隔谓有间，反之为无间。

⑭**圆化：**以神通变显种种形相。

⑮**先师：**释道安，本姓卫（公元三一四—三八五年），常山扶柳（今河北省冀州）人，早丧父母，十二岁出家，师从佛图澄，后至襄阳等地，大力从事佛典整理，是我国东晋时最博学的佛学家，为当时佛教界领袖。

⑯**沙门：**梵文 Sramaṇa 的音译。意谓勤修善法，息灭恶法。后专指依佛律出家修道的人。

⑰**游方：**僧人为修行问道而云游四方。

⑱**罽宾禅师：**佛驮跋陀罗，曾于东晋义熙七年到庐山。罽宾，汉西域国名，地在北印度，即今克什米尔一带。

⑲**南国律学道士：**据同时谢灵运应慧远所请而作《佛影铭序》"法显道人，至自祇洹，具说佛影"云云。又慧远序中所说："与昔闻既同，并是其人游历所经。"此

律学道士当指法显。（谢作见，同卷）

⑳**同契：**与慧远志同道合的谢灵运等人。

㉑**随喜：**谓见他人行善，随之心生欢喜，故称。

## 译文

世人受凡俗风习的局限，按常规办事，胸襟不够宽阔，思考问题的方式比较偏狭，因而不能理解世上罕见的事物，也很少考虑到玄妙深奥的道理。如果迎合世俗之心，按照世俗之人的思维方式去考虑问题，那么一辈子恐怕也难以悟彻佛理，证性见佛。这不能不使人感慨万千，发愤忘食，静夜冥思，以心悟理。对大自然的恩惠，对超度众生的慈悲，对法身不可思议的感应以及神明的玄妙变化，反复思考、推寻，以期有所体悟，与理相合。

感化没有一定的规则，主要看众生对其体悟程度如何；要超越苦海，获得幸福，也全靠人们自身的灵性。譬如日月在天，光辉普照，地上万事万物承受阳光雨露，欣欣向荣，繁衍生息，却并不自觉。这与佛陀的感化众生是一个道理。然而对这一道理虽似乎明白，却又很难具体地将其表述出来。为什么这样说呢？法身对事物的统驭，体现在不是具体地去创造万物，而万物的发生又无不由此开端；不是有意识地要达到某一终极目标，而万事万物发展和成就又无不受到法身的引导。法身超然万物之上，不可摹画，不可拟说，却又踪迹可寻，无处不在。因此，如来或是虚空缥缈，崇高玄妙；或是昭现于人间，明示金身；或者只出现在一般人难以思议的极乐之境；或者降身于凡俗实有的人世之间；或形相可睹，或如影如幻。

若推论法身，你说它是有所凭借呢，还是无所凭借？若就人而论，则不过是以片段的思想和意念去揣测永恒不灭的法身、佛理了。对法身详加探求，可知其原就是如影随形，不可区分的，哪里可以割裂为二，划出其界限呢？而现在的学佛之人，只知去追求拟想超乎世外的法身，却未意识到成佛的神明就近在咫尺；只知法身能以神通变幻种种形相，却不知道这种变现是无迹可寻的，岂不谬误？本人曾追随先师道安多年，虽亲承师训，发聩启蒙，托志佛典，然每每想象那些神奇的传说，总是十分神往。后遇到来自西域的僧人，听其讲述修行问道、云游四方的所见所闻，知有佛影之事，然而仍不太清楚。直到栖居庐山，得见来自罽宾的禅师和西游学佛刚回来的法显律师，听其所谈佛影事，与我以前所闻完全相同，而且由于他们都曾游历西方，见多识广，讲述得也就更为详细、具体。

由此可见，佛影神妙莫测，触处皆在，静思冥想，久久思虑，方期一悟。因而从今以后，更当与志同道合之人，诚心向佛，深信不疑，以得其真意，成就正果，并与布施行善的人一起敬绘佛影，撰写序、铭。

## 答湘东王书

梁·萧纲

### 原典

暮春美景，风云韶丽，兰叶堪把，沂川可浴[①]。弟召南寡讼，时缀甘棠之阴[②]；冀州为政，暂止褰襜之务[③]。唐、景荐大言之赋[④]，安、太述连环之辩[⑤]。尽游玩之美，致足乐耶。吾春初卧疾，极成委弊，虽西山白鹿[⑥]，惧不能愈；子豫赤丸[⑦]，尚忧未振。高卧六安[⑧]，每思扁鹊之问；静然四屋，念绝修都之香[⑨]。岂望文殊之来[⑩]，独思吴容之辩[⑪]。

属以皇上[⑫]慈被率土，甘露聿宣。鸣银鼓于宝坊，转金轮于香地[⑬]。法雷惊梦，慧日晖朝，道俗辐凑，远迩毕集，听众白黑，日可两三万。独以疾障致隔闻道，岂止杨仆有关外之伤[⑭]，周南起留滞之恨[⑮]。第十三日始侍法筵，所以君长近还，未堪执笔。敬祖前迈[⑯]，裁欲胜衣，每自念此，愍然失虑。江之永矣，寤寐相思[17]。每得弟书，轻疴遣疾。寻别有信，此无所伸。

## 解说

本文选自《广弘明集》卷十六《佛德篇》。萧纲（公元五〇三—五五一年），即梁简文帝，字世缵，武帝第三子，在位两年，为叛将侯景所杀害。纲崇信佛教，博通儒道，又能诗擅赋。所倡为诗，轻艳浮靡，号为宫体。原有集，已散佚，后人辑有《梁简文帝集》。此文作年，从文章内容看，作于纲为太子而绎在荆州任刺史时。

湘东王即萧绎，字世诚，武帝第七子，天监十三年封湘东郡王，普通七年任荆州刺史，都督荆、湘等六州军事。大同六年为江州刺史。太清元年复为荆州刺史。承圣元年在江陵即帝位，西魏攻破江陵，被杀，在位三年。绎自幼聪颖好学，博览群书，兼通儒释，才识敏捷，能诗擅文。萧纲此书思念设想萧绎春时游乐，叹己卧病在床，既辜负了大好春光，亦耽误了听皇上讲法，情感真挚委曲，用典贴切工稳。

## 注释

①**沂川可浴：**孔子曾让其弟子各言其志。曾皙曰：

“莫春者，春服既成，冠者五六人，童子六七人，浴乎沂，风乎舞雩，咏而归。”(《论语·先进》) 此正切合暮春之景。

②**召南寡讼，时缀甘棠之阴**：传说周武王时，召伯巡行乡邑，曾在甘棠树下决狱治事，后人因作《甘棠》诗（即《诗·召南·甘棠》）颂其政绩。

③**冀州为政，暂止褰襜之务**：冀州，《春秋穀梁传·桓公五年》:“郑，同姓之国也。在乎冀州，于是不服，为天子病矣。”范宁集解:“郑，姬姓之国也。冀州，则近京师。”萧绎与纲自然同姓，绎此时或在荆州或在江州任刺史，皆离京师不远，故以冀比荆、江二州。

褰襜，《诗·郑风·褰裳》:“子惠思我，褰裳涉溱。”《左传·昭公十六年》:“子大叔赋《褰裳》，宣子曰:‘起在此，敢勤子至于他人乎？’”则“褰裳”可理解为服事劳苦之意。以上数句，或以召伯比萧绎，或以“褰裳”寓萧绎政务繁忙之意，皆言其公务繁杂，治政有绩。而“时辍”“暂止”云云，不过是忙中抽暇，偶事其他。

④**唐、景荐大言之赋**：唐、景，战国辞赋家唐勒、景差。《史记·屈原贾生列传》:“屈原既死之后，楚有宋玉、唐勒、景差之徒者，皆好辞而以赋见称。”唐、景之赋今已佚，唯今存《楚辞·大招》，或题为景差作，《大言赋》则今尚残存宋玉之作。宋玉《大言赋序》云：“楚襄

王与唐勒、景差、宋玉游于阳云之台。王曰：‘能为寡人大言者上座。’”此用以比萧绎手下多有文士呈诗献赋。

⑤**安、太述连环之辩：**安、汰，即道安、竺法汰。释道安（公元三一四—三八五年），是东晋十六国时期的高僧、佛教界领袖。他本姓卫，常山扶柳人，早年出家，师从佛图澄，在华北一带讲学传教，后避战乱南至襄阳主持整理、翻译佛典，弘扬佛教。道安对般若学和禅学都有很高的造诣，他是般若六家之一本无宗的代表人物，在中国佛教史上占有重要地位。事见《高僧传》等。

竺法汰（公元三二〇—三八七年），东莞人，与道安为同学，避乱南下行至新野，受道安嘱前往扬州传法，为东晋帝王臣僚所重。法汰是般若学七宗本无异宗的代表人物。事见《高僧传》等。

道安、法汰在佛图澄门下时，即常与主格义的竺法雅辩说议论。后道安在襄阳，法汰在扬州，亦常书信往还，《出三藏记集》卷十二《法论目录》中载法汰有《问释道安六通》《问释道安神》；卷五有道安《答法汰难》两卷。此用以比萧绎与荆、襄高僧说法论经。

⑥**西山白鹿：**传说中的祥瑞之物。

⑦**赤丸：**道家所谓灵丹妙药。据《列仙传》，崔文子好黄老，居潜山下，做黄散赤丸，治病除疫，恍若神仙。

⑧**六安：**似谓上、下、四方都安稳宁静。

⑨**静然四屋，念绝修都之香：**四屋，屋的四方、满屋。晋张协《杂诗》："蜘蛛网四屋。"修都之香，似为月氏国神香，可治病除疫。《十洲记》："汉武时，长安大疫，人死日以百数，帝乃试取月氏国神香烧之于城内，死未满三日者活，芳气经三月不歇，帝始信神物也。"（《太平御览》卷九八一引）。此数句写已久病不愈，深盼良药神医。

⑩**岂望文殊之来：**用《维摩诘经》文殊问疾事。维摩诘卧病毗舍离城丈室中，佛派文殊前往问疾，文殊勉力而行，终于完成佛命。

⑪**独思吴容之辩：**"吴容"当从《大正藏》本作"吴客"。枚乘《七发》假设楚太子有疾，吴客往问之，以七事起发太子，太子霍然而愈。以上两句文殊、吴客皆比湘东王，表达了其对萧绎的思念之情。

⑫**皇上：**梁武帝萧衍。

⑬**鸣银鼓于宝坊，转金轮于香地：**鸣鼓、转轮，皆谓讲法；宝坊、香地，则皆谓佛寺。

⑭**杨仆有关外之伤：**杨仆，西汉将领，曾随汉武帝南征北战，功至封侯，然元封元年攻朝鲜，兵败，被贬为庶人。

⑮**周南起留滞之恨：**汉武帝登泰山举行封禅大典，身为太史的司马谈却因病滞留周南（周朝国土之南，指

洛阳以南地区，司马谈当时即留于洛阳），未能前往，深以为憾。参司马迁《史记·太史公自序》。

“杨仆有关外之伤”和“周南起留滞之恨”皆喻萧纲因病而暂未能前去听武帝讲法事。

⑯**前迈：**前行。

⑰**江之永矣，寤寐相思：**萧纲在京师建业，绎则在荆州，故引《诗经》成句，表思念之情。《诗·周南·汉广》：“江之永矣，不可方思。”《诗·周南·关雎》：“求之不得，寤寐思服。”

## 译文

暮春时节，风和日丽，花草树木，枝叶繁盛，泉涧溪流，春水可浴。遥想弟在江陵为政，郡治英明，政绩堪颂，公务之余，或与文人学士流连风景，吟诗作赋；或与高僧名流讲经谈玄，争辩论答，悠游自在，潇洒无碍，令人欣慕。兄自春初以来，患病卧床，身体衰颓，即使是祥瑞降临，施以灵丹，燃起神香，恐怕也不是很快就能好起来的。然每每空室静卧，希求安乐，虽不敢望有哪位高僧前来探问，总企盼着有名医能快点治好自己的病，企盼着有机会与能言善辩之士谈玄说佛，乐以忘疾。

父皇以仁慈治天下，以佛理教化百姓，近又驾临寺院，击鼓转轮，登台讲法，僧徒百姓，远近群集，每日有两三万人听讲。然而唯独我因病迟迟不能前往，直到开讲后的第十三天，才勉强得以赴讲席，其中遗憾，并不轻于杨仆以战功封侯，后来竟以兵败关外而贬为庶人，也不亚于身为太史令的司马谈却因病不能参加汉武帝封禅泰山的大典。这也是我虽安居东宫却没能书信问讯的缘故吧！每想到此，恍然若失。弟远在江陵，难以相见，然为兄的思念之情，没有一刻停息过，因而每次接到你的来信，就倍感亲切，病也似乎轻了许多。深望早日复信，容再叙。

# 4 法义篇

## 辨宗论（诸道人王卫军问答）

东晋·谢灵运

### 原典

同游诸道人[①]，并业心神道[②]，求解言外。余枕疾务寡，颇多暇日，聊伸由来之意，庶定求宗[③]之悟。

释氏之论，圣道虽远，积学能至，累尽鉴生，方应渐悟。孔氏之论，圣道既妙，虽颜殆庶[④]，体无鉴周[⑤]，理归一极。有新论道士[⑥]，以为寂鉴微妙，不容阶级，积学无限，何为自绝[⑦]？今去释氏之渐悟，而取其能至，去孔氏之殆庶，而取其一极。一极异渐悟，能至非殆庶。故理之所去，虽合各取，然其离孔、释矣。余谓，二谈救物之言，道家之唱，得意[8]之说，敢以折中自许，窃谓新论为然。聊答下意，迟有所悟。

## 解说

本文选自《广弘明集》卷十八《法义篇》。谢灵运（公元三八五—四三三年），祖籍陈郡阳夏（今河南省太康县），东晋世族谢玄之孙，袭封康乐公，刘宋时降为侯，任永嘉太守等，后为宋文帝所杀。谢灵运是晋宋之际著名诗人，尤擅刻画山水自然景物，在文学史上占有重要地位。谢灵运又是一位佛学家，这里所选《辨宗论》便是佛学史上一篇论述顿悟成佛说的重要论文。顿悟成佛说是当时思想界所关注和热烈争论的问题。

竺道生认为，佛性人皆有之，见性即可成佛，而佛性本来就是不可分的，是完整圆满的精神实体，因此，或者悟，或者不悟，不存在什么渐悟。谢灵运《辨宗论》重点阐述和发挥了竺道生的顿悟说，指出按汉魏以来中国的传统观念，圣人是不可学不可至的；而按佛教的观点，圣人则是可学可至的。二者各有是非。竺道生新论正是各取其是，加以折中，才提出了圣人可至，但非积学而圣，关键在于顿悟的观点。竺道生将般若中观与涅槃佛性说结合起来，沟通本体论与心性学，推动了中国学术思想的发展。汤用彤先生则指出，谢氏之论的“作用不啻在宣告圣人之可至，而为伊川谓学乃以至圣人学说之先河。则此论在历史上有甚重要之意义盖可知矣”(《汤用彤学术论文集·谢灵运辨宗论书后》)。这是十分正确的。

谢灵运与诸道人及王卫军就成佛问题往复问答辩论的时间，据汤用彤先生《谢灵运事迹年表》，为宋武帝永初三年（公元四二二年），时谢氏出守永嘉（今浙江省温州市），遍游名山秀水。同行有释法勖、僧维、慧驎、竺法纲、慧琳（诸人皆主张渐悟。据《出三藏记集》卷十二，陆澄《法论》第九帙慧藏集目录载，释慧观有《渐悟论》，昙无成有《明渐论》，今已佚）。王卫军即王弘（公元三七九—四三二年），字休元，曾祖为东晋王导，时任江州刺史。《宋书》有传。

## 注释

①**道人**：六朝僧人的别称。

②**神道**：神妙之道，此指佛道。

③**求宗**：证体，辩证佛学所谓最高的精神本体，探求成佛之道。本文中宗、体、极、理、无、寂、鉴、照等皆谓本体。

④**殆庶：**将近、差不多。《周易·系辞下》：“子曰：‘颜氏之子，其殆庶几乎？’”

⑤**体无鉴周：**王弼曰：“圣人（指孔子）体无，无又不可以训。”(《世说新语·文学》) 周，周遍。

⑥**新论道士：**提出“顿悟说”的竺道生。道生俗姓魏（公元三五五—四三四年），巨鹿（今河北省平乡县）人，寓居彭城，家世士族，父为县令。年幼出家，中年广为游学，至长安，师从鸠摩罗什，后返建康，大力提倡涅槃学，主张一阐提（指永无成佛之机的人）皆可成佛，先被认为不合教义，不久《大般涅槃经》译出，果称一阐提也有佛性，于是道生声名大振，后世尊之为涅槃圣。道生的著作今存《妙法莲华经疏》等。涅槃佛性说和顿悟成佛说是道生的主要佛学思想，对禅学的形成和发展有重要影响，在中国佛学史和哲学史上占有重要学术地位。

⑦**积学无限，何为自绝：**积学无限，故能至；但不能不学，悟之前还要学。

⑧**得意：**《庄子·外物》：“言者所以在意，得意而忘言。”（语言的功用是用来表达意思，意思了解了，就可以忘掉语言。）

## 译文

我出任永嘉（今浙江省温州市）太守后，曾与释法勖、僧维、慧驎、竺法纲、慧琳诸僧人同游郡中名山水。诸位僧人皆究心佛理，而于成佛之道尤感兴趣。我近来卧病休息，不理政事，多有空闲，亦对成佛之道论争的来龙去脉做了些探索，希望能使这一问题得到解决。

佛教主张成佛之道虽然十分遥远，但只要不断学习，勤苦修行，逐渐消除各种烦恼，自然能够领悟真理，最终成佛。这叫作渐悟。儒家则认为成圣之道既然辽远、神妙，即使是孔子的高足颜渊亦只能接近于成圣，那么，圣人所体认、领悟的理就是周遍的，不可分的。今有僧人竺道生提出新论，认为成佛之理是不可分的，对理的体悟也是无须划分阶段的，只要是修行的人都可成佛，即所谓顿悟。这实际是舍弃佛教的渐悟说，而采取其能成佛的观点，舍弃儒家的不可成圣说，而吸收其理不可分的看法之后提出的新见解。穷尽理极不同于渐悟，能成佛也不同于近乎成圣，新说各有去取，显然已超出儒释两家之上了。我以为佛、儒两家之说，皆是救国拯民之方，各有各的道理，各有各的效用，而我则更主张折中调和，更赞同竺道生的新见解。

## 原典

法勖问：敬览清论，明宗极虽微，而一悟顿了。虽欣新剖，窃有所疑。夫明达者，以体理绝欲；悠悠者，以迷惑婴累。绝欲本乎见理，婴累由于乖宗。何以言之？经云："新学者离般若，便如失明者无导。"是为怀理荡患，于兹显矣。若涉求未渐于大宗[①]，希仰犹累于尘垢，则永劫劬劳，期果缅邈。既怀犹豫，伏迟嘉训。

初答：道与俗反，理不相关，故因权以通之。权虽是假，旨在非假；智虽是真，能为非真。非真不伤真，本在于济物；非假不遂假，济物则反本。如此，之劫无为空勤，期果有如皎日。

勖再问：案论孔、释，其道既同，救物之假，亦不容异。而神道之域，虽颜也，孔子所不诲；实相[②]之妙，虽愚也，释氏所必教。然则二圣建言，何乖背之甚哉？

再答：二教不同者，随方应物，所化地异也。大而校之，华民易于见理，难于受教，故闭其累学，而开其一极；夷人易于受教，难于见理，故闭其顿了，而开其渐悟。渐悟虽可至，昧顿了之实；一极虽知寄[③]，绝累学之冀。良由华人悟理无渐，而诬道无学；夷人悟理有学，而诬道有渐。是故权实虽同，其用各异。昔向子期以儒、道为壹[④]，应吉甫谓孔、老可齐[⑤]，皆欲窥宗，而况真实者乎？

勖三问：重寻答，以华、夷有险易之性，故二圣敷异同之教，重方附俗，可谓美矣。然渊极朗鉴，作则于上，愚民蒙昧，伏从于下。故作则宜审其政，伏从必是其宗。今孔废圣学之路，而释开渐悟之迳。筌蹄[6]既已纷错，群黎何由归真？

三答：冬夏异性，资春秋为始末；昼夜殊用，缘辰暮以往复。况至精之理，岂可迳接至粗之人？是故傍渐悟者，所以密造顿解；倚孔教者，所以潜成学圣。学圣不出六经，六经而得；顿解不见三藏[7]，而以三藏果。筌蹄历然，何疑纷错？鱼兔既获，群黎以济。

僧维问：承新论法师以宗极微妙，不容阶级，使夫学者穷有之极，自然之无，有若符契，何须言无也？若资无以尽有者，焉得不谓之渐悟耶？

初答：夫累既未尽，无不可得；尽累之弊，始可得无耳。累尽则无，诚如符契，将除其累，要须傍教。在有之时，学而非悟，悟在有表，托学以至。但阶级教愚之谈，一悟得意之论矣。

维再问：论云，悟在有表，得不以渐。使夫涉学希宗，当日进其明，不若使明不日进，与不言同。若日进其明者，得非渐悟乎？

再答：夫明非渐至，信由教发。何以言之？由教而信，则有日进之功；非渐所明，则无入照之分。然向道善心起，损累出垢伏。伏似无同，善似恶乖，此所务不俱，非心本无累。至夫一悟，万滞同尽耳。

维三问：答云，由教而信，则有日进之功；非渐所明，则无入照之分。夫尊教而推宗者，虽不永用，当推之时，岂可不暂令无耶？若许其暂合，犹自贤于不合，非渐如何？

三答：暂者，假也；真者，常也。假知无常，常知无假。今岂可以假知之暂，而侵常知之真哉？今暂合贤于不合，诚如来言，窃有微证。巫臣谏庄王之言[⑧]，物赊于己，故理为情先；及纳夏姬之时，己交于物，故情居理上。情理云互，物己相倾，亦中智之率任也。若以谏日为悟，岂容纳时之惑耶？且南为圣也，北为愚也。背北向南，非停北之谓；向南背北，非至南之称。然向南可以至南，背北非是停北。非是停北，故愚可去矣；可以至南，故悟可得矣。

慧驎演僧维问：当假知之壹合，与真知同异？

初答：与真知异。

驎再问：以何为异？

再答：假知者累伏，故理暂为用；用暂在理，不恒其知。真知者照寂，故理常为用；用常在理，故永为真知。

骥三问：累不自除，故求理以除累。今假知之一合，理实在心，在心而累不去，将何以去之乎？

三答：累起因心，心触成累。累恒触者心日昏，教为用者心日伏。伏累弥久，至于灭累，然灭之时，在累伏之后也。伏累灭累，貌同实异，不可不察。灭累之体，物我同忘，有无壹观。伏累之状，他己异情，空实殊见。殊实空、异己他者，入于滞矣；壹有无、同我物者，出于照也。

骥、维问：三世长于百年，三千广于赤县，四部[9]多于户口，七宝妙于石沙。此亦方有小大，故化有远近，得不谓之然乎？

初答：事理不同，恒成四端[10]；自有小大，各得其宜。亦有贤愚违方而处，所谓世同时异，物是人非。譬割鸡之政，亦有牛刀[11]；佩玺而听，岂皆唐、虞[12]？今谓言游体尽于武城，长世皆覃于天下，未之闻也。且俱称妙觉[13]，而国土精粗。不可以精粗国土，而言圣有优劣。景迹之应，本非所征矣。

维再问：论云，或道广而事狭，或事是而人非。今不可以事之大小，而格道之粗妙。诚哉斯言！但所疑不在此耳。设令周、孔实未尽极，以之应世，故自居宗，此自是世去圣远，未足明极。夫降妙数阶，以接群粗，则粗者所不测。然数阶之妙，非极妙之谓。推此而言，抚世者于粗为妙，然于妙犹粗矣。以妙求粗，则无往不尽；以粗求妙，则莫睹其源。无往不尽，故谓之穷理；莫睹其源，故仰之弥高。今岂可就颜氏所崇，而同之极妙耶？

再答：今不借颜所推，而谓之为极，但谓颜为庶几，则孔知机矣。且许禹昌言，孔非本谈，以尧则天，体无是同。同体至极，岂计有之小大耶？

维三问：凡世人所不测，而又昌言者，皆可以为圣耶？

三答：夫昌言贤者，尚许其贤，昌言圣者，岂得反非圣耶？日用不知，百姓之迷蒙，唯佛究尽实相之崇高。今欲以崇高之相，而令迷蒙所知，未之有也。苟所不知，焉得不以昌言为信？既以释昌为是，何以孔昌为非耶？

竺法纲问：敬披高论，探研宗极，妙判权实，存旨儒道，遗教孔、释，昌言折中，允然新论，可谓激流导源，莹拂发挥矣。详复答勖、维之问，或谓因权以通，或学而非悟尔。为玄句徒设，无关于胸情焉，窃所未安。何以言之？夫道形天隔，几二险绝，学不渐宗，曾无仿佛。驰骋有端，思不出位，神崖曷由而登，机峰何从而超哉？若勤务于有，而坐体于无者，譬犹挥毫钟、张[14]之则，功侔羿、养[15]之能，不然明矣！盖同有非甚碍，尚不可以玩此而善彼，岂况乎有无之至背，而反得以相通者耶？

又云：累既未尽，无不可得，尽累之弊，始可得无耳。问曰：夫膏肓大道，摧辀玄路，莫尚于封有之累也。盖有不能祛有，祛有者必无；未有先尽有累，然后得无也。就如所言，累尽则无，尔为累之自去，实不无待？实不无待，则不能不无，故无无贵矣。如彼重暗自晞，无假火日。无假火日，则不能不设，亦明无尚焉。落等级而奇顿悟，将于是乎踬矣！暇任之余，幸思嘉释。

释慧琳问：三复精议，辨懥二家，斟酌儒道，实有怀于论矣。至于去释渐悟，遗孔殆庶，蒙窃惑焉。释云有渐，故是自形者有渐。孔之无渐，亦是自道者无渐。何以知其然耶？中人可以语上[16]，久习可以移性[17]，孔氏之训也。一合[18]于道场[19]，非十地之所阶[20]，释家之唱也。如此渐绝文论，二圣详言，岂独夷束于教，华拘于理？将恐斥离之辨辞，长于新论乎？

勖道人难云：绝欲由于体理。当谓日损者，以理自悟也。论曰：道与俗反，本不相关，故因权以通之，物济则反本。问曰：权之所假，习心者亦终以为虑乎？为晓悟之日，与经之空理都自反耶？若其永背，空谈翻为未说，若始终相扶，可循教而至不？

答维、骥假知中殊为藻艳，但与立论有违。假者，以旋迷丧理，不以钻火致惑。苟南向可以造越，北背可以弃燕，信燕北越南矣。虑空可以洗心，捐有可以祛累，亦有愚而空圣矣。如此，但当勤般若以日忘，瞻郢路而骤进，复何忧于失所乎？将恐一悟之唱，更踬于南北之譬耶！

## 注释

①**大宗：**事物的本源，此指佛教至理。

②**实相：**诸法实相，指宇宙间万事万物的真相。

③**知寄：**寄知、寄托、寄寓。

④**向子期以儒、道为壹：**向秀（约公元二二七—二七二年），魏晋之际哲学家、文学家，字子期，河内怀（今河南省武陟西南）人，“竹林七贤”之一。官至黄门侍郎、散骑常侍。曾为《庄子》作注，未竟而卒，后郭象“述而广之”，成《庄子注》，今存。向秀主张自然，名教统一，合儒道为一，认为万物自然，各任其性，即是逍遥，然君臣上下，亦皆出于天理自然，不能因求逍遥而背名教。又擅诗赋，有《思旧赋》等。

⑤**应吉甫谓孔、老可齐：**应吉甫，应璩之子，有文才，能谈论，举高第，官至散骑常侍。《晋书》有传。应吉甫谓孔老可齐，未知语出何处。

⑥**筌蹄：**比喻工具或手段。语出《庄子·外物》。

⑦**三藏：**佛教经典的总称，包括经、论、律三部分。

⑧**巫臣谏庄王之言：**巫臣即屈申，字子灵，春秋楚国人，曾谏止楚庄王和子反娶夏姬，后自娶夏姬，偕逃晋国，为邢大夫，替晋通好吴国，联合抗楚，又使其子狐庸任吴行人之官，给楚国造成威胁。事见《左传·宣公十二年》《左传·成公六年》《左传·襄公二十六年》等。

⑨**四部：**此四部众，即比丘、比丘尼、沙弥、沙弥尼四众。

⑩**四端：**儒家称人的四种固有的德性为四端。认为恻隐、羞恶、辞让、是非之心，为仁、义、礼、智之端，语出《孟子·公孙丑上》。

⑪**割鸡之政，亦有牛刀：**《论语·阳货》："子之武城，闻弦歌之声，夫子莞尔而笑，曰：'割鸡焉用牛刀？'子游对曰：'昔者偃也闻诸夫子曰：君子学道则爱人，小人学道则易使也。'子曰：'二三子！偃之言是也，前言戏之耳！'"即谓治有大小，为道则一。此数句用之。

⑫**佩玺而听，岂皆唐、虞：**唐、虞，即尧、舜。相传尧舜时天下大治，音乐也是优美绝伦的。故《论语·八佾》曰："子谓《韶》尽美矣，又尽善也。"《韶》相传为舜时乐曲。

⑬**妙觉：**佛之正觉，自觉觉他，觉行圆满，不可思

议。

⑭**钟、张：**钟，钟繇（公元一五一—二三〇年），三国魏大书法家，兼善各体，尤长隶、楷，官至太傅。张，张芝（公元？—一九二年），东汉书法家，善章草。晋王羲之于汉魏书迹，唯推钟、张两家，颇受其影响。

⑮**羿、养：**羿，后羿，传说夏东夷族首领，善射，尧时十日并出，羿射去九日，射杀猛兽，为百姓除害。养，养由基，春秋时楚国大夫，善射，能百步穿杨。

⑯**中人可以语上：**语出《论语·雍也》。子曰："中人以上，可以语上也。"

⑰**久习可以移性：**《论语·阳货》："子曰：'性相近也，习相远也。'"谓后天的学习、熏染，可以改变人的情性。

⑱**一合：**一合相，佛教认为世界是由微尘和合而成，故世界可称为一合相。此指世俗之人。

⑲**道场：**佛成圣道之处。

⑳**十地之所阶：**十地，菩萨修行渐近于佛的十种境界。以上两句谓从世俗之人到成佛，未必通过渐修就能达到。在竺道生之前，支道林等即开始辨顿渐，认为顿悟当在"七住"时，即于七地之上悟"无生法忍"。道生主极慧，则谓悟必须再进修三位，至十地方为真悟。前者称小顿悟，后者为大顿悟。顿悟与成佛之间没有间隔，

悟理与证体皆在十地完成。

## 译文

法勖问：奉读高论，已明白成佛之理虽然玄妙，却并非不可幡然领悟的道理。然新论虽可喜，仍不免令人产生疑问。明智通达的人，用悟理来去除欲望；昏昧愚蠢的人，则由于认识不清而被各种烦恼所困扰。摒除欲望在于见理，为烦恼所萦绕是因为背离了成佛之道。为什么这样说呢？佛经有云：“初入佛门的人如果离开了般若学说，那就如同眼睛失明的人失去了向导。”因而依理除患的道理是很明显的。若是涉足佛理而尚未对成佛之道有所认识，崇仰佛教而仍陷在烦恼、欲望的泥潭之中，理未尽，欲未除，怎么能忽然之间就成佛呢？不能依理除患，循序渐进，那不是很可能永世勤苦修行却终究难成正果吗？敬请答复，以解疑虑。

灵运答：成佛的道理与世俗之间的距离是很大的，因此我们这里并不完全废除渐悟之说，而是把渐悟权且作为一种通向顿悟的方法或手段，一种权变之策。权变虽然只是一种手段、方法，是一种虚拟、假借，但这种手段所要达到的目的却是实实在在的；能力判断是真实的，而判断的能力却显得虚空。通变、假借并不妨碍真实，因为二者的根本所在都是拯救众生；目的真实也不会因为手段的变通而变得虚假，一旦领悟成佛之道，即可离俗归佛，返本归真。既然如此，修行并非徒劳，顿悟成佛也是完全可能的。

法勖再问：如上所论，儒释既然都以救民为本，那么二者救民的方法和途径也应当相同。然而，关于成圣的道理，即使是颜渊，孔子也没有对其提及；而佛教至理的奥妙，即使是愚暗之人，佛也必定是要予以教诲的。两位圣人同是立言救民，为何相差如此之远呢？

灵运再答：造成佛教和儒说上述区别的根源在于二者所产生的地域不同，所施教的对象不同，因而其各自施教的方法和途径也各不相同。两相比较，华夏民族较易于体悟成圣或成佛的道理，而不太容易接受烦琐的理论，所以要避免繁缛、冗长的说教，直接用至理予以启发，促使其顿悟；而西方民族较容易循规蹈矩地接受教育，但很难真正体悟成佛的道理，所以不应给他们谈什么顿悟，而应循序渐进，使其逐渐明白成佛之道。虽然渐悟也可成佛，但对于顿悟成佛的道理却茫然不知；虽然理不可分，使人倾向于顿悟成佛，但又容易让人不重学习，轻视修行。华夏之人不走逐渐悟理的途径，被误认为没有学问；西方民族通过不断修习而达到悟理，则被称为渐悟。因此，儒释二教成圣、成佛的道理虽同，然它们的施教方法和作用却是有差异的。以前向秀、应贞主张儒道合一，可谓已窥见问题的实质，何况现在要探求成佛之道，折中儒释，不是很自然的吗？

法勖三问：按照上述解答，由于华人、西人习性不同，所以儒释二圣才随方就俗，因人施教的。然而，圣人渊博、明察，要在上为人表率，在下的一般百姓蒙昧无知，则要顺服跟从圣人，所以为人表率的人应守正不偏，以人为表率的人也不应盲目顺从，这就需要教育。现在儒家废除了成圣之道的学习，主张顿悟，倒是释教反而强调学习和修行的积累，这岂不是在方法上造成错乱，令世人无所适从吗？

谢灵运三答：冬夏寒暑相反，春秋可看作寒暑变化的过渡性季节；昼夜不同，其交替变化也有晨暮作为预示和过渡。何况成佛之道这样精微的理论，怎么能是愚昧无知的人轻易就领悟和接受的呢？因此，必然是依傍佛门的人才能领悟成佛之理，必然是服膺儒教的人，才可能学成圣人。成圣之道不见于“六经”，而通过对“六经”的学习，却可以得悟成圣之道；顿悟之说不见于佛教典籍，而通过对佛经的研讨和揣摩，也可以领悟成佛之道。学习的门径历然在目，有何纷乱？目的既已明确，众生皆得解脱。

僧维问：按竺道生的新论，成佛之道精微玄妙，理不可分，使学者只要彻底摆脱世间的各种烦累，便可自然进入成佛的最高境界，若合符契。既然如此，那又何必谈什么成佛之道呢？如果仍要借助于成佛之道来摒除烦累，那岂不还是一种渐悟吗？

灵运答：烦恼、欲望既然尚未除尽，成佛便不可能；烦恼尽除，方可成佛。虽然除尽烦恼，自然成佛，若合符契，但要消除烦恼，仍离不了教诲、开导。在还没有摆脱各种烦恼时，学习和修行尚难有所悟，只有摆脱了烦恼、超越了具象之后，才能谈到对成佛之道的领悟，而在此之前，仍需要不断修行和学习。只不过渐悟之说是对凡俗而言的，顿悟之论才是精妙高深的学问。

僧维再问：你认为悟在象外，成佛不在于渐悟。凡是想通过学习和修行进而成佛的人，总希望每日都有进步，而按照你的观点，这倒不如不每天进步，不学不说了。如果学习应当日日进步，那不还是渐悟吗？

灵运再答：人的觉悟不是从渐修中获得的，但人的成佛之心却是由受教而得到启发的。由受教而确立成佛的信心，才会不断有所觉悟；非渐修所达到的觉悟和认识，仍与成佛之道无缘。向佛才能修善，消除欲望方能超越尘世。各种欲念被降服而不表现出来时，似乎与空无的境界相同，善心得到启迪则似乎又脱离了恶行，其实修行与悟道并不能统一，修行可以发起善心和超越尘垢，但并不等于心中原本就没有烦累。只有真正悟彻成佛之道，才能使各种烦恼欲念的滞碍一扫而空。

僧维三问：上面你说到由受教而坚定成佛的信念，才能不断有所觉悟；如果不是通过受教而提高认识，就不可能真正体悟成佛之道。重视受教并通过受教而推求成佛之道，推求并不就是真正悟出成佛之道了，但当其推求之时，岂能不会出现暂时与成佛之道相合的情景？暂时相合总比不合强，这不还是渐修所生之悟吗？

灵运三答：暂悟是虚假的，真悟才是永恒的；虚假的领悟不会长久，永久的领悟没有虚假。怎么能以虚假的觉悟来与永恒的觉悟相混淆呢？不错，暂时的觉悟比不悟好。比如，春秋战国时，楚国屈申曾谏楚庄王不要娶夏姬。当其谏楚庄王时，自己尚能超然事外，因而理正词严，不会被情感所迷惑。待到后来他自己娶夏姬之时，则已陷于事物之中，情感压倒了正理。情与理、物与己相互倾斗，也是中等才智之人的禀性如此。如果以屈申谏庄王时为悟，则又如何解释其自娶夏姬时的迷惑？再者，如以南为圣，以北为愚，则背朝北，面向南，既不等于就停在北方不动了，也不等于已到了南方。然只有面向南才能到南方，背朝北才意味着不是停在北方不动。不是停留在北方，所以可消除愚昧；向南可以到达南方，所以能成为圣人。

慧驎就僧维的问题提问：当虚假的认识与成佛之道恰相吻合之时，这种认识与对成佛之道的真正的领悟是否相同？

灵运答：不相同。

慧驎再问：不同表现在什么地方？

灵运再答：虚假的领悟的背后掩盖着烦恼、欲念，因而成佛之理只是暂时为其所用，既然是暂时，这种领悟就不可能长久。真正领悟了成佛之道，就可洞察幽微，而成佛之道也就常为其所用，既然是常用，这种领悟便是永恒的真正的领悟。

慧驎三问：烦恼、欲念不会自己跑掉，要求助于对成佛之道的体悟来消除。现在既然对成佛之道的虚假的领悟也是一种领悟，心中也就可以把握成佛之道，心中领悟了成佛之道，烦恼、欲念却消除不掉，那么将怎样才能消除烦累呢？

灵运三答：烦恼由心而起，心触外物而成烦累。烦累过多则人心便被蒙蔽，常受教诲则可使人心顺服。烦累被降服的时间久了，可以达到灭除烦累的境界，然这种彻底的消除，是在烦累被降服之后才能达到的。降服烦累与灭除烦累，表面上相同而实际有异，不可不察。灭累所达到的境界，是物我同忘，有无齐观。伏累所达到的状况，是他与我有异，空无与实有不同。后者仍有滞碍，前者则已真正悟得成佛之道了。

慧驎、僧维又问：佛教所说的过去、现在、未来三世，比俗世的时间长度概念要大，三千大千世界也比神州赤县辽阔得多，比丘、比丘尼等四部僧众多于世俗之人，珍珠、玛瑙等七种珍宝则妙于石沙。这是否意味着地域有大小，教化也就有远近之分呢？

灵运答：事理不同，禀性各异，自然会有小大，却不必分什么高下。有贤人居于偏僻之地的情况，也有愚人反处文明之邦的情况，地同时异，物是人非，是很正常的事。譬如子游治理武城这样的小地方，却能不废礼乐；而有些大国名邦，亦未必能治理有方，政通人和。然如果说子游治理武城已达到尽善尽美了，可以推广于天下，则也不尽然。即使都是对成圣或成佛之道的真悟，在不同的地方也会有不同的效用，但我们却不能以效用的不同，对圣、佛妄加评骘，就像如影随形，影本非形一样。

僧维再问：你认为圣道广大，而对圣道的应用却可能很不够，不可以应用的偏狭来衡量圣道的精妙与否。这确实不错，但我的疑问并不在这里。假定周公、孔子实际上并未真的悟透成圣之道，便自以为悟透了，而且以之去治世救民，那么世人就会离圣人更远，更不可能领悟圣道。把精妙的至道降格到智慧的层次上，以使世人易于接受，而世人并不能察觉理论上的粗疏。然而智慧层次上的精妙，并非至理的精妙。由此可见，用来救世的智慧和理论，对于粗疏的事理来说，它是精妙的，但对于至理的精妙而言，它又是粗疏的。以精妙的至理去回顾粗疏的事理，可以无往不尽；以粗疏的事理推求精妙的至道，则难以窥其端涯。无往不尽即是穷尽事理；难窥端涯，故只能望洋兴叹。因此，怎么能把颜渊所推崇的周、孔所未真悟的东西，拿来与精妙的成圣成佛之道相提并论呢？

灵运再答：现在我们并未把颜渊所推尊的东西称作至理，只是说颜氏接近于至理，而孔子才可为领悟了至理。而且如果推扬禹为善言、正言，则孔子也不能算领悟了至理；如以尧为体悟了至理，那同样也谈不上禹。所以既然他们同是体悟成圣之道，便不宜再分大小优劣。

僧维三问：凡是世人所莫测高深而又同为善言正理的东西，是否都可称为圣道？

灵运三答：正言为善，尚且称许其善，正言为圣，怎么就不以其为圣了呢？百姓蒙昧无知，对圣道日日运用却习而不察，唯有佛能悟透崇高的宇宙间万事万物的真相和实质。今欲以崇高的宇宙实相，让蒙昧无知的百姓去理解，当然是不可能的。既然对圣道无所悟知，怎么就不应该相信正言、善言呢？既然以释氏善言为是，又为何要以儒家之言为非呢？

竺法纲问：敬览高论，对成佛之道问题的研究颇为深入，对权借与实相关系的分辨也很巧妙，意在折中儒佛二教，确为新见，既可谓沿流溯源，抓住了问题的实质，又对竺道生顿悟说颇多巧妙的发挥。然细细斟酌对僧勖、僧维的答复，有时提出以权借来悟理，有时又说渐修不是悟理。以为对成佛之道的许多解说都徒劳无益，人的胸襟和情思也与悟理成佛关系不大，这似乎可以商榷。空无玄妙的道与具体实有的形存在着天壤之别，成佛的机缘与佛我之间的隔膜亦相差极大，如果不通过逐渐的修行、学习，是不可能体悟成佛之道的。人的胸襟如果不够阔大，思维多有局限，那也不可能捕捉住成佛的机缘，得悟成佛之道。只在具体、实有的事物和行为上下功夫，却幻想体悟虚空玄妙的成佛之道，那就像学书法于钟繇、张芝，而幻想成为后羿、养由基那样的神射手，显然是不可能的。同是具体、实有的事物和行为之间尚有隔膜，尚不能由此及彼，触类旁通，更何况具体的事物和行为与虚空玄妙的精神本体完全不同，二者怎么会彼此相通呢？

你又说到，烦累不除尽，成佛之道便不可悟，只有尽除烦累，才能领悟成佛之道。众所周知，对修行成佛最不利的因素，莫过于拘限在对具体事物的理解和认识上。对具体事物和行为的认识不能使人从具体的事物中摆脱出来，要想摆脱出来，必须依赖于对成佛之道的领悟，没有先消除尽具体事物的约束然后才进入成佛境界的道理。即如你所说的，烦累除尽便悟成佛之道，烦累自然除去，并不需要对成佛之道的领悟，而无须借助于对成佛之道的领悟，则实际上不能不承认对成佛之道的逐渐接近，既然烦累可以自己逐渐除去，对成佛之道的领悟也就没什么可贵的了。譬如黑夜自会隐去，黎明必将到来，似乎无须借助于太阳的光辉。无须借助于太阳的光辉，则不能不承认黑夜的隐去是与太阳的照射相合的，既然如此，太阳的光明也不是无可伦比的了。这样，贬低渐悟而以顿悟为新奇，恐怕就难以说通了。公务之暇，还望对此做出合理的解释。

释慧琳问：反复聆听你关于成佛之道的论释，分辨儒释，各有取舍，确有心得。然而对于不取释氏渐悟之说，又舍弃儒家圣不可至观点的做法，本人仍有疑问。佛教所说的渐悟，是对一般未能超然形外的人说的；儒家认为没有渐悟的看法，则是就能体悟圣道之人而言的。因为，儒家认为，中等才智以上的人可以给他谈更高深的道理，后天的学习、熏染可以改变人的情性。佛教则认为，从凡俗之人到成佛，并不就是通过修行、循阶而上便能达到的。可见，佛教并不认为受教就一定能够成佛，儒家也不是没有渐修之说，恐怕将儒释二教分而论之要比杂糅在一起更好些吧！

法勖曾提出论难，认为摒弃欲念在于体悟佛道，由于对佛道的体悟，欲念才日见减少。你在回答中则认为，成佛之道与世俗本不相关，用渐修的方法教导世俗之人，不过是假借、权宜之计，一旦悟理，即无须渐修。现在请问：权宜假借的渐悟之说，在修行者体悟成佛之道的过程中，是始终都能与空理相合呢，还是待到领悟成佛之道时，才发现其并不能完全与佛教的空理相合？如果始终与空理相背离，那么这种权借等于不借；如果始终可与空理相互启发，那就等于通过受教可以悟理。

你在答复僧维与慧骥时，曾论及对成佛之道的虚假的体知问题，虽比喻巧妙，辞藻华丽，但似与论旨不合。所谓假知，是由于被欲念迷惑而难识佛理，而不是由于钻研不够造成悟理的困难。假如面向南就可以到越国，背向北就可以离开燕国，由北方的燕国到达南方的越国就十分容易了。假如心向佛教空理即可清心寡欲，摒弃实有的事理即可除去烦累，实有事物和行为的愚暗和虚空玄妙之理的圣明也就是十分清楚的。既然如此，只要勤修佛教的般若学说，朝着成佛之道奋进，即可得悟佛理，哪里还用得着担心不能真正体悟成佛之道呢？

而这样的话，顿悟之说恐怕反被你不恰当的比喻所破坏了。

## 答纲琳二法师并书

### 原典

披览双难，欣若暂对。藻丰论博，蔚然满目，可谓胜人之口。然未厌于心，聊伸前意，无由言对，执笔长怀。谢灵运和南[①]。

### 答纲公难

来难云：同有非甚阅，尚不可以玩此而善彼，岂况乎有无之至背，而反得以相通者耶？此是拘于所习以生此疑耳。夫专玩笔札者，自可不工于弧矢，弧矢既工，复玩笔札者，何为不兼哉？若封有而不向宗，自是封者之失。

造无而去滞，何为不可得背？借不兼之有，以诘能兼之无，非惟钟、胡[②]愧射于更、李[③]，羿、养惭书于罗、赵[④]，触类之蹶，始充巧历之叹！今请循其本。夫凭无以伏有，伏久则有忘，伏时不能知，知则不复辨。

是以坐忘日损之谈[5]，近出老、庄；数缘而灭[6]，经有旧说。如此，岂累之自去，实无之所济。且明为悔新，功在火日，但火日不称功于幽暗，般若不言惠于愚蠢耳。推此而往，讵俟多云。

## 答琳公难

孔虽曰语上，而云圣无阶级；释虽曰一合，而云物有佛性。物有佛性[7]，其道有归，所疑者渐教。圣无阶级，其理可贵，所疑者殆庶。岂二圣异涂，将地使之然？斥离之叹，始是有在，辞长之论，无乃《角弓》[8]耶？

难云：若其永背空谈，翻与未说；若始终相扶，可循教而至。可谓公孙之辞[9]，辩者之囿矣。夫智为权本，权为智用。今取圣之意则智，即经之辞则权。傍权以为检，故三乘咸蹄筌；既意以归宗，故般若为鱼兔。良由民多愚也，教故迂矣。若人皆得意，亦何贵于摄悟。

假知之论旨，明在有者能为达理之谏，是为交赊相倾，非悟道之谓，与其立论有何相违？燕北越南，有愚空圣，其理既当，颇获于心矣。若勤者日忘，瞻者骤进，亦实如来言。但勤未是得，瞻未是至，当其此时，可谓向宗，既得既至，可谓一悟。将无同辔来驰，而云异辙耶！

## 注释

①**和南**：僧人合掌问礼。

②**胡**：秦胡母敬，为太史令，与李斯等改史籀大篆，世称小篆。

③**更、李**：更羸，战国魏人，善射，能引弓虚发而鸟惊惧应声而落。李广，汉武帝时为北平太守，猿臂善射，匈奴畏之，号飞将军，后与匈奴作战失利自杀。

④**罗、赵**：罗晖，字叔景，东汉京兆杜陵（今陕西省西安市）人，官至羽林监，善草书，名闻关西。赵袭，字元嗣，东汉长安（今西安）人，为敦煌太守，与罗晖并以草书名。

⑤**坐忘日损之谈**：坐忘，道家所追求的去除伪饰、返璞归真、物我两忘的精神境界。《庄子·大宗师》："堕肢体、黜聪明，离形去知，同于大通，此谓坐忘。"日损，《老子》第四十八章："为学日益，为道日损，损之又损，以至于无为，无为而无不为。"

⑥**数缘而灭**：依智慧而断除一切烦累，永不轮回。数，智慧。参《智度论》卷九十八。

⑦**佛性**：觉悟成佛之性。

⑧**《角弓》**：《诗·小雅》篇名。此谓假如一定认为儒佛谁比谁更高明，那反不近于真理。

⑨**公孙之辞：**公孙指公孙龙，战国时名家代表人物，字子秉，著有《坚白论》《白马论》，主要论述名实关系，是研究名辩思想的重要典籍。

## 译文

披览两位法师的论难，宛如欣然相逢，相对问答。二论富有辞藻，引证广博，堪称高明。然而尚不能令人完全信服，今仍就前此所论略加申述，无由面谈，令人思念，谨此致礼。谢灵运。

## 答纲公难

所寄论难说道：同属实际存在的事物，只是并未完全相合，尚且不能触物连类，推此及彼，何况实际存在的事物与空无玄妙的至理完全相反，怎么能相通呢？这实际是局限于一己所学、一己之见而产生的疑问。专学书法的人，自然不善射箭，然学好了射箭之术，再去学习书法，岂不就可以兼擅二者了吗？如果只是停留在具体存在的事物上，而不知去寻求成佛之道，那自然是故步自封者的过失。

到达空无玄妙的境界，烦累滞碍自可除去，为什么不能由相背而相通呢？借不能兼擅的具体事物，来责问能够兼通的空无玄妙的至理，那当然不但胡母敬、钟繇要自愧射箭不如更嬴、李广，后羿、养由基自惭书法不能与罗晖、赵袭相比，而且由此类推，对一切自己做不到的事，都可生发慨叹。凭借空无玄妙之理来制驭由实有之事带来的烦累，烦累被抑制、隐伏久了，则空理可悟，烦累抑伏之时尚不能悟理，悟理之后方能超然物外，摆脱一切烦累，此时自然也无须再去辨别物我、有无了。

因此，老庄有去除伪饰、返璞归真、物我两忘的追求，佛经上也有依智慧除灭一切烦累，进入涅槃境界的学说。这些都说明烦累的除灭，实归功于对成佛之道的体悟。天将明亮，是由于太阳的升起，只不过太阳不会去与黑暗计较，般若学说不会自称对愚蠢之人有好处罢了。此中道理，十分明白，不必多说。

## 答琳公难

孔子虽将人分为三等，说过中人可以语上的话，但又认为圣人是不在这种等级之内，是不可企及的；佛教虽认为佛是可通过学习、渐修而达到的，但同时也认为人的本性中皆有成佛的内在依据，即人可顿悟佛性。佛教既认为人人有佛性，顿悟可成佛，则其渐修的主张不免令人生疑，不如舍弃；儒家认为至理不可划分，成圣不是拾阶而上的事，则其以为圣人是只能接近而不可企及的观点，也可舍而不取。这岂不是儒佛因地因人施教，同归而殊途吗？要说二者的区别，那确实是存在的，要说谁比谁更高明，那就不够恰当了。

法勖认为，如果渐修始终难与空理相合，那这种渐修等于无用，若是二者可以相互启发，那岂不是可以渐修成佛。这种观点其实不过是公孙龙子的诡辩之术。顿悟是渐悟之本，渐悟为顿悟所用，得佛之意则谓顿悟，拘于佛经之辞则属渐悟。如果把渐悟作为法式，则一切度人超越苦海的道理和方法都不过是工具和手段；若能依佛之意去体悟成佛之道，则佛理才是目的，才是我们要达到的最终目标。由于世人多愚昧，难以顿悟成佛之道，这才因人施教，提出渐悟之说。假如人人都能体悟佛意，悟道也就不难了。

“假知”之论，主要是说明局限于世事之中的人，有时候也能得悟事外之理，这是因为或为物累或远离物外所造成的。偶尔超然物外，一悟正理，并非真的领悟了至道，这与顿悟之说并不矛盾。至于燕在北、越在南，实有愚暗空理圣明，此理允当，实合我心。若勤修佛道，日去物累，目标明确，努力奋进，那就如你所论，不愁不领悟成佛之道。但勤修还不等于悟道，目标明确并不等于已达到目标，当其勤修之时，只可谓已知悟道的目标，而目标达到以后，才算真正领悟了成佛之道。渐悟与顿悟，大概就类似于两车虽前进的方向一致而行驶的路线却不一样吧！

## 答王卫军问并书

### 原典

问曰：由教而信，而无入照之分，则是暗信圣人耶。若暗信圣人，理不关心，正可无非圣之尤，何由有日进之功？

答曰：颜子体二，未及于照，则向善已上，莫非暗信。但教有可由之理，我有求理之志，故曰关心。赐以之二，回以之十[①]，岂直免尤而已？实有日进之功。

问曰：暂知为假知者，则非不知矣，但见理尚浅，未能常用耳。虽不得与真知等照，然宁可谓无入照之分耶？若暂知未是见理，岂得云理暂为用？又不知以何称知。

答曰：不知而称知者，正以假知得名耳。假者为名，非暂知如何？不恒其用，岂常之谓？既非常用，所以交赊[②]相倾。故谏人则言政理，悦己则犯所知。若以谏时为照，岂有悦时之犯！故知言理者浮谈，犯知者沉惑。推此而判，自圣已下，无浅深之照，然中人之性，有崇替之心矣！

问曰：教为用而累伏，为云何伏耶？若都未见理，专心暗信，当其专心，唯信而已。谓此为累伏者，此是虑不能并，属此则彼废耳，非为理累相推，能使累伏也。凡厥心数，孰不皆然？如此之伏，根本未异，一倚一伏，循环无已，虽复弥久，累何由灭？

答曰：累伏者属此则废彼，实如来告。凡厥心数，孰不皆然，亦如来旨。更恨不就学人设言，而以恒物[3]为讥耳。譬如药验者疾易痊，理妙者吝可洗。洗吝岂复循环，疾痊安能起灭？则事不侔，居然已辨。但无漏[4]之功，故资世俗之善，善心虽在五品[5]之数，能出三界之外矣。平叔[6]所谓冬日之阴[7]，辅嗣[8]亦云远不必携[9]。聊借此语，以况入无，果无阴隔。

灵运白：一悟理，质以经诰，可谓俗文之谈。然书不尽意，亦前世格言。幽僻无事，聊与同行道人共求其衷。猥辱高难，词征理析，莫不精究，寻览弥日，欣若暂对。辄复更伸前论，虽不辨酬释来问，且以示怀耳。海峤岨回，披叙无期，临白增怀，眷叹良深。谢灵运再拜。

## 注释

①**赐以之二，回以之十**：赐指端木赐，即子贡，孔子弟子，春秋卫国人，善于辞令。《论语·公冶长》："子谓子贡曰：'女与回也孰愈？'对曰：'赐也何敢望回！回也闻一以知十，赐也闻一以知二。'"

②**交赊**：犹远近。

③**恒物**：常存之物。《庄子·大宗师》："是恒物之大情也。"

④**无漏**：无漏法，指涅槃、菩提等一切断除三界烦恼之法。

⑤**五品**：五伦，君臣、父子、兄弟、夫妇、朋友。

⑥**平叔**：何晏，字平叔，三国魏玄学家，南阳宛县（今河南省南阳市）人。好老庄，与王弼等倡导玄学，开清谈之风，著有《道德论》《论语集解》等。

⑦**冬日之阴**：张湛注引何平叔《无名论》谓阴中有阳，阳中有阴，阴阳呼应。举例说，冬天是阴，但冬日的正午还是和夏天的阳相呼应的。

⑧**辅嗣**：王弼（公元二二六—二四九年），三国魏玄学家，字辅嗣，魏山阳（今河南省焦作市）人。少年有高名，好儒道，善辞，与何晏、夏侯玄等同开玄学清谈之风，以"无"为本，注《易》偏重哲理。有《老子注》

《周易注》《周易略例》等。

⑨**远不必携：**王弼虽认为不同类的事物不能互相感应，但有时又认为是可以相互感应的。《周易略例·明爻通变》云："近不必比，远不必乖，同声相应，高下不必均也；同气相求，体质不必齐也。"灵运在这里引何晏、王弼语，以喻悟与不悟之间的鸿沟并非绝对不可跨越。

## 译文

来信问道：由受教进而树立成佛的信心，这只是自我认识的提高，尚不能领悟成佛之道。而仅仅是自己对佛的认识的提高，与成佛之理还有很大距离，那只能免除对佛不敬的罪责罢了，怎么会不断地对佛理有所体悟和认识呢？

答：像颜回这样才智很高的人，也只是体悟了近于成圣的道理，尚未达到成圣的高度，那么自向善之人以上，无不属于对成圣之理尚处在盲目摸索阶段的人。但是，施教自有可资遵循的道理，受教也自有所要追求的志向，不能说这种寻求与成佛之理无关。孔子弟子端木赐闻一知二，颜回则闻一知十，从端木赐到颜回，显然已不是仅仅免犯错误的问题了，实际是有程度、层次、进境不同之分的。

问：暂时的悟理是一种虚假的悟理，是渐悟，并不是不悟，只不过是体悟肤浅，不能保持下去而已。假知虽然不能与真知相比，但假知难道就真的不可能悟理吗？如果暂时的知悟不算悟理的话，那就不应说是理暂为所用了，这又如何解释？

答：不知而称为知，就叫作假知，既叫作假知，不是暂知是什么？既是暂知，岂能持久，岂为真知？既不能持久，所以会造成时而为物所累，时而又超然物上的情况。批评、劝阻别人时说的是正理，自己为情所惑时则又违反了正理。如果以劝谏别人时为悟理，就不应有物为己悦时的乖理！而既有物为己悦时的乖理，那先前所谈之理也就是浮夸之理，乖理之时则已堕入情惑之中。由此可见，自圣人以下，在悟理问题上本无所谓深浅之分，只是就中等才智以上的人的禀性而论，尚存在除灭物累之心罢了。

问：受教用来降伏烦累，这里的“降伏”应怎样来理解呢？如果完全没有悟理，只是一心相信能够成佛，既是一心，也就唯有信心而已。如果说这就是烦累降伏了，那只是一心不可二用，对成佛有信心便忘掉了烦累，并非以理伏累。一般人的心理，莫不如此。这种降伏烦累，并没有从根本上解决问题，一倚一伏，循环往复，时间再久，也难以灭除烦累。

答：烦累的被降伏，确实是一心不可二用，顾此而忘彼，一般人的心理都是如此，这也不错。然而遗憾的是，来信不就学道之人立论，反以平常的事物来讥刺。譬如，药效灵验病就易愈，至理玄妙可洗耻辱，耻辱既洗岂能循环，疾病痊愈怎会复发？可见来信所举例证是不恰当的。但一切能断除三界烦累的出世之法，也对世俗之人的行善有帮助，而世人家庭中父母兄弟间的善心，则同样能推广于三界之外。何晏曾谓阴阳互补，冬天为阴，然冬日的正午仍与夏天的阳相呼应。王弼也认为同类事物不一定都能相合，而不同类的事物亦未必不合。由不悟而悟，道理是一样的，中间并没有什么障碍。

灵运谨告：顿悟之理，竟要引经据典地反复辩说，实在是太落俗套了。然书不尽意，也是历来如此。远居闲处无事，姑且与同游僧人共同探讨，以求其是。蒙赐高论，引证分析，莫不精当，奉览终日，若与面晤。仅就前此所论，重加引申，虽不能酬答来信所问，权且表明自己的心迹吧！山水隔阻，相见无期，提笔感怀，思念实深。谢灵运再拜。

# 答王卫军书

东晋·竺道生

## 原典

究寻谢永嘉论，都无间[1]然。有同似若妙善，不能不以为欣。檀越[2]难旨甚要切，想寻必佳通耳。且聊试略取论意，以伸欣悦之怀。以为苟若不知，焉能有信？然则由教而信，非不知也。但资彼之知，理在我表，资彼可以至我，庸得无功于日进？未是我知，何由有分于照？岂不以见理于外，非复全昧。知不自中，未为能照耶？

## 解说

竺道生、王卫军已见前《辨宗论》注。谢灵运答复王弘问难后，王弘又把谢论送给竺道生看。如汤用彤先生所指出，竺道生的顿悟说有两层意思：一是宗极妙一，理超象外，符理证体，不容阶级。二是佛性本有，见性成佛，真性自发，悟者自悟，与闻教而信修不同。谢主要辨别顿、渐之说，故多论第一层意思，而较少发挥后者。

谢答王弘书中说及顿悟与信修的区别，认为渐修是假知，或曰不知。道生写信答复王弘，基本同意谢对顿悟说的阐发，而于后一意，特加补充。（参汤用彤《汉魏两晋南北朝佛教史》页六六八）

## 注释

①**无间**：没有不同意见。

②**檀越**：施主，此指王弘。

## 译文

对谢永嘉关于成佛之道的论述，我没什么不同意见。有如此精深美妙的论述，有如此知音，不能不令人快慰。王卫军的论难之旨，亦很恰当，想经过一番探究以后，必能融会贯通。这里且就永嘉所论，略加申述，以表欣慰之情。我以为，假如对成佛之道完全不了解，是不会产生信心并进而修习的。因此，通过受教产生信心，得到启发，了解到自己本有佛性，这不能说是不知。但借助于受教而达到的知，还不是真的知悟，此时理仍在我之外。既然借助于受教可以自知，怎么能说对悟道无益呢？既然不是自知就无缘悟道，那么我们认为理在我外之时，尚未泯灭有无内外的界限，不是自知自悟，便难以内外齐一，见性成佛，不就是很正确的吗？

# 御讲波若经序

梁·陆云

## 原典

天理[1]臻毕竟[2]而照尽，空寂入三门[3]而了观。导五浊而超津，譬兹烈炎；远众邪而不触，如彼出日。示一相[4]以趋道，自罗阅[5]阐其玄言，香域弘其妙说，弥勒表字于圆光[6]，帝释[7]念善于明咒[8]。受持读诵，神力折于猛风；恭敬尊重，福利逾于宝塔。盖众圣之圆极，而万法之本源也。

## 解说

本文选自《广弘明集》卷十九《法义篇》。《波若经》即《摩诃般若波罗蜜子注经》，波若即般若。《般若经》自东汉末传译介绍入中国，直至刘宋初年，可谓最流行的佛教经典。魏晋时玄学盛行，玄学谈无说有，论言意之辨；般若则讨论性空、二谛，与老庄旨趣相近。于是名僧与名士结合，般若附玄学流行。后东晋释道安深研般若，此学更大盛于世。南朝梁世，玄风复阐，君王臣僚，名僧名士，清谈雅论，往复不断，以此为乐。于是般若学亦随之再兴。

梁武帝萧衍，字叔达（公元四六四—五四九年），南兰陵（今江苏省常州市西北）人，原是南齐王族，曾为齐竟陵王门客，与沈约、谢朓等并称八友。齐和帝即位后，萧衍执掌朝廷军权，进位相国，封爵梁王。稍后代齐，建立梁朝。梁武帝早年曾信道教，后舍道事佛，大力倡导佛教，组织僧人译佛经，多次舍身佛寺。时各种佛事活动频繁，僧众空前，佛寺遍布京城。南朝佛教至梁达到全盛。

梁武帝的佛教思想，主要是涅槃和般若学。《涅槃经》讲一切众生皆有佛性。《般若经》则讲诸法性空，无生无灭。他崇信般若学，认为它是离言绝相的出世智慧，循此而行，能使人超越凡俗，得成正果（参萧衍《注解大品经序》）。本文所叙述的便是大同七年（公元五四一年）梁武帝在华林园开讲《摩诃般若经》中的《三慧品》时的盛况。由此可见有梁一代佛教的盛行。梁武帝的著述很多，今有《注解大品经序》《发般若经题论义》《制旨大涅槃经讲疏》《立神明成佛义记》等。

作者陆云生卒不详。按：《梁书·文学传》有陆云公，字子龙，好学，有文才，为士流所重，曾为湘东王绎行参军，累迁中书黄门郎，掌著作，为梁武帝所赏。不知是此陆云否？

## 注释

①**天理**：天理与下文“空寂”并指佛教至理和佛教最高的精神境界。

②**毕竟**：至极、最终。

③**三门**：寺院之门，形如宫阙，开三门，故用指僧徒持戒修道的寺院。

④**一相**：各种事物平等无差别。

⑤**罗阅**：摩揭陀国王舍城的梵名。与下“香域”皆代指佛国。

⑥**圆光**：佛、菩萨头上如圆轮之光环。

⑦**帝释**：忉利天主，居须弥山之顶善见城，统领其他三十二天。

⑧**明咒**：陀罗尼。奉持善法使不散之，遮除恶法使之不起。

## 译文

关于佛教最高精神本体的理论，必须深入探究，方能体悟；而无生无灭，一切皆空的精神境界，也必须皈依佛门，持戒修道，才能达到。佛教的这种至理就像烈火，可除尽种种世俗的污浊欲念；佛教的这种至高无上的精神境界，一旦进入，亦如旭日东升，足以超越种种羁绊，免除烦累。佛教的本体论学说，自从在西方佛界创立，得到不断发展和不断传播，弥勒佛对此情有独钟，忉利天王亦对其作用称善不已。接受、诵读这一学说，神力巨大，狂风难摧；敬仰、信奉这一理论，功德至高，逾越宝塔。本体学说实在是众佛所归心的极致，是其他各种佛法的本源。

## 原典

皇帝真智[1]自己，大慈应物[2]，送迎日月，纬络天地，镇三季[3]之浇风，缉五际[4]之颓俗，出临衢室[5]，退事斋居，非以黄屋[6]为尊，每以苍生为念，德遍区宇，未足显于至仁，理绝名言[7]，更殷勤于密说[8]。昔慧灯隐耀，法藏分流，二乘踳驳[9]，五部[10]乖谬。诃黎狭劣，徒仰黑月之光[11]；毗昙褊滞[12]，未见沉珠之宝。

自圣皇应期，探尽几妙，决散群迷，摧伏异学，极天宫之浩博，穷龙殿之秘深。于是大发菩提[13]深弘般若，永断烦惑，同归清净，润甘露于群生，转法轮[14]而不息。上以天监十一年注释《大品》[15]，自兹已来，躬事讲说。重以所明《三慧》最为奥远，乃区出一品，别立经卷。亦由观音力重，特显《普门》[16]之章，登住行深，乃出《华严》之品[17]。故以撮举机要，昭悟新学者焉。

大僧正慧令[18]，盖法门之上首，亦捻持之神足[19]，愿等须提[20]之问，遂同迦叶[21]之请，乃启请御讲说斯经，有诏许焉。爰以大同七年三月十二日，讲《金字般若波罗蜜三慧经》于华林园之重云殿。

## 注释

①**真智**：又称圣智，真如实相之智。

②**应物**：适应事物的变化。《庄子·知北游》："其用心不劳，其应物无方。"

③**三季**：夏、商、周三朝末年，桀、纣、幽三暴君在位的时代。

④**五际**：汉代《齐诗》学者翼奉以阴阳五行说诗，以卯、酉、午、戌、亥为五际，分别比附《诗经》中《天保》等篇目，推论政治得失。

⑤**衢室**：帝王听政之所。

⑥**黄屋**：皇帝专以黄缯为车盖，称黄屋。

⑦**名言**：名教，即儒教。

⑧**密说**：缜密深邃之说，指佛理。

⑨**踳驳**：舛谬杂乱。

⑩**五部**：此指小乘五部经典。

⑪**诃黎狭劣，徒仰黑月之光**：诃黎，即诃黎跋摩，

《成实论》作者，生于中印度婆罗门家，初学数论外道，后就萨婆多部鸠摩罗陀闻《发智论》，慨其所释尽在名相，遂转入大众部，研究大乘《成实论》，大小兼学，九经皆研，澄汰五部，开创成实宗，影响甚大。黑月，按印度历法，每月上半为黑月，下半为白月。诃黎为中印度人，故有“徒仰”云云，由此句可见梁武帝等对《成实论》的轻蔑。

⑫**毗昙徧滞：**毗昙，即毗昙宗，小乘二十部中之萨婆多部。此部以《发智》、“六足”等诸阿毗昙论最具足，故称毗昙宗。

⑬**大发菩提：**菩提，意译觉，即断绝世间烦恼而觉悟真理之意。大发菩提即大发菩提心。

⑭**法轮：**佛法不住一人一处，辗转相传，如轮旋转，故称。

⑮**《大品》：**《摩诃般若波罗蜜子汴经》。相对于最早传译入中国的卷数少、内容较略的《般若经》而言。下文《三慧》指《大品》中的《三慧品》。

⑯**《普门》：**《观世音菩萨普门品》之略名，即《法华经》二十八品中第二十五品，说观音菩萨广开法门而普度众生。河西北凉王沮渠蒙逊时，使此一品别行，称为《观音经》。

⑰**登住行深，乃出《华严》之品：**《华严经》(即《大

方广佛华严经》）其思想主要以《兜沙经》《十地经》《入法界品》为主干，前二者认为佛土无尽、佛法无尽，菩萨阶位依愿行的辗转增胜自成阶段，而这种愿行是十分广大的。后者，在前二者的基础上则进而论述证入法界的问题，内容丰富，曾独立行世，因有“众会庄严”的名称，后译为“华茎庄严”，以一品代全经之题。

⑱**大僧正慧令：**大僧正，管理僧众之官。慧令，齐梁名僧，住京都安乐寺，能通数论，素称渊博。时任灵根寺僧正。

⑲**神足：**神足通，变现神妙境界之神通力。

⑳**须提：**须菩提，佛十大弟子之一，佛使说般若之空理。

㉑**迦叶：**摩诃迦叶，佛十大弟子之一，头陀行第一（“头陀”谓少欲知足，去除烦恼）。

## 译文

皇帝才智超人，自识真如之理，施乐拔苦，应物变化，卓立天地间，功侔日月，可使政治变动得以安定，可使衰世颓风得以扭转，无论是升殿听政，还是退朝斋居，并不以身为皇帝而自尊，而是总能考虑着黎民百姓的苦乐，即使是天下之人皆称颂其功德，仍以为尚未进入至仁的境界；即使其达到的理论高度已非言辞所能限制，但对缜密完备的佛理的钻研却更加勤奋。以前，佛教宗派众多，佛法混乱，大小乘驳杂，小乘教派尤其乖谬。诃黎跋摩虽生于中印度，然他创立的成实学说却嫌偏狭，毗昙宗（即小乘二十部中萨婆多部）亦狭隘难得佛学要领。

自皇上顺应时代，大兴佛教，精研各派学说，深悟佛理，拨除迷雾，力排异说，这才明辨善恶，觉悟真理，使般若学说得以弘扬，使众生得以永断烦惑，同归正途，也使佛法得以流传不息。天监十一年（公元五一二年），皇上注释《摩诃般若波罗蜜子注经》，并亲自讲疏，后又因此经中《三慧品》一章最为深奥、玄远，于是便将其分出，独立成书，以提纲挈领，便利初学之人。这就像《法华经》中《观世音菩萨普门品》说观音菩萨广开法门，普度众生，十分重要，于是便别出单行一样，也就像《华严经·入法界品》论述证入法界问题，可与作用广大的菩萨愿行相结合，内容丰富，号称“众会庄严”“华茎庄严”，于是便以一品之题代全经之名一样。

灵根寺大僧正慧令在当今佛门之中学称渊博，识力无碍，堪为上首，上书敬请皇帝亲自讲说此经，皇上诏许，并定于大同七年（公元五四一年）三月十二日在华林园重云殿专讲《金字般若波罗蜜三慧经》。

## 原典

华林园[①]者，盖江左已来后庭游宴之所也。自晋迄齐，年将二百。世属威夷，主多奢替，舞堂钟肆，等阿房[②]之旧基；酒池肉林，同朝歌[③]之故所。自至人御宇，屏弃声色，归倾宫之美女，共灵囿于庶人。重以华园毁折，悟一切之无常；宝台假合，资十力[④]而方固，舍兹天苑，爰建道场；庄严法事，招集僧侣。肃肃神宇，结翠巘之阴；峨峨重阁，临丹雉[⑤]之上；广博光明，有迈庵罗[⑥]之地；身心安乐，实符欢喜之园[⑦]。

于时三春届节，万物舒荣，风日依迟，不寒不暑。瑞华宝树，照曜七重[⑧]；玉底金池，沦漪八德[⑨]。洞启高门，云集大众，趍法席以沸喧，听鸣钟而寂静。皇太子智均悉达[⑩]，德迈昙摩[⑪]，舍三殿[⑫]之俗娱，延二座以问道。宣成王[⑬]及王侯宗室等，亦咸发深心，并修净行[⑭]，熏戒香以调善[⑮]，服染衣而就列。荫映蝉冕，委蛇冠带，排金门、登玉阶者，济济成群。既而警跸[⑯]北趍，棨戟东转，门扬清梵，傍吐香烟。被净居[⑰]之服，升须弥[⑱]之座，八种妙声[⑲]，发言无滞；十方竦听，随类得解。甚深之义，在挹注[⑳]而难竭；乐说之辩，既往复而弥新。至如宿学者僧，亟沦偏执，专杖数论[21]，未了经文，变小意以称量，仰天尊而发问。于是操持慧刃，解除疑网，示之迷方，归以正辙。莫不涣然冰释，欣然顶戴，若莲华之渐开，譬月初而增长。

凡诸听众，自皇太子、王侯、宗室、外戚，及尚书令何敬容[22]、百辟[23]卿士、虏使主崔长谦[24]、使副阳休之[25]，及外域杂使一千三百六十人，皆路逾九驿[26]，途遥万里，仰皇化以载驰，闻天华而跃踊，头面伸其尽礼，赞叹从其下陈。又别请义学僧一千人，于同泰寺[27]夜复制义[28]。并名擅龙像[29]，智晓江河，传习譬于泻瓶[30]，讽诵同于疾雨。

沙门释法隆[31]年将百岁，学周三藏，识洞八禅[32]，说法度人，显名于关塞之北，闻中国应讲《摩诃般若经》，故自远而至。时僧正慧令，犹未启讲，京师道俗亦不知御应讲也。至发讲之日，又有外国僧众，不可胜数，并众所不识，同集法座。故知放光[33]遍照，地神唱告，岂劳驰象之使，冥符信鼓[34]之期。

会稽鄮县阿育王寺释法显，修习苦行，志求慧解，既等郁多[35]之思维，亦同波仑[36]之恳到，乃于讲所自陈愿力，刺血洒地，用表至诚。昔剜体供养[37]，析骨书写[38]，归依正法，匪吝身命，以今望古，信非虚说。

## 注释

①**华林园：**在南京鸡鸣山南古台城内，三国时始建，南朝又扩建。

②**阿房：**秦宫殿名，故址在今陕西省西安市阿房村，规模宏阔、壮丽，项羽攻占长安后，被焚。

③**朝歌：**殷都城，故址在今河南淇县。

④**十力：**佛、菩萨所具之十种智力。

⑤**丹雉：**红墙。

⑥**庵罗：**庵罗树园，在印度毗耶离园，庵罗树女所献，佛于此说《维摩经》。

⑦**欢喜之园：**忉利天帝释四园之一，入此园则自起欢喜之情。

⑧**七重：**七重行树，西方极乐国之宝树。

⑨**八德：**乃指具有八种殊胜功德之水。即：澄净、清冷、甘美、轻软、润泽、安和、除饥渴、长养诸根。此以之比园中池水。

⑩**悉达：**悉达太子，释迦佛为净饭王太子时之名。

⑪**昙摩：**菩提达摩，南天竺人，梁普通元年泛海至广州，武帝迎至建业，后入嵩山少林寺，面壁修行，大通二年卒（亦有其他不同之说法），武帝制碑赞其德。以上“智均悉达，德迈昙摩”两句皆以比太子萧纲。

⑫**三殿：**此指皇宫。

⑬**宣成王：**萧纲嫡长子萧大器，封宣城郡王。

⑭**净行：**婆罗门行。修行使身、口、意清净，不受尘染。

⑮**调善：**调柔善，七善之一。谓意清净，调和柔顺。

⑯**警跸：**帝王出入，左右侍卫为警，止人清道为跸，以戒止行人。

⑰**净居：**净居天，在色界四禅之最高处，有五重天，因无外道杂居，故名净居。

⑱**须弥：**佛教山名，位于一小世界之中心，意为妙高、善高。

⑲**八种妙声：**如来讲法有八种美妙音声，闻之即解悟。

⑳**挹注：**取彼器之水倾入此器。《诗·大雅·泂酌》："挹彼注兹。"

㉑**数论：**萨婆多部之诸论。

㉒**何敬容：**字国礼，美容貌，为齐武帝驸马，入梁，累迁守吏部尚书。何氏家世好佛，敬容亦然，多次听梁武帝讲法，后又曾舍宅为寺。《梁书》有传。

㉓**百辟：**诸侯，此指公卿大臣。

㉔**崔长谦：**后魏人，名愍，以字行，幼聪敏，为青州司马，贼围城二百余日，读书不废。天文、律历、医

方、卜相莫不开解。兼散骑常侍，使梁，还未入境卒。

㉕**阳休之：**北齐右北平无终（今天津蓟县）人，字子烈。历仕北魏、北齐、北周，能诗赋，撰有《幽州人物志》等，已佚。

㉖**九驿：**极言路远。驿，汉制三十里为一驿。

㉗**同泰寺：**梁武帝大通元年（公元五二七年）建于城北掖门外。武帝曾在此寺四次舍身，多次在此寺讲法。

㉘**制义：**制，帝王敕令。此指武帝的讲疏。

㉙**龙像：**佛门中修行勇猛有最大力者。亦以名高僧。

㉚**泻瓶：**谓传法无遗漏，如瓶水倾泻。

㉛**法隆：**生平不详。

㉜**八禅：**静心息虑、冥想妙理为禅定。佛教认为世俗之人难以达到禅定境界。禅与定分属于色界、无色界范畴，而各分四等，即四禅四定。

㉝**放光：**佛教祥瑞之一。佛讲经前放光明震动大地。

㉞**信鼓：**钟磬之音，向众人预告法事。

㉟**郁多：**似即优多罗，比丘名，常离开人群在冢间思味法乐，而有“冢间第一”之称。

㊱**波仑：**菩萨名，为求《般若经》曾啼哭七日七夜。

㊲**剜体供养：**《佛祖统纪》卷三十三：“佛言，我昔于阎浮提作国王，剜身出肉，深如大钱，以苏油灌中，作千灯炷，语婆罗门，请说经法，求无上道。”

㊳**析骨书写：**“析”当为折。释迦为菩萨时，曾在波罗奈国，一心求道，自剥身皮为纸，折骨为笔，以血和墨，听受书写婆罗门所诵颂偈。

## 译文

华林园自东晋以来近二百年一直是皇宫中供游乐宴集的地方。适逢朝代变换，君主多奢侈，园中舞殿钟楼可与阿房宫媲美，酒池肉林亦不亚于殷都朝歌。自从皇上登基立国，摒弃音乐女色，将宫中美女全部放回，任其嫁娶，开放园林，与百姓同游同乐。从华林园的兴衰变化，皇上更悟出了一切事物都如亭台楼阁和合而成，不可能永恒常在的道理，以为只有依靠佛、菩萨的智慧和神力，才能使其永固。于是召集僧侣，将这后宫园林改为庄严的传法讲道的场所。如今的华林园，清幽肃静的殿宇掩映在山石叠翠之中，巍峨的亭台楼阁高临于红墙之上；宽广明亮，有超过印度的庵罗树园之处；置身园中则身心安乐，与忉利天帝释的欢喜之园也没什么差别。

时至暮春，万物舒荣，风和日暖，不寒不暑。瑞花宝树，层层环绕，金玉之池，水波荡漾。园门大开，僧众云集，移席就位，喧腾热闹，钟鼓一响，全场寂静。皇太子萧纲聪颖可与悉达太子相匹敌，德行则不让菩提达摩，舍弃皇宫的欢娱，引纳高僧问道讲法。宣城郡王萧大器及皇室其他王侯宗亲等，亦潜心修行，清心寡欲，着僧服就列。朝中大臣，冠带整齐，登门听讲，济济成群。不一会儿皇帝驾到，侍卫在前清道，仪仗缓缓移动，梵音悦耳，香烟缭绕，皇上身披袈裟，登上讲法高座，语义流转清畅，语音美妙动听。四面八方的听众悉心听讲，各有所得，深奥难懂之理一变而浅近易接受，以往反复论辩，为人熟知的问题，如今听起来也令人有新鲜之感。听众中有饱学之士、德高僧人，专攻佛教的法数问题，而对佛经原典反不甚了了，以蠡测海，大胆发问。于是皇上略展慧思，除其疑惑，指明正理，众僧心中各种疑难，莫不涣然冰释，对皇上则欣然致礼，表示臣服，就像莲花渐开，月亮由亏而盈。

在众多的听众中，自皇太子、王侯、宗室、外戚及尚书令何敬容、公卿大臣、北魏使臣崔长谦、阳休之等，即有一千三百六十人，其中使臣等多是出于钦仰本朝以佛教施化的盛名，才不远万里前来求经问学的。在皇上讲经的同时，又别请一千名擅长经义之学的僧人，每晚在同泰寺整理、缮写皇帝所讲的内容。这些僧人亦多有修行，颇富才智，记诵、传写皇帝经疏能做到迅速而毫无遗漏。

释法隆已年近百岁，对佛教经典莫不淹通，对禅定之学尤有研究，讲说佛法，在西北关塞地区享有盛名。听说梁朝有人要讲《摩诃般若经》，便不辞劳苦，远道而至。当时僧正慧令尚没有开始讲《般若经》，僧俗之人也都不知道皇上要讲此经，然开讲的时候，却又有许多外国僧侣前来听讲。由此可见，皇帝讲法之前，必有光芒四射，地神传告，以为征兆，并不一定需要使者去通报才有响应的。

会稽鄮县阿育王寺释法显，刻苦修行，立志要对佛经真正有所理解，在听讲处所自陈宏愿，并刺血洒地，以表诚心，实可与离群苦思的优多罗比丘和啼哭七昼夜以求《般若经》的波仑相比，令人不能不相信昔日许多为求佛法，不惜生命的动人传说。

## 原典

凡讲二十三日，自开讲迄于解座，日设遍供，普施京师。文武侍卫，并加班赉。上光宅[①]天下四十余年，躬务俭约，体安菲素，常御小殿，裁庇风雨，所居幄座，仅于容膝。外绝三驱之礼[②]，内屏千钟之宴。膳夫所掌，岁撤万金；掖庭之费，年减巨亿。兼以博收地利，同入珍于挠海[③]；盈息泉府[④]，譬无尽于龙金[⑤]。故能不劳人力，无损国度，财法兼施，周流不竭。

是讲也，灵异杂沓，不可思议。一则宫中佛像，悉放光明。二则大地震动，备诸踊没。三则夜必澍雨，朝则晴霁，淑气妍华，埃尘不起。四则犍椎既鸣，讲筵将合，重肩结毂，填溢四门，而人马调和，不相惊扰。五则所施法席，止坐万人，而恒沙大众，更无迫迮。六则四部旷远，咸闻妙说，轩槛之外，听受益明。七则净供遍设，厨匪宿办，妙食应时，百味盈溢。八则氛氲异香，从风满触。九则铿锵雅乐，自然发响。十则同声赞善，遍于虚空。斯盖先佛证见，诸天应感，超踊宝于昔灵，迈雨华于往瑞。是时率土藻抃⑥，含灵庆悦，愿预福田⑦，争事喜舍，上皆区其心迹，为发大愿。

窃以一句⑧奉持，尚生众善；二字⑨经耳，犹阶胜报，况广运大乘，遍扬正法，等发慧根，同趣妙果。方当秘诸宝函，传彼金字，亘万劫以光明，弥大千而利益。盛矣哉！信无德而称也。小臣预在讲筵，职参史载，谨录时事，以立今序。

## 注释

①**光宅**：犹言普遍安定。语出《尚书》。

②**三驱之礼**：祭祀、宾客和充君之庖三事。

③**挠海**：未详。或有误。

④**泉府**：古官名，管国家税收、收购等。见《周礼·地官·泉府》。

⑤**龙金**：佛经故事。讲某商人救一龙女，龙女以八瓶金相报答，截取后可以再生，用之不尽。

⑥**藻抃**：欢欣鼓舞。

⑦**福田**：行善可得福报，犹如种田有收获，故称。

⑧**一句**：以一句话表达一个义理。

⑨**二字**：文字、语义完整的和不完整的。

## 译文

这次讲经共计二十三天，自开始至结束，每天在京城四处设置饮食，普施百姓，文武百官，皆有赏赐。皇上自登基至今四十余年，厉行节约，布衣素食，日常处理政事的小殿，极为简朴，所住的居室，也十分狭小。在外不行祭祀、应酬之类的礼节，在内不设豪华盛大的宴席，饮食用度，每年节约甚巨。加之地产丰饶，税收增盈，可谓取之不尽，用之不竭。因此，尽管奉法普施，然对国家的正常开支却并没有损害。治国奉佛，两不相碍，周转流通，永不枯竭。

皇帝这次讲经，感天动地，灵异甚多，简直令人不敢想象。讲经期间，宫中佛像，皆放光明；大地震动，山河欢跃；夜晚下雨，早晨转晴，空气清新，埃尘不起；听众摩肩接踵，车马填塞街市，却彼此不相纷扰；所预备的座位不过万人，而实到人数逾万，并不感到拥挤；众僧侣不论远近，皆来听讲，即坐在会场之外，也听得十分清楚；洁净的饮食随处供应，虽不是预先准备的，却能备办及时，味道鲜美；异香满城，随风飘荡；音乐优雅，悦耳动听；赞善礼佛，声彻天空，这一切都是由于皇上真正悟知佛理，感动了上天，因而才使各种祥瑞、珍异大大超过了昔人。此时，全国上下，欢腾雀跃，喜悦庆贺，人人争相行善，乐施财宝，皇上则体察民情民心，一一为其许下心愿。

既然奉守一句佛经尚能引发许多善事，懂得一星半点佛理亦有十分好处，那么，皇上广泛传播、大力弘扬大乘佛法，使众生心中蕴含的佛性得到激发，同成正果，也就理所当然地应该把皇上的讲疏记录下来，而这些讲疏也必能传之万世，有益世人。这真是千载难逢的盛事！臣有幸聆听皇上说法，又任职史馆，谨述皇帝讲《般若经》事如上。

# 解二谛义令旨

梁·萧统

## 原典

二谛理实深玄，自非虚怀，无以通其弘远。明道之方，其由非一，举要论之，不出智、境[①]。或时以境明义，或时以智显行。至于二谛，即是就境明义。若迷其方，三有[②]不绝；若达其致，万累斯遣。

所言二谛者，一是真谛，二名俗谛。真谛亦名第一义谛，俗谛亦名世谛。真谛俗谛，以定体立名；第一义谛、世谛，以褒贬立目。若以次第言说，应云一真谛，二俗谛。一与二合，数则为三，非直数过于二，亦名有前后，于义非便。真既不因俗而有，俗亦不由真而生，正可得言一真一俗。真者是实义，即是平等，更无异法能为杂间。俗者即是集义[③]，此法得生，浮伪起作。

第一义者，就无生[④]境中，别立美名。言此法最胜最妙，无能及者。世者，以隔别为义，生灭流动，无有住相[⑤]。《涅槃经》言：出世人所知，名第一义谛；世人所知，名为世谛[⑥]。此即文证褒贬之理。二谛立名，差别不同。真俗世等，以一义说，第一义谛，以二义说，正言此理。德既第一，义亦第一；世既浮伪，更无有义。所以但立世名谛者，以审实为义。真谛审实是真，俗谛审实是俗。

真谛离有离无，俗谛即有即无。即有即无斯是假名⑦，离有离无此为中道。真是中道，以不生为体；俗既假名，以生法为体。

## 解说

本文选自《广弘明集》卷二十一《法义篇》。萧统，字德施（公元五〇一——五三一年），梁武帝萧衍长子，谥昭明，世称昭明太子，博学能文，曾招聚文学之士，编集《文选》三十卷，成为我国现存最早的一部文学总集，在中国古代文学史上有重要影响。原有集，已散佚，后人辑有《昭明太子集》，《梁书》卷八、《南史》卷五十三有传。萧统又是一位虔诚的佛教徒。据《梁书》卷八《昭明太子传》载：萧统曾"于宫内别立慧义殿，专为法集之所，招引名僧，谈论不绝。太子自立二谛、法身义，并有新意"。这里我们便选了他的《解二谛义令旨》和《解法身义令旨》（略去与诸人问答）。

所谓二谛，即真谛和俗谛。谛谓实理，世俗的道理谓俗谛，亦名世谛；佛教的道理称真谛，或第一义谛。

真与俗、世俗与佛教两种对立的认识体系，这是当时大乘空宗各派争论的重要理论问题之一，也是贯穿南北朝而至于初唐的重要问题。因为在佛教徒看来，掌握了二谛的原理，就可身处生死搅扰之中，而神游玄冥解脱之境。

佛以二谛说法在盛行于萧梁之前的《成实论》中已经提出，梁陈以降，大乘中观派的三论（《中论》《百论》《十二门论》）学盛行，对二谛中道的辩论也趋于深入。萧统对二谛的看法，便是梁代具有代表性的观点，虽被历陈隋唐三代的三论宗师吉藏指为成实论师说，实则反映了当时三论学者的主张和认识深度。

## 注释

①**智、境：**萧统答光宅寺法云曰："能知是智，所知是境。"智即破除迷妄、悟达真理的识力，境犹谓理、体，本体的意思。"就境明义"即下文的"以定体立名"。萧统认为有真、俗两种各自独立、并行不悖的道理，境不同义便不同。这是梁代三论学者与隋唐三论宗的根本分别，按三论宗的观点，二谛是教（教化手段）而不是境。

②**三有：**三界。

③**集义**：积聚之义。此语本出《孟子·公孙丑上》："是集义所生者，非义袭而取之也。"

④**无生**：涅槃真理无生灭，故曰无生。观无生之理，可以破生灭之烦恼。与无生相对的是生法，即生灭轮回的俗世事物。萧统答南涧寺慧超谘曰："世人所知，生法为体；出世人所知，不生为体。"

⑤**住相**：四相之一，使事物的体性于现在暂时保持稳定不变。

⑥语出《大般涅槃经》（昙无谶译）卷十三《圣行品》："如出世人之所知者，名第一义谛；世人知者，名为世谛。"

⑦**假名**：诸法因缘和合而成，无真实之体，借假施设之名而有差别，离名则皆无差别，故称假名。

## 译文

"二谛"的理论确实很深奥玄妙，只有开阔胸襟，心无成见，才能真正理解这一理论的博大内涵。理解佛理的途径不一，然最主要的，则无非是"智"与"境"二途。或者通过"境"来了解佛理的含义，或者凭智慧来判定思想意识和行为。至于"二谛"，则可用前一种方法来理解。如果方法不当，便难以摆脱生死轮回的局限；若真正理解了二谛之说，一切烦累皆可除去。

所谓二谛，即真、俗二谛，真谛亦称第一义谛，俗谛又称世谛。真谛为佛教的道理，俗谛是世俗的道理，真与俗是以佛理和俗世之理中各自独立的精神本体来划分的，而所谓第一义谛和世谛的名目则是一种有褒贬色彩的说法。如果要分个顺序的话，应说一是真谛，二是俗谛，然二者各自独立，并行不悖，不一定要加以褒贬。真谛既不是因俗谛才存在的，俗谛也不是由真谛而产生的，只可说一是真谛，一是俗谛。“真”是指事物的真实相状，体性平等，于一切事物皆无高下深浅之别，因而也不会掺杂其他事理的成分。“俗”是说俗世之理由积聚而成，也就难免有虚浮、不真实的成分在内。

说真谛是第一义，是就佛教的最高精神境界，即无生无灭的涅槃境界而言的，所以说此理最好最妙，无以伦比。世是说世俗之理彼此间有差异、有隔阂，有生灭变动，不能融通、不能持久、不稳定。《大般涅槃经·圣行品》上说，超出世间，入于涅槃的人所知的道理，为第一义谛；世人所讲的道理，称为世谛。这就是真、俗之谛有高下之分的根据吧！从二谛的定名来看，真、俗是有差别的，然真与俗又是两个相互平行的世界。若以出世入世只有一种无生灭的境界，只有一个真理而论，真谛是第一义谛，俗世既然浮伪，也就无真理可言；若以出世间与世间为两个世界，各有各的道理而论，说真俗二谛相互平等也是对的。所以，对真、俗二谛的判定，主要是考察其理的真实性和永恒性。佛教的道理真实、博大、永恒，世俗的道理虚浮、局限、不稳固。

真谛既超越了俗世万物的实有，又并非绝对的、空无一物的无，非有非无，因而是独立、真实、不偏不二的中道；俗谛拘限于有，而这种“有”不过是因缘和合而成，并无独立的实自体，因而又皆属缥缈虚无之物，亦有亦无，所以也就是虚假之名。真谛既是中道，则以不生不灭、常住永恒的涅槃境界为精神本体，俗谛既是假名，也就以生生灭灭、流动轮回的世俗之理为体了。

## 解法身义令旨

梁·萧统

### 原典

法身虚寂，远离有无之境，独脱因果之外，不可以智知，不可以识识，岂是称谓所能论辩！将欲显理，不容默然，故随从言说，致有法身之称。天竺云达摩舍利，此土谓之法身。若以当体[1]，则是自性之目；若以言说，则是相待立名。法者，轨则为旨；身者，有体之义。轨则之体，故曰法身。

略就言说，粗陈其体，是常住[2]身，是金刚身[3]。重加研核，其则不尔。若定是金刚，即为名相[4]；定是常住，便成方所[5]。所谓常住，本是寄名；称曰金刚，本是譬说。及谈实体，则性同无生，故云佛身无为[6]，不堕诸法。

故《涅槃经》说：“如来之身，非身是身，无量无边，无有足迹，无知无形，毕竟清净。”[7]无知清净而不可为无，称曰妙有[8]而复非有。离无离有，所谓法身。

## 解说

本文选自《广弘明集》卷二十一《法义篇》。法身也是南朝大乘佛教空宗各派争论的理论问题之一。何谓法身，大乘各派的理解是有不同的。一般认为，法身是一种无来无去、无形无相、不可思议、不可名状的永恒普遍的精神存在，与涅槃、真如、法性等相似。萧统即持此看法。

## 注释

①**当体**：犹本体。《大乘义章》卷二：“言虚空者，当体立目。”

②**常住**：无生灭变迁。

③**金刚身**：金刚不坏之身，谓以金刚之坚固比喻如来法身之不坏。

④**名相**：一切事物的名称、相状。佛教认为名相是虚假的。

⑤**方所**：方角与处所。

⑥**无为**：无生、住、异、灭四相，是真理之异名。

⑦语出《大般涅槃经》(刘宋释慧严等译)卷三："如来之身，非身是身，不生不灭，不习不修，无量无边，无有足迹，无知无形，毕竟清净。"

⑧**妙有**：非有之有，相对于非空之空的真空而言。

## 译文

法身寂静虚空、无形无碍，远离有无之境，摆脱因缘果报，不是凭智慧就可以理解的，也不是凭识力就能判别的，更不用说言辞论辩了。然而要让人明白佛理，完全沉默不言当然不行，于是以言辞说法，才有了"法身"的名称。法身，印度称达摩舍利，中国叫法身。若就法身的本体的实质来说，它自有独立不迁的体性，不可言状；若依照对法身的言说去理解，则它反倒成了有所待、有所凭借的名相了。法是法则的意思，身是体的意思，法身即法则所依止的体。

若略就对法身的解释看，身是无生无灭的金刚不坏之身，然细加探究，这种解释又不尽妥当。如果真是金刚之身，那就成了具体而虚假不实的名相（金刚石）了；如果真得无生灭变迁，反倒成了方角与处所。因为所谓常住，本是依托、暂借之名；称为金刚，亦不过是比喻之辞。若就法身之作为本体来说，其性质等同于无生无灭的涅槃真理，所以说佛身无生、住、异、灭，不为具体事物所拘限。

《大般涅槃经·金刚身品》上说："如来之身，并非具体实在的身，此身不可计量，没有边涯，无迹可寻，又寂静不动，绝无分别，不可言状。总之，是完全摆脱恶行过失，完全脱离了烦累污染的清净之身。"寂静不动，没有分别，没有烦累，不等于虚空无物；称为妙有（永恒的精神存在）并不就等于实有。非有非无，离有离无，这就是法身。

## 内典碑铭集林序

梁·萧绎

### 原典

夫法性空寂，心行处断[1]，感而遂通，随方引接，故鹊园[②]善诱，马苑[③]弘宣；白林[④]将谢，青树[⑤]已列，是宣金牒[⑥]，方寄银身[⑦]。自像教[⑧]东流，化行南国，吴主至诚，历七霄而光曜[⑨]；晋王画像，经五帝而弥新[⑩]。

次道[⑪]、孝伯[⑫]、嘉宾[⑬]、玄度[⑭]斯数子者，亦一代名人，或修理止于伽蓝，或归心尽于谈论，铭颂所称，兴公[⑮]而已。夫披文相质，博约温润[⑯]，吾闻斯语，未见其人。班固硕学，尚云赞颂相似[⑰]；陆机钩深，犹闻碑赋如一[⑱]。唯伯喈作铭，林宗无愧[⑲]；德祖能诵[⑳]，元常善书[㉑]，一时之盛，莫得系踵。况般若玄渊，真如妙密，触言成累，系境非真，金石何书？铭颂谁阐？然建塔纪功，招提[㉒]立寺，或兴造有由，或誓愿所记，故镌之玄石，传诸不朽。亦有息心应供[㉓]，是曰桑门，或谓智囊[㉔]，或称印手[㉕]，高座擅名，预师尹之席；道林[㉖]见重，陪飞龙[㉗]之座。峨眉、庐阜之贤[㉘]，邺中、宛邓之哲[㉙]，昭载史册，可得而详。故碑文之兴，斯焉尚矣。

夫世代亟改，论文之理非一；时事推移，属词之体或异。但繁则伤弱，率则恨省；存华则失体，从实则无味。或引事虽博，其意犹同；或新意虽奇，无所倚约；或首尾伦帖[㉚]，事似牵课；或翻复博涉，体制不工。能使艳而不华，质而不野，博而不繁，省而不率，文而有质，约而能润，事随意转，理逐言深，所谓菁华，无以间也。

予幼好雕虫[31]，长而弥笃，游心释典，寓目词林，顷常搜聚，有怀著述。譬诸法海，无让波澜；亦等须弥，归同一色[32]。故不择高卑，唯能是与，倘未详悉，随而足之，名为《内典碑铭集林》，合三十卷，庶将来君子或裨观见焉。

## 解说

本篇选自《广弘明集》卷二十《法义篇》。《内典碑铭集林》，是碑铭文的选集，内容主要为僧徒传记，亦涉及佛教典籍的译介、注疏，寺塔兴废及其他佛事，可谓当日佛教史料宝藏，惜今已佚。梁元帝萧绎（公元五〇八—五五四年），武帝第七子，萧纲之弟，字世诚，自号金楼子。天监十三年封湘东王。历仕会稽太守、江州刺史等。侯景乱，简文帝萧纲死。公元五五二年侯景灭，绎即位于江陵，在位不到三年，为岳阳王萧察引魏兵所杀。

绎聪颖多才，博学有高名，于佛典《法华经》《成实论》讲论阐扬，尤为精通。又擅诗文，著《金楼子》十卷（至明逐渐散佚，清修《四库全书》时从《永乐大典》中辑成六卷）。明张溥辑《汉魏六朝百三家集》有《梁元帝集》一卷。其《金楼子·立言》等篇，是南朝后期从理论上辨析文章体制的重要文献。此序虽旨在论碑铭，然其文质并重的论文主张是具有普遍意义的。

## 注释

①**心行处断：**心行处灭、言语道断，不可心思，不可言说的意思。谓佛理之极致，与法性、真如等，都是佛教最高的精神本体。心行，心念。

②**鹊园：**据丁福保谓，似为阿育王鸡雀寺，一称雀园，即竹林。阿育王是古印度国王，是一位崇信佛教，建寺塔，招僧众，大力弘扬佛教的人物。

③**马苑：**汉洛阳白马寺，明帝时摄摩腾、竺法兰自西域以白马驮经至此，因建白马寺，为中国最早的寺院。

④**白林：**白鹤林，娑罗树林，传说佛涅槃时，此树变白如鹤。

⑤**青树：**似即青林。西天祖师商诺迦缚娑说法之处。商诺迦缚娑是阿难（佛十大弟子之一）弟子，受阿难之命传布佛教于中国。

⑥**金牒：**佛教经籍的尊称。

⑦**银身：**似指佛身，同金身。

⑧**像教：**佛教。释迦牟尼佛涅槃后，诸弟子想慕不已，刻木为佛，以形象教人，故称。

⑨**吴主至诚，历七霄而光曜：**吴主孙权赤乌十年（公元二四七年），康僧会初到建业宣扬佛法，孙权始不信，僧会拿出舍利，五色照殿，辉映九天，臣主惊叹，于是立寺塔。

⑩**晋王画像，经五帝而弥新：**东晋明帝崇佛，且擅佛画，曾在宫城乐贤堂中画佛像，传说历五朝仍存。

⑪**次道：**东晋何充，字次道，庐江人，信佛能文，与支遁等名僧多有交往。累迁会稽内史、侍中、骠骑将军、扬州刺史。

⑫**孝伯：**王恭，字孝伯，太原人。清廉贵峻，志存格正，历丹阳尹、中书令、青衮二州刺史。

⑬**嘉宾：**郗超（公元三三六—三七八年），东晋人，字景兴，一字嘉宾，高平人，少而卓荦不羁，有旷世之度，累迁中书郎、司徒、左长史，精于义理，与支遁等皆一时之俊。

⑭**玄度：**此谓许询。询，字玄度，高阳人，自幼聪慧，风神散朗，官辟不就，有文才，擅老庄，与支遁等谈玄说道，为一时名士。

⑮**兴公：**孙绰，字兴公，晋太原中都（今平遥西南）人，少慕老庄之道，官至廷尉卿。曾著《喻道论》等，主张调和儒释。又以文才著称，为晋玄言诗代表作家，其《游天台山赋》亦有名。《晋书》有传。

⑯**披文相质，博约温润**：语出陆机《文赋》，言碑本以记功德，立言必与其人相称。铭则要做到事博文约。

⑰**班固硕学，尚云赞颂相似**：班固（公元三二—九二年），字孟坚，扶风安陵（今陕西省咸阳市东北）人。东汉史学家、文学家。由兰台令史官至中护军，著《汉书》百卷。《后汉书》附《班彪传》。赞颂，是两种近似的文体，都以赞美歌颂为主。刘勰《文心雕龙》：“赞之义兼美恶，亦犹颂之变耳。”又云：“赞之为体，促而不旷，结言于四字之句，盘桓乎数韵之辞，其颂家之细条乎？”然班固之言，未详所出。

⑱**陆机钩深，犹闻碑赋如一**：陆机（公元二六一—三〇三年），字士衡，吴郡吴县华亭（今上海市松江区）人，著名文学家，吴大司马陆抗之子。吴亡入晋，官至平原内史，有集四十七卷。《晋书》卷五十四有传。碑赋如一，碑是一种刻在碑碣上的志传类文体；赋则是一种以铺陈夸张为主，讲究文采声韵的文体。陆机《文赋》中对各种文体有详细的界说，可谓“钩深”。从赋的铺张和碑文的夸美功德看，二者有相似之处，然陆机之言“碑赋如一”，则未详所出。

⑲**伯喈作铭，林宗无愧**：蔡邕（公元一三三—一九二年），字伯喈，东汉文学家、书法家，陈留圉（河南杞县）人。灵帝时官至中郎将。长于碑记，工整典雅，

多用偶句，为时人所重。有《蔡中郎集》，今人有辑本。《后汉书》有传。林宗，郭泰（公元一二八——一六九年），字林宗，东汉太原人。东汉末太学生首领，不就官府，后归乡里，党锢祸起，遂闭门教授，学生数千人。林宗无愧，《后汉书》卷六十八《郭泰传》载，郭卒，蔡邕为撰碑文，“既而谓涿郡卢植曰：‘吾为碑铭多矣，皆有惭德，唯郭有道，无愧色尔’”。郭尝为人举有道，故称。

⑳**德祖能诵**：杨修字德祖，谦恭有才智，与曹植交往甚密，后被曹操所杀。杨修亦能文，刘勰称其“颇怀笔记之工”（《文心雕龙·才略》）。

㉑**元常善书**：钟繇字元常，三国魏人，封定陵侯。正书、八分、行书皆擅，亦善刻石，《魏书》有传。

㉒**招提**：四方之意，后为寺院异名。

㉓**应供**：梵语 Arhat，如来十号之一，意谓应受人天之供养。

㉔**智囊**：多智之人。此指吴支谦。《释氏要览》卷中：“吴支谦，字恭明，号智囊。”

㉕**印手**：印手菩萨，晋道安名号。《佛祖通载》卷七：“安左臂有肉，方寸许，隆起如印，时号‘印手菩萨’。”

㉖**道林**：支遁。字道林，东晋高僧（详参前注），出入名流，谈玄说佛，声闻一时，能为其所重，必为卓荦特出之人。

㉗**飞龙：**龙神尊称。

㉘**峨眉、庐阜之贤：**谓栖隐于峨眉山、庐山的高僧。东晋时道安避战乱南下，行至新野，令法汰东至扬州传教，又命法和入蜀，谓蜀山水可以修闲。另据《高僧传》载，慧远之弟慧持欲观瞻峨眉，辞兄入蜀。可见至东晋时，即有名僧先后入山传法，到南朝时，峨眉当已为西南佛教发展的中心。庐阜之贤，显指慧远、慧永诸名僧，已屡见前注。

㉙**邺中、宛邓之哲：**邺中之哲，指自后赵起在邺弘扬佛法的高僧佛图澄及其弟子道安、法雅、法汰等。至于宛邓之哲，今已难详。汤用彤先生在《汉魏两晋南北朝佛教史》第十五章中，谈及佛教史料的保存，即曾慨叹萧绎所云“峨嵋、宛邓，吾人即不知其果何所指。惜哉！”。此只好暂付阙如。

㉚**伦帖：**有条理、帖伏。

㉛**雕虫：**雕辞琢句，即文辞撰述。扬雄《法言·吾子》：“或问：‘吾子少而好赋？’曰：‘然，童子雕虫篆刻。’俄而曰：‘壮夫不为也。’”

㉜**一色：**细微之意。

## 译文

法性虚空、静寂，不可言说，不可思量，人通过感知佛理而悟道，佛则因人因地而引导人悟理成佛。所以，古印度阿育王建寺立塔，招徕僧众，讲法传道，摄摩腾、竺法兰自西域以白马驮经至洛阳，汉明帝为建寺弘法；如来虽已涅槃，佛法却已在中国广泛传播。三国吴主孙权赤乌十年（公元二四七年），康僧会初至建业，宣扬佛法，孙权开始不信，僧会拿出舍利，色彩缤纷，光耀天地，主臣惊叹，于是始建寺立塔。至东晋明帝则不但尊崇佛教，且擅佛画，曾于宫城外乐贤堂画佛像，此像历经五朝仍光彩照人，完好如新。

自佛教传入江南以来，像何充、王恭、郗超和许询等，亦可谓一代名人，他们有的称赞佛教美善有条理，有的诚心皈依佛教，论佛谈玄，然以碑铭之文著称的，则只有孙绰一人。披览碑铭之文，言辞与文义应与其人其事相称，应当丰富而简约、温和而柔润。陆机这话说得很对，然而要做到却不容易。班固学问很渊博，尚且说赞、颂之文相似，难以细分；陆机对文章深有研究，亦认为碑、赋这两种文体颇多相同之处。唯有蔡邕为郭泰撰写碑文，自认为文与其人相符，无有愧色。杨修能文，钟繇擅书，当时都享有盛名，后人难以追步。

何况般若之学玄妙渊深，佛教至理奥妙难测，用言辞解说即嫌累赘，以实境拟况更失其真，怎么可以载于铭颂之文，刻于金石之上呢？然各地建塔立寺，通过撰文勒石以记其功德，述其兴造寺塔的缘由，或兴造者美好的愿望，从而流芳百世，传之不朽。也有像三国吴支谦或晋释道安这样为朝野所重，堪与支道林比美的高僧、名僧，如庐山、峨眉山的慧远等名僧，河北临漳，河南宛县、邓县的佛门贤哲，其德行业绩，有必要以碑铭的形式详细记载下来，传诵下去。所以，碑铭的兴盛仍自有它的道理。

随着时代的变化，论文的标准会有差异，文章所反映的社会生活不同，所运用的文章体裁也不会一致，但作文论文的一些最基本的原则却不应改变。即：文辞繁缛则伤于委弱，文辞率易则又会失于粗简；辞藻太华丽会掩盖住文体本身的特征，文章过于质实则显得淡然无味。有的文章用典虽多，但其意思却近于相同；有的文章虽用意新奇然而却无所凭依，不可为据；有的文章引经据典，按部就班，太拘谨牵强；有的文章旁征博引，反显得不够精练工巧。如果为文能做到丰艳而不浮华，质实而不朴野，广博而不繁缛，省净而不率易，既有文采又内容充实，既简约而又温润，用典妥帖自然，结构层次清晰，这才堪称文章精华，无可挑剔。

我自幼喜好文章，随着年龄的增长，这种喜好有增无减。同时自己又喜读佛典，日常对与释教有关的各类文章尤其是碑铭之文留心搜求，希望能编纂结集。就像法海浩瀚却并不嫌弃细流，须弥山虽高亦不拒绝微尘一样。我的这种编集撰述也是不分作者与碑主地位高低，以文章定去取，有不详备不清楚的地方，随文加以补充说明，定名为《内典碑铭集林》，共三十卷，希望对后世读者有所裨益。此为缘起。

## 三藏圣教序

唐·李世民

### 原典

盖闻二仪[①]有像，显覆载[②]以含生；四时无形，潜寒暑以化物。是以窥天鉴地，庸愚皆识其端；明阴洞阳，贤哲罕穷其数。然而天地包乎阴阳，而易识者，以其有像也；阴阳处乎天地，而难穷者，以其无形也。故知像显可征，虽愚不惑；形潜莫睹，在智犹迷。

况乎佛道崇虚，乘幽控寂，弘济万品，典御十方；举威灵而无上，抑神力而无下，大之则弥于宇宙，细之则摄于毫厘。无灭无生，历千劫而不古；若隐若显，运百福而长今；妙道凝玄，遵之莫知其际；法流湛寂，挹之莫测其源。故知蠢蠢凡愚，区区庸鄙，投其旨趣，能无疑惑者哉？

然则大教之兴，基于西土，腾汉庭而皎梦，照东域而流慈[③]。昔者分形分迹之时，言未驰而成化；当常现常之世，民仰德而知尊。及乎晦影归真，迁仪越世，金容掩色，不镜三千之光；丽象开图，空端四八之相[④]。于是微言广被，拯含类[⑤]于三途[⑥]；遗训遐宣，导群生于十地。然而真教难仰，莫能一其指归；曲学易遵，邪正于焉纷纠。所以空有之论，或习俗而是非；大小之乘，乍沿时而隆替。

## 解说

本文是唐太宗李世民为玄奘所译《瑜伽师地论》作的序。唐太宗为治以儒家思想为主，对佛教并不重视，甚而往往先道后佛。然晚年则似乎稍信佛教。这篇序文就是太宗晚年所写。文选自《广弘明集》卷二十二《法义篇》。

玄奘（公元六〇二—六六四年），俗姓陈，河南偃师人。十三岁出家，二十九岁赴印度取经，行程五万余里，历时十七年。唐太宗贞观十九年返回长安，谒见太宗，太宗重其才，劝其还俗不成，令其撰《大唐西域记》，并提供条件，使居弘福寺译经。贞观二十二年，译出《菩萨藏》等经后，玄奘请太宗为所译佛教经典作序，太宗因撰此文，并命有司缮写玄奘所译经论，颁赐全国各地。

三藏，本指佛教经、律、论，后把通晓三藏的高僧称为三藏法师，简称三藏，玄奘即世称唐三藏。太宗此文谓佛法深奥玄妙，异说纷纭，玄奘为弘扬佛法，嘉惠后学，历尽千难万险，西行取经，功绩昭著，其所译经典也必将永久流传。

## 注释

①**二仪**：天地。

②**覆载**：天覆地载，谓庇养包容。《礼·中庸》："天之所覆，地之所载。"

③**腾汉庭而皎梦，照东域而流慈**：汉明帝永平十年梦金人飞临殿庭，于是令人译经、建寺。一般认为这是佛教传入中国之始。参《牟子理惑论》。

④**四八之相**：佛之三十二种庄严美好相貌。

⑤**含类**：又作含识、含灵，即指含有心识之有情众生，指一切生物。

⑥**三途**：地狱、饿鬼、畜生三恶道。因做坏事堕入

恶道受各种苦难的地方。

## 译文

天地是有形的，春夏秋冬四时则是无形的。正因为天地有形，所以天覆地载、四时阴阳、生命万物孕育化生于其中的道理，虽是愚人亦能懂得；而由于阴阳四时无形，所以阴阳变化、寒暑交替，虽都发生在天地之中，却难以令人明白此中的道理。由此可见，形象显明，可资征询，即使是愚人也不会不明白；相反，没有形状可察，即使是聪明人也会被迷惑。

佛教崇尚虚空、静寂、深邃的佛理，并以此教化四方，拯救万物；这种佛理的威德、神力上通下达，无以伦比，大可以充满整个宇宙，小则可以蕴含于毫厘之中。它无灭无生，若隐若显，自古而今，永恒存在；它玄远神妙，令人叹为观止，源远流长，又使人不可蠡测。因此，世俗平庸愚昧之人要窥视佛理，岂能不产生疑虑和困惑?

佛教兴起于西方，汉明帝永平十年梦金人飞临殿庭，佛教始传入中国。佛在世之时，形象显明，百姓皆知尊信敬仰，可谓不教而化，然佛既涅槃归真，超凡越世，大千世界便黯然失色，虽有美好庄严的佛像传奉，也已不能和以前相比。于是有佛经广泛传播，以拯救世人，使从苦难之中解脱出来，修行成佛。然而，佛教的真理并不容易认识，各种曲解邪说纷纭杂乱，实难统一，以致会有大乘小乘的兴衰变迁，有空有教派的是非之争。

## 原典

有玄奘法师者，法门之领袖也。幼怀贞敏，早悟三空[①]之心；长契神情，先包四忍[②]之行。松风水月，未足比其清华；仙露明珠，讵能方其朗润？故以智通无累，神测未形，超六尘而迥出，只千古而无对。凝心内镜，悲正法之陵迟[③]；栖虑玄门，慨深文之讹谬。思欲分条析理，广彼前闻；截伪续真，开兹后学。是以翘心[④]净土[⑤]，往游西域，乘危远迈，杖策孤征。

枳雪晨飞，途间失地，惊砂夕起，空外迷天。万里山川，拨烟霞而进影；百重寒暑，蹑霜雨而前踪。

诚重劳轻，求深愿达，周游西宇，十有七年，穷历道邦，询求正教。双林[⑥]八水[⑦]，味道餐风；鹿苑[⑧]鹫峰，瞻奇仰异。承至言于先圣，受真教于上贤，探赜[⑨]妙门，精穷奥业。一乘五律[⑩]之道，驰骤于心田；八藏三箧[⑪]之文，波涛于口海。

爰自所历之国，总将三藏要文，凡六百五十七部，译布中夏，宣扬圣业。引慈云于西极，注法雨于东陲，圣教缺而复全，苍生罪而还福。湿火宅之干焰，共拔迷途；朗爱水之昏波，同臻彼岸。是知恶因业坠，善以缘升；升坠之端，唯人所托。譬夫桂生高岭，云露方得泫其华；莲出渌波，飞尘不能污其叶。非莲性自洁，而桂质本贞，良由所附者高，则微物不能累；所凭者净，则浊类不能沾。夫以卉木无知，犹资善而成善；况乎人伦有识，不缘庆而求庆？方冀兹经流施，将日月而无穷；斯福遐敷，与乾坤而永大。

## 注释

①**三空**：空理，包括空、无相、无愿。

②**四忍**：四种摆脱罪恶之行的修行之法。

③**陵迟**：衰落。

④**翘心**：悬想。

⑤**净土**：佛教所谓西方庄严、清净的极乐世界。

⑥**双林**：娑罗双树林，是佛涅槃之处。

⑦**八水**：印度的八大河流。

⑧**鹿苑**：鹿野苑，在中天竺波罗奈国。佛成道后，始来此说四谛之法。

⑨**探赜：**探索幽深的道理。赜，幽深。

⑩**一乘五律：**一乘，成佛唯一之教法。五律，五部律藏。

⑪**八藏三箧：**八部法藏。三箧即三藏，此指菩萨藏、独觉藏、声闻藏。

## 译文

佛门高僧玄奘法师，自幼聪敏，禀性坚强，已有向佛悟理的心愿；年龄既长，安忍修行，更是与佛的意旨暗相契合。松风水月，不足以与他高洁华美的风姿相比；仙露明珠，又岂能比得上他人格的温润和光彩？他富有智慧，通晓佛理，摆脱烦累，超凡越俗，可谓千古无双。他凝心思考，为佛教正法的衰落感到悲哀；虑及佛门，深慨佛经的被歪曲和误解，因而准备远征西方佛国，进一步扩人见闻，深考细研，译介注解佛典，去伪存真，启迪后学，于是开始了艰苦卓绝的西天取经的旅程。

征途之上，晨飞积雪，暮起黄沙，前行无路，苍天茫茫。然而万里山川，云阻雾障，挡不住他前进的身影；寒去暑来，霜雪风雨，他艰难跋涉的脚步始终没有停止。心诚不畏劳苦，志坚愿望定能实现。

玄奘法师历尽千难万险，终于抵达佛国印度，并在那里周游问学，询求真正的佛法教义，前后长达十七年之久。在佛涅槃的双树之林，在佛讲法的鹿苑、鹫峰，在佛国的山山水水之间，玄奘瞻仰圣迹，闻知灵异，如饥似渴地钻研佛理，对成佛至圣的各种佛教经典，他无不记诵于口，烂熟于心，深得佛学之真传。

现在，自西域归来的玄奘法师，准备把自己取回的佛教经籍，计六百五十七部，全部译介出来，使佛的慈悲之云覆盖中国，使佛法的甘霖洒遍东土，使佛教缺而复全，得以阐扬，使黎民百姓由罪而福、得到拯救，从此跳出烦恼的火坑，游出欲望的浊流，迷途知返，同登极乐世界的彼岸。由此可知，人的堕落还是向上，关键在于其行善还是作恶，在于其所依托、凭借的是善还是恶。就像桂树生于高山之上，才能充分获得阳光雨露的哺育；莲花自清波中长出，方能不受尘埃的污染，这并不都是由于莲花本性高洁，桂树自身坚贞，而是它们附着于高山，凭依着绿水，不为污浊的尘土沾染的缘故。花木无知，尚且暗合质善成善的道理；人伦有识，为什么不懂得去因善求善呢？希望玄奘法师所译的佛经能够广为传播，永久流传。

# 5　僧行篇

## 龙光寺竺道生法师诔序

南朝宋·释慧琳

### 原典

元嘉十一年[①]冬十月庚子，道生法师卒于庐山，呜呼哀哉！善人[②]告尽，追酸者无浅，含理亡灭，如惜者又深。法师本姓魏氏，彭城人也[③]。父广戚县[④]令，幼而奇之，携就法汰法师[⑤]改服从业。天资聪茂，思悟夙挺[⑥]。志学之年[⑦]，便登讲座。于时望道才僧，著名之士，莫不穷辞挫虑，服其精致。鲁连之屈田巴[⑧]，项托之抗孔叟[⑨]，殆不过矣。加以性静而刚烈，气谐而易遵，喜舍以接诱，故物益重焉。

中年游学，广搜异闻。自扬徂秦[⑩]，登庐[⑪]蹑霍[⑫]，罗什大乘之趣[⑬]，提婆小道之要[⑭]，咸畅斯旨，究举其奥。所闻日优，所见逾赜，既而悟曰："象者，理之所假，执象则迷理；教者，化之所因，束教则愚化。"[⑮]

是以征名责实，惑于虚诞，求心应事[⑯]，芒昧格言[⑰]，自胡相传，中华承学，未有能出，斯诚者矣。乃收迷独运，存履遗迹，于是众经云披，群疑冰释，释迦之旨，淡然可寻，珍怪之辞，皆成通论。聃、周之伸名教，秀、弼之领玄心[⑱]，于此为易矣。

物忌光颖[⑲]，人疵贞越，怨结同服，好折群游，遂垂翼敛趾，销影岩穴，遵晦至道，投迹愚公，登舟之迹，有往无归，命尽山麓，悲兴寰畿，呜呼哀哉！

## 解说

本文选自《广弘明集》卷二十三《僧行篇》。竺道生已见前《答王卫军书》注。慧琳，本姓刘，生卒年不详，秦郡秦县人，名僧道渊弟子。少年出家，住建业冶城寺。宋文帝元嘉中参与朝政大事，权势显赫，宾客甚多，时称"黑衣宰相"。慧琳对儒、道、释经典都有研究，并主张调和儒、道、释三教，曾撰《白黑论》(即《均圣论》)，认为儒释道的创始人都是圣人，三者可并行不悖。当时受到许多佛教徒的批评。《高僧传·道渊传》等载其事迹。本文简要地叙述了道生的生平行事，盛赞道生品行、学问，并抒发了对道生的怀念之情。龙光寺，即建业青园寺，晋恭思皇后褚氏所立，在覆舟山下。

## 注释

①**元嘉十一年**：公元四三四年。元嘉，南朝宋文帝年号。

②**善人**：有道德的人。《论语·述而》："善人，吾不得而见之矣！"

③慧皎《高僧传》卷七《竺道生传》作"钜鹿（今河北省平乡）人，寓居彭城"。

④**广戚县**：晋属彭城国。《宋书》作"广武"，属雁门郡。此似以前者为是。

⑤**法汰法师**：竺法汰（公元三二〇—三八七年），东莞（今山东省沂水东北）人。少与道安同学，佛图澄死后，追随道安，避难南行至新野，受道安之嘱到扬州（治所在今南京）传教，住瓦官寺，听法者数千人，为朝廷、士大夫所重，为魏晋般若学六家七宗之一。道生约在此时从法汰出家。

⑥**挺**：特出，突出。

⑦**志学之年：**十五岁时。《论语·为政》："吾十有五而志于学。"

⑧**鲁连之屈田巴：**田巴，战国齐辩士。相传其辩于徂丘，议于稷下，一日服千人。鲁仲连时年十二，以国之将亡，空谈何益责之，此后田巴终生不与人辩。（参见《史记·鲁仲连邹阳列传》）鲁仲连亦战国齐人，高蹈不仕，喜为人排难解纷，曾助赵退秦，助齐攻燕。事见《鲁连子》、《战国策·赵策》卷三、《史记本传》等。

⑨**项托之抗孔叟：**项托即项橐，春秋时人，传说其七岁而为孔子师。见《战国策·秦策》卷五等。

⑩**自扬徂秦：**扬，扬州，南北朝时扬州治所为建业。秦，后秦，国都长安，东晋隆安五年（公元四〇一年）鸠摩罗什至后秦，译经传法。道生等慕名北上受学。

⑪**庐：**庐指庐山，道生太元末年曾至庐山修行达七年，与慧远等共同研习一切有部毗昙学说。

⑫**霍：**霍山，即山西霍县东霍山，属吕梁山脉。佛图澄、道安曾在华北一带传教，道生可能北上游学时至此。

⑬**罗什大乘之趣：**鸠摩罗什，东晋高僧，龟兹（新疆疏勒）人。七岁出家，专习大乘佛学，通东西方语言。在凉州十六七年，又为后秦姚兴迎入长安，译《大品般若》《中论》等经论。其弟子中著名者有道生、僧肇等。

对我国佛教发展有重要影响。

⑭**提婆小道之要：**僧伽提婆，罽宾国僧，善于一切有部之学。苻秦建元中入长安，后渡江至建业、庐山。晋太元中译出《阿毗昙心论》等。（参《高僧传》卷一）

⑮**象者，理之所假，执象则迷理；教者，化之所因，束教则愚化：**此即《高僧传》卷七《道生传》中道生所叹："象以尽意，得意则象忘；言以诠理，入理则言息。自经典东流，译人重阻，多守滞文，鲜见圆义。若忘筌取鱼，始可与言道矣。"皆主张体悟佛经所蕴之义，反对固守经文，束缚于旧说。

⑯**事：**佛经中的事项、教义。

⑰**格言：**有教育意义、可为行为之准则的言辞。此指佛经之文字。

⑱**聃、周之伸名教，秀、弼之领玄心：**魏晋时著名哲学家向秀、王弼以老庄之道家学说解《易》，主张：得意忘象，得象忘言。一扫两汉烦琐经学的思维方法，提出名教出于自然的观点，开创中国哲学一新阶段。

⑲**物忌光颖：**此指道生被当时佛教界摈斥事。原因是道生认为法显所译六卷《泥洹经》的经义不够圆满，主张一阐提（指不信因果报应、断了善根、极坏的人）皆能成佛，而被认为违反教义的邪说。在元嘉五、六年（公元四二八、四二九年），道生被佛教界摈遣出走。初

至苏州虎丘山，后又隐居庐山。不久昙无谶译出四十卷本《大般涅槃经》，果称一阐提也有佛性，正与道生所说相合。于是京中僧人对道生大为佩服，而信涅槃之教说者亦更多。

## 译文

元嘉十一年冬十月庚子，竺道生法师在庐山去世。道生品德高尚，学识渊博，一旦逝去，令人无不深感痛惜。法师本姓魏，徐州人，自幼聪颖。其父曾任广戚县县令，对道生的聪颖十分惊喜，便让他师从法汰法师，出家为僧。道生既天资聪慧，思维敏捷，十五岁便开始登座讲法，解经析义，能言善辩，甚而当时的一些著名的僧人和士大夫，也不能不在他面前感到思虑枯竭，言辞匮乏，从而甘拜下风。说道生的这种聪颖、善辩，可与春秋战国时的神童项橐、辩士鲁仲连相媲美，并非夸张。加之，道生性情静穆而刚烈，又脾气随和，喜奖掖他人，所以声望日益提高。

道生法师中年起开始游学四方，广搜异闻。他自南京至庐山，修行七年，与慧远一起研习僧伽提婆所译《阿毗昙心论》，对小乘佛教一切有部之学深有所悟；又与慧观等人北上长安，入鸠摩罗什大师门下，求学译经，对大乘佛教般若中观学说更多新解；此后道生返回南京，修道讲法，对刚刚传入中国的涅槃佛性学说亦颇得其要。道生所学既多，见解愈深，于是体悟到："佛教的形象和言辞说教，都不过是借以传达佛教义理的工具和形式，是用以感化众生证圣成佛的途径和手段，如果仅仅局限、束缚于形式之中，则反会有碍于悟理，自堕迷途。"

自佛教传入中国，那些循名责实，为虚言所惑及以自己的思想去贴合佛经中的事项、教义，对佛经的一些格言盲目崇信的人，都犯了上述毛病。由此道生断然摒弃一切空洞的言辞和说教，师心独运，以玄学和般若学相结合的思维方法解释佛教经典，各种疑难，涣然冰释；佛学真谛，历然可睹；佛经中的奇说异辞，变得通达平正。道生所倡言的"一阐提"人皆有佛性、顿悟成佛论等新说慧解，使得魏晋玄学家向秀、王弼以老庄道家学说解《易》，对中国哲学发展的新开拓，也似乎黯然失色了。

然而，太卓异突出，易为人所嫉；性格太刚正，亦难为人所容。道生"一阐提"人皆能成佛的主张，被佛教界一些拘守教条的人士指斥为邪说、异端，以致被遣出南京，不得不垂翼敛迹，避祸苏州虎丘山，后又隐居庐山（虽不久四十卷本《大涅槃经》传到南京，经内果然称一阐提人皆有佛性，正与道生新见相合。于是远近僧众无不佩服，道生的学说亦得以广泛传播），数年漂泊，竟有往无归，病逝于庐山寺院的讲座之上！可悲可叹！可悲可叹！

## 答王曼颖书

梁·释慧皎

### 原典

君白：一日以所撰《高僧传》相简，意存箴艾，而来告累纸，更加拂拭[①]。顾惟道借人弘，理由教显，而弘道释教，莫尚高僧[②]。故渐染[③]已来，昭明遗法，殊功异绩，列代而兴，敦厉后生，理宜综缀。

贫道少乏怀书抱箧自课之勤，长慕铅墨隆青扬善之美，故于听览余间，厝心传录，每见一介[④]可称，辄有怀再省。但历寻众记[⑤]，繁约不同，或编列参差，或行事出没，已详别序，兼具来告。所以不量寸管，辄树十科[⑥]，商榷条流，意言[⑦]略举。而笔路苍茫，辞语陋拙，本以自备疏遗，岂宜滥入高听。

檀越[⑧]既学兼孔释，解贯玄儒，抽文缀藻，内外淹劭[⑨]，披览余暇，脱助详阅，故忘鄙俚，用简龙门[⑩]。然事高辞野，久怀多愧，来告吹嘘，更增惭惺[11]。今以所著赞论十科，重以相简，如有纰谬，请备斟酌。释君白。

## 解说

此文见《广弘明集》卷二十四《僧行篇》，又见于《高僧传》卷末。慧皎（公元四九七—五五四年），梁高僧，会稽上虞人，学通儒释，尤擅经律。著有《高僧传》十四卷，又有《涅槃义疏》十卷等。道宣《续高僧传》卷六有传。在慧皎之前和同时代已有多种僧传类著作及其他史传、杂录出现，慧皎在这些著述基础上，撰成分类体僧人传记《高僧传》，较系统详细地记载了从汉明帝永平十年到梁天监十八年四百五十三年间，五百余位僧人或朝臣、名士的生平行事，保存了大量佛教史料，在中国佛教史上占有重要地位。慧皎撰成此书后，曾送与王曼颖征询意见，王曼颖阅后复信皎，赞赏备至（信见《广弘明集》卷二十四）。信中将此前诸书与之对比，称此书为“不刊之鸿笔”，称其“绵亘古今，包括内外，属辞比事，不文不质，谓繁难省，云约岂加”。慧皎答书即给曼颖的复信，信中对《高僧传》撰述的起因、主旨、结构等均有所涉及。

王曼颖，梁太原人，家贫，兼通儒释道，亦能文，为慧皎所重，又与江革为友，陈垣先生谓其“实为梁初之高士”（参《中国佛教史籍概论》卷二）。

## 注释

①**拂拭：** 除去尘垢，引申为器重、提拔。

②**弘道释教，莫尚高僧：** 皎撰《高僧传》的原因之一是不满于时人著作只重其名而忽略其实的现象，因而自定撰写宗旨为“名而不高，本非所记；高而不名，则备今录”（《高僧传序》）。“弘道”两句，明确地讲明自己的撰写思想。

③**渐染：** 佛教传入中国以来。

④**一介：** 一芥，微小之意。

⑤**众记：** 当时各种僧徒史传类书籍。（参汤用彤《慧皎〈高僧传〉所据史料》）

⑥**十科：** 《高僧传》为类传体，分为译经、义解、神异、习禅、明律、遗身、诵经、兴福、经师、唱导十类。每类之后系以评论，即下文所谓“赞论”。

⑦**意言：** 言意，言辞与言辞所要表达的思想内涵。

⑧**檀越：** 施主，此指王曼颖。

⑨**淹劭：** 渊深，美好。

⑩**龙门：** 比喻声望高的人。

⑪**愢懦：**愢墨、腆嘿，羞惭不能言。

## 译文

前日以所撰《高僧传》呈君惠览，希望得到你的批评指教，今来信对拙作备加赞赏，实不敢当。佛法要靠人来弘扬，至理要通过施教才能显明，而弘教明理，非超世绝俗、道德学问高尚的僧人不可。所以，自佛教传入中国以来，弘道传法，对佛教发展做出重要贡献的高僧，代不乏人，为后世树立了楷模，理应把他们的功业和事迹编集成书，以为表彰。

我自己虽缺少自幼抱书苦读的勤奋，然年岁既长却萌发了著书立说、颂扬高德善行之僧的愿望，因而在读书问学之时，对各种传记类书籍尤为留心，哪怕是只言片语，只要值得称道，便都记下来以备检用。在搜寻披览了大量的僧传、杂录之类的史料之后，我感到这些书有的过繁，有的太简，有的编排体例不当，有的则记事颇有出入（详所撰《高僧传序》，来信亦曾谈到这种情况）。因而不自量力，撰为此书，依僧人言行业绩分为十类，以类统传，言与意并重。然辞陋笔拙，撰述不易，本来也不过想撰成此书，以备遗忘，岂敢烦劳你费神翻览。

君儒释兼通，又擅玄学，文笔高妙，学识渊博，令人不觉忘记了自己的俚俗孤陋，冒昧呈上拙作，希望得到指教。拙作虽记高僧之事，然文笔却不免粗疏，自己早有惭愧，不料来信奖誉有加，更增羞愧之情。今再以所撰附于每类之后的论赞十篇呈上，请予指教。

## 东阳金华山栖志

梁·刘孝标

### 原典

夫鸟居山上，层巢[①]木末；鱼潜渊下，窟穴泥沙，岂好异哉？盖性其然也。故有忽白璧而乐垂纶[②]，负玉鼎而要卿相[③]，行藏[④]纷纠，显晦踳驳，无异火炎水流，圆动方息。斯则庙堂之与江海，蓬户之与金闺[⑤]，并然其所然，悦其所悦，乌足毛羽疮痏[⑥]在其间哉。

予生自原野，善畏难狎[⑦]，心骇云台朱屋[⑧]，望绝高盖青组[⑨]，且沾濡雾露[⑩]，弥愿闲逸，每思濯清濑，息椒丘[⑪]，寤寐永怀，其来尚矣。蚓专噬壤[⑫]，民欲天从，爰洎二毛[⑬]，得居岩穴。

所居东阳郡金华山。东阳实会稽西部，是生竹箭，山川秀丽，皋泽坱郁[⑭]。若其群峰叠起，则接汉连霞；乔林布濩，则春青冬绿；回溪映流，则十仞洞底；肤寸[15]云合，必千里雨散。信车荦爽垲[16]，神居奥宅，是以帝鸿游斯铸鼎[17]，雨师[18]寄此乘烟。故涧勒赤松之名[19]，山贻缙云之号。近代江治中奋迅泥滓[20]，上征士[21]高拔风尘。龙盘凤栖，咸萃兹地，良由碧湍素石，可致幽人[22]者哉。

## 解说

本文选自《广弘明集》卷二十四《僧行篇》。刘峻（公元四六二—五二一年），字孝标，以字行，平原（今山东省平原县）人，梁著名学者和文学家。家贫，好学，博通经籍。齐明帝时为豫州府刑狱。梁武帝时为典校秘书、荆州户曹参军。孝标为人率性而行，不随波逐流，故一直沉沦下僚，颇不得志。年五十弃官隐居东阳（今浙江省金华市）金华山，授徒讲学，直到去世。《梁书》有传。

刘孝标曾为《世说新语》作注，博综群书，随文施注，向为后世所重。其文明张溥辑为一卷，又有今人罗国威校注本。文章描绘了金华山优美秀丽的山川风景和丰富的物产，抒发了作者仕途不偶，志欲遗世高蹈的情思。《梁书·刘峻传》称此文“甚美”，是不错的。

## 注释

①**层巢：**筑巢高处。

②**忽白璧而乐垂纶：**不屑重宝的隐士。白璧，古以为重宝。《史记·虞卿传》载虞卿说赵孝王，一见而“赐黄金百镒，白璧一双”。垂纶，垂丝钓鱼。相传吕尚曾在渭水垂钓，后遇周文王，故以垂纶指隐居、隐退。

③**负玉鼎而要卿相：**谓设法求取官爵者。《史记·殷本纪》载伊尹欲助汤成王道，“乃为有莘氏媵臣，负鼎俎，以滋味说汤”。《孟子·告子上》：“今之人修其天爵，以要人爵。”

④**行藏：**行道与隐退。《论语·述而》：“用之则行，舍之则藏。”

⑤**金闺：**金马门，官署代称。《史记·东方朔传》：“金马门者，宦者署门也。”

⑥**乌足毛羽疮痏：**“乌”，当从《大正藏》本作“焉”。毛羽疮痏，谓以好恶定是非。张衡《西京赋》：“所好生毛羽，所恶成疮痏。”

⑦**善畏难狎：**胆小、畏惧而不阿附他人。《荀子·解蔽》：“愚而善畏。”《荀子·不苟》：“君子易知而难狎。”

⑧**云台朱屋：**泛指宫殿及富贵者所居。

⑨**高盖青组：**高盖车，青丝带，皆显贵者所用。

⑩**沾濡雾露：**喻遭祸患。《后汉书·皇后纪》："身犯雾露于云台之上。"此指刘峻遭劾免官事。

⑪**濯清濑，息椒丘：**喻洁身自好。屈原《离骚》："驰椒丘且焉止息。"

⑫**蚓专噬壤：**喻一意归隐。《荀子·劝学》："蚓无爪牙之利，筋骨之强，上食埃土，下饮黄泉，用心一也。"

⑬**二毛：**头发斑白，人近老年。

⑭**块郁：**水流盛大之意。

⑮**肤寸：**古以四指宽为肤，一指为寸。指有限之长度而言。

⑯**爽垲：**高而干燥之地。

⑰**帝鸿游斯铸鼎：**帝鸿，黄帝之号。《史记·封禅书》："黄帝作宝鼎三，象天地人。"

⑱**雨师：**古仙人赤松子，相传其为神农时雨师。

⑲**涧勒赤松之名：**《太平寰宇记》卷九十七金华县："赤松子游金华山，以火自烧而化，故山上有赤松之涧，涧自山而出，故曰赤松涧。"

⑳**近代江治中奋迅泥滓：**江治中指江逌，治中，管州中文书案卷之官。江氏曾屏居临海（离金华较近），结庐隐居。参见《晋书》本传。

㉑**上征士：**"上"，当从《大正藏》作"王"。王征士即宋王素。少有志行，为庐陵国侍郎，以母忧去职，隐

居东阳。事见《宋书》本传。

㉒**幽人：**避世隐居之人。

## 译文

鸟儿在山林中生活，在树梢上筑巢；鱼儿在水中潜游，以淤泥沙砾为穴。这并不是鱼、鸟要标新立异，而是其习性如此。同样，有的人不屑于财利的诱惑，喜欢隐居不仕，垂钓清江；有的人则不肯入山学道，益寿延年，反苦苦追求出将入相，高官厚禄。这种出仕与隐退，显赫与沉沦，朝廷之上与山野之中，官署衙门与茅屋草棚间的差异分歧，虽如同水火不容，方圆迥别，而实则是人各有所好，各有所求，性各不同，不必以个人好恶定是非。

我出身于草野百姓之家，生性朴拙，怯懦而不阿附他人，对高官显贵退避三舍，视仕途为畏途，更不用说什么封侯赐爵，立功受赏了。相反，我所梦寐以求的，是无拘无束，闲逸自放，悠游陶醉于青山秀水之中，而不愿与人的天性相违背。然而，这种隐居山林的心愿，直到现在自己年近老境，方才得以实现。

我所隐居的东阳郡（今浙江省金华市）金华山，地处会稽（今浙江省绍兴市）西部。这里山川秀丽，竹林丛生，池沼湖泊，掩映其间。群峰叠障，高入云霞；古木参天，四季常绿；溪水湍急，清澈见底；烟雨时起，洒落山间，真像是玄妙的神仙洞府。传说黄帝曾巡游金华，于此铸鼎；司雨之神赤松子亦青睐此山，在山中自化，缙云山、赤松涧便因而得名。这里又是藏龙卧虎、人才荟萃的地方，近代的江逌和王素皆曾隐居金华，名传后世。这大概就是地灵则人亦杰吧。

## 原典

金华山，古马鞍山也。蕴灵藏圣，列名仙谍。左元放称此山云，可免洪水五岳，可合神丹九转[①]。金华之首，有紫岩山，山色红紫，因以为称。靡迤坡陀，下属深渚；巑岏巉嶙[②]，上亏日月。登自山麓，渐高渐峻，坌路迫隘，鱼贯而升。路侧有绝涧，闸閭豁谽，俯窥木杪，焦原、石邑[③]匪独危悬。至山将半，便有广泽[④]大川，皋陆隐赈[⑤]。予之葺宇，实在斯焉。

所居三面皆回山，周绕有象郛郭。前则平野萧条，目极通望；东西带二涧，四时飞流泉。清澜微霔，滴沥生响；白波跳沫，汹涌成音。并漕渎通引，交渠绮错，悬溜泻于轩甍，激湍廻于阶砌。供帐[⑥]无绠汲，盥漱息瓶盆。枫栌椅枥之树，梓柏桂樟之木，分形异色，千族万种。结朱实，包绿裹，杌白蔕，抽紫茎，槦矗苯蓴。捎清风鸣籁，垂条橺户，布叶房栊。中谷涧滨，花蕊攒列。至于青春缓谢，萍生泉动，则有都梁[7]含馥，怀香[8]送芬，长乐[9]负霜，宜男[10]泫露。芙蕖红华照水，皋苏[11]缥叶从风。凭轩永眺，蠲忧忘疾。丘阿陵曲，众药灌丛。地髓[12]抗茎，山筋[13]抽节，金盐重于素璧，玉豉贵于明珠[14]，可以养性消痾，还年驻色。不借崔文黄散[15]，勿用负局紫丸[16]。

翱翱群凤，风胎雨彀[17]。绿翼红毛，素缨翠鬣，肃肃毛羽，关关好音，皆驯狎园池，旅食鸡鹜。若乃鵁日[18]伺辰，响类钟鼓；鸣蛣候曙，声像琴瑟；玄猿薄雾清啭，飞狢乘烟咏吟，嘈囋嘹亮，悦心娱耳，谅所以跨蹑管籥，韬轶笙簧。

## 注释

①**左元放……神丹九转：**左元放，左慈，字元放，汉末道士。据《太平御览·地部·长山》条引《抱朴子》："左元放言金华山可以合神丹，免五兵洪水之患。""五岳"，当从《大正藏》本作"五兵"。

②**巑岏巉嶙：**山势高峻。

③**焦原、石邑：**皆为山名，一在山东莒县，一在河

北，山势险峻。

④**广泽：**山中徐公湖。相传山下姓徐之人登山至湖边，遇赤松子、安期生弈棋，二人酌湖中水为酒使徐氏饮，大醉。醒后，弈棋人已无踪影。徐氏追悔，因称此湖为徐公湖。参《太平寰宇记》卷九十七引《郡国志》。

⑤**隐赈：**繁盛富裕。

⑥**供帐：**供设帷帐，此指起居。

⑦**都梁：**兰的别名。参《本草纲目·草部》。

⑧**怀香：**茴香。参《本草纲目·草部》。

⑨**长乐：**花名。《艺文类聚》卷八二引傅玄《紫花赋序》:“紫花，一名长乐花。”

⑩**宜男：**萱草。

⑪**皋苏：**木名，据说木汁味甜，食之释劳。

⑫**地髓：**地黄。参《尔雅·释草》。

⑬**山筋：**当归。

⑭**金盐重于素璧，玉豉贵于明珠：**金盐即五加，玉豉即地榆。《金楼子·志怪》:“五加，一名金盐；地榆，一名玉豉。唯此二物，可以煮石。”道家认为二者为长生之药，甚而曰：“宁得一把五加，不用金玉满车；宁得一斤地榆，安用明月宝珠。”参《广博物志》卷四十一引《东华真人煮石经》。

⑮**崔文黄散：**崔文即崔文子，好黄老，居潜山下，

做黄散赤丸，卖药都市，治病除疫，近乎神仙。参见《列仙传》。

⑯**负局紫丸**：据《列仙传》，有磨镜之人，见人有病即送与紫丸药，食之病即愈，救人无数。局，镜箱。

⑰**鷇**：幼鸟。

⑱**䲹日**：鸩鸟。《集韵》："交广人谓鸩曰䲹。"

## 译文

金华山古又称马鞍山，被列名仙山。东汉末方士左慈即称此山可不受洪水之患和兵灾之祸，可在此安居修仙炼丹。紫岩山又是金华山之冠，因为山色紫红而得名。山势起伏连绵，下临深渊；高峻突兀，上接日月。沿山路而上，山势越来越险峻，道路也越来越狭窄，仅能容一人通过。路旁便是山涧，如刀削一般。俯瞰脚下，林海苍莽，山涧深邃陡峭，人就好像置身半空之中。登至半山，则忽又花明柳暗，展现在你面前的是另一番景象，地势平坦，草木茂盛，湖泊宽阔，这就是我隐居的地方了。

草舍三面环山，像是由城郭护卫。房前土地平远，视野开阔，东西两侧皆有涧水飞流而下。冬春之季，细流潺潺，叮咚生响；夏秋时节，水流湍急，白波跳沫。

又有渠漕将水引至房前，渠水绕阶而过，省去许多烦劳。房舍周围生长着枫、栌、桐、枥、梓、柏、桂、樟等品类繁多的珍贵树种，春夏四时，山风吹拂，花蕊飘香，树枝婆娑，如人私语，如临仙境。山谷中涧水两畔百花时开，争奇斗艳。兰花清香怡人，怀香气味芬芳，萱草丛丛簇簇，荷花随风摇曳，倚窗远眺，不禁令人超然脱俗，乐而忘忧。山坡之上，各种药草生长茂盛，地髓拔节，山筋抽茎，五加皮颗大粒重，地榆赛过明珠，养生除病，延年益寿，无需崔文的黄散，亦不用磨镜之人的紫丸。

山林之中各种鸟类自然化生，鹦鹉展翅，孔雀翱翔，鸟羽五光十彩，鸟鸣婉转动听。它们或者栖息树上，或者觅食园池，好像驯熟的家禽，与人相安无扰。至于鸩鸟日出而鸣，声若钟鼓；蛬虫长鸣如蝉，声类琴瑟。薄雾云烟之中隐约传来的猿猴的清啭长啼，也都能娱心悦耳，惹人情思，实在不亚于世人管弦乐器的弹奏。

## 原典

宅东起招提寺，背岩面壑，层轩引景，邃宇临崖。博敞闲虚，纳祥生白[①]，左瞻右睇，仁智所居。故硕德名僧，振锡[②]云萃。调心七觉[③]，诋诃五尘，郁列戒香[④]，浴滋定水[⑤]，至于熏炉夜爇，法鼓旦闻。予则跕躧抠衣，躬行顶礼；询道哲人，钦和至教。每闻此河纷梗，彼岸永寂，熙熙然若登春台[⑥]而出宇宙，唯善是乐，岂伊徒言。寺东南有道观，亭亭崖侧。下望云雨，蕙楼菌榭，隐映林篁，飞观列轩，玲珑烟雾。日止却粒之氓[⑦]，岁集神仙之客。饵星髓，吸流霞，将乃云衣霓裳，乘龙驭鹤[⑧]。观下有石井，耸跱中涧，雕琢刻削，颇类人工。跃流瀑泻，渀涌泱咽，电击雷吼，骇目惊魂。

寺观之前，皆植修竹，檀栾萧飋，被陵缘阜。竹外则有良田，区畛通接。山泉膏液，郁润肥腴。郑、白、决、漳[⑨]，莫之能拟。致红粟流溢，凫雁充厌，春鳖[⑩]旨膳碧鸡，冬蕈味珍霜鷃。縠巾取于丘岭，短褐出自中园，蓑蒋逼侧于池湖，菅蒯骈填于原隰[⑪]。养给之资，生生所用，无不阜实蕃篱，充物崖巘。岁始年季，农隙时闲，浊醪初罨，醥清新熟，则田家野老，提壶共至。班荆[⑫]林下，陈罇置酌；酒酣耳热，屡舞喧呶。晟论箱庾，高谈谷稼；嗢噱讴歌，举杯相挹。人生乐耳，此欢岂訾。

若夫蚕而衣，耕而食，日出而作，日入而息[⑬]，晚食当肉，无事为贵；不求于世，不忤于物，莫辨荣辱，匪知毁誉，浩荡天地之间，心无怵惕之警，岂与嵇生齿剑[⑭]，杨子坠阁[⑮]，较其优劣者哉？

## 注释

①**纳祥生白**：吉祥，纯白。《庄子·人间世》："虚室生白，吉祥止止。"

②**振锡**：持锡杖，此处指僧人。

③**七觉**：七种修行悟理之法。

④**戒香**：戒德播于四方，如香一样。

⑤**定水**：定心湛然，譬如止水。

⑥**熙熙然若登春台**：《老子》："众人熙熙，如享太牢，如登春台。"

⑦**却粒之氓**：不食谷物的求仙学道者。

⑧**乘龙驭鹤**：据《列仙传》，萧史得道，乘龙升天。王子乔成仙，驭鹤而去。

⑨**郑、白、决、漳**：郑渠、白渠为古代关中著名的水利工程。决水，源自牛山，入淮河。漳水，在山西南部。

⑩**鳖**：此指蕨，其初生如鳖脚，故称。

⑪**原隰**：广平低湿之地。

⑫**班荆**：铺荆枝于地。

⑬**日出而作，日入而息**：见《击壤歌》。

⑭**嵇生齿剑**：嵇康（公元二二三—二六二年），字叔夜，三国魏谯郡铚人，"竹林七贤"之一。崇尚老庄，工诗文，善鼓琴，仕魏为中散大夫。作书与山涛绝交，非

薄汤武，后遭诬陷，被司马昭所杀。

⑮**杨子坠阁：**扬雄（公元前五三—公元一八年），字子云，汉成都人。少好学，博通经籍，长于辞赋。王莽之时为大夫，校书天禄阁，以事被株连，扬雄恐不能幸免，投阁自杀，几乎丧生。事见《汉书·扬雄传》。

## 译文

房舍东边有寺院一所，也是临崖而建，腾空而起。殿宇高大深邃，宽敞清净，为出家之人居处的好地方。因而有德高名僧，云集寺院，潜心修行，欲念都绝。每每寺僧焚香夜读，日出讲法，我就敛衣蹑足，躬身致礼，向高僧哲人倾心请教，对佛教引导世人摆脱生死烦恼的纷扰，走向永恒幸福的彼岸世界的学说，深信不疑，欣然依从。寺院东南又有道观，亦建在崖畔，其下烟云缭绕，四周林木掩映。常有修道之士在此观聚会，食星髓，饮流霞，似乎将要以云霓为衣裳，乘龙驭鹤，成仙飞升了。道观下有一石井，耸峙在山涧之中，经过常年的涧水冲击，宛如人工雕琢的一般。涧水奔腾而下，被石井所阻，浪花飞溅，旋转涌流，声如雷吼。

寺观之前，修竹嘉木，遍布山麓。竹林之外，沿小路走去，则是一片良田，土质肥沃，又开渠引山泉浇灌，十分便利，即使是古时关中著名的郑渠、白渠，恐怕也不能与此相比。每到收获季节，稻谷殷实，鱼雁肥美，家禽满圈，山珍丰足。手巾出自山岭，褐衣自己所织，蘘荷涧边随手可采，茅草漫山遍野取之不竭，日常吃用衣着，无不自给有余。年终农闲之时，新酒酿成，山野老农，携壶相邀，坐于林下，置酒设宴，酒酣耳热，歌舞喧闹，畅论农事，谈笑相娱，真可谓人生莫大的乐趣了。

像这样靠耕织而衣食，日出而劳作，日落则休息，素食当肉，无事为贵，对社会无所求，与自然不相违，不讲究荣辱，不计较毁誉，生活在天地之间，无丝毫担惊受怕的烦忧，与嵇康生于乱世，终为司马昭所杀，扬雄因事被株连，投阁自杀几乎丧命相比较，哪一种生活更好呢？

## 沙门不应拜俗总论

唐·释彦悰

### 原典

释彦琮曰：夫沙门不拜俗者何？盖出处异流，内外殊分，居宗体极，息虑忘身，不汲汲以求生，不区区以顺化，情超宇内，迹寄寰中，斯所以抗礼宸居，背恩天属[①]，化物不能迁其化，生生无以累其生，长揖君亲，斯其大旨也。若推之人事，稽诸训诂，则所不应拜，其例十焉。

## 解说

本文选自《广弘明集》卷二十五《僧行篇》。彦悰（《碛砂藏》本等作“琮”，误，详参陈垣《中国佛教史籍概论》五十七页），唐京兆大慈恩寺沙门，三藏法师弟子，亦精儒学、玄学，擅文辞。生卒不详。著有《大慈恩寺三藏法师传》十卷、《法琳别传》三卷、《集沙门不应拜俗等事》六卷等。《宋高僧传》卷四有传。

沙门是否应致拜君亲，自东晋以来便是朝野僧俗争议的问题之一。南朝宋齐时有司奏议令沙门敬拜帝王，虽强制施行，然在佛教信徒们的反对和抵制下，不久即废止不行。唐高宗龙朔二年四月，曾下诏令沙门等致拜君亲，遭到京城大庄严寺威秀、西明寺僧道宣等许多僧徒的激烈反对。五月高宗又集文武大臣论议此事，众论纷纭。六月，高宗不得不又下诏停沙门拜君。《集沙门不应拜俗等事》当编于此稍后，本文即此书的总论部分。文中论述了沙门不应拜俗的原因，认为僧俗有别，各有所宗，不应以世俗规矩去约束出家之人，并从十个方面将世人与沙门进行比较，论证沙门不应拜俗。

## 注释

①**天属**：有血缘关系的直系亲属。《庄子·山木》："或曰：'……弃千金之璧，负赤子而趋，何也？'林回曰：'彼以利合，此以天属也。'"

## 译文

为什么说沙门不应向君王和至亲行跪拜之礼呢？这主要是沙门与世俗之人出处进退不同，释与儒本就相异的缘故。沙门坚守佛法，体悟佛理，静心息虑，物我两忘，在生活上无非分之想，在精神上不轻易信从他说，人虽然还在世上，而情怀则已超然世外，所以能与君王分庭抗礼，可与父母兄弟相别离，大自然难以改变其习性，生生世世也并不能影响其生活，对君王父兄拱手致礼而已。这就是沙门不应拜俗的根本原因吧。然若是再就日常生活中的人和事，以及有关的文献资料加以考察，沙门不应拜俗自然还有其他原因，这里姑且提出十点并略作论述。

## 原典

至如望秩山川[①]，郊祀天地，欲其利物，君罄乃诚。今三宝住持[②]，归戒[③]弘益，幽明翼化，可略言焉。斯神祇之流也。

为祭之尸[④]，必叶昭穆[⑤]，割牲荐熟，时为不臣。今三宝一体，敬僧如佛，备乎内典，无俟繁言。斯祭主之流也。

杞宋之君[⑥]，二王之后，王者所重，敬为国宾。今僧为法王[⑦]之胤，王者受佛付嘱，劝励四部，进修三行[⑧]，斯国宾之流也。

重道尊师，则弗臣矣，虽诏天子，无北面焉。今沙门传佛至教，导凡诱物，严师敬学，其在兹乎？斯儒行之流也。

《礼》云："介者不拜。"[⑨]为其失于容节。故周亚夫长揖汉文[⑩]也。今沙门身被忍铠，戡剪欲军，掌握慧刀，志摧心惑，斯介胄之流也。

蓍代筮宾，尊先冠阼[⑪]，母兄致拜，以礼成人。今沙门以大法为己任，拯群生于涂炭，敬遵遗躅，祖承嫡胤，斯传重之流也。

尧称则天[⑫]，不屈颍阳之高[⑬]；武尽美矣[⑭]，终全孤竹之洁[⑮]。今沙门高尚其事，不事王侯，蝉蜕嚣埃之中，自致寰区之外，斯逸人之流也。

犯五刑[16]、关三木[17]、被棰楚、婴金铁者，不责其具礼。今沙门剃毛发，绝胤嗣，毁形体，易衣服，甚刑之流也。

又诏使虽微，承天则贵。沙门纵贱，禀命宜尊。

况德动幽明，化沾龙鬼，静人天之苦浪，清品庶[18]之炎氛。功既广焉，泽亦弘矣，岂使绝尘之伍，拜累君亲；闲放之流，削同名教而已？

## 注释

①**望秩山川：**按等级祭山川之神。

②**住持：**安住于世而持法。

③**归戒：**三归戒，皈依佛、法、僧三宝。

④**尸：**古代祭祀时，代死者受祭、象征死者神灵的人，以臣下或死者的晚辈充任，后逐渐改为神主或画像。

⑤**昭穆：**祖宗神位依人伦之尊卑次序排列而祭祀之。

⑥**杞宋之君：**杞，古国名，姒姓，相传周武王封夏禹后人于杞，后为楚所灭，地在今河南杞县。宋也是古国名，周成王时，封商王纣之庶兄微子启于商丘，是为宋国，后被齐国所灭，故称二王之后。

⑦**法王：**佛对于一切事物性质、相状（诸法）都精

通无碍，并且能自在教化众生，故称法王。

⑧**三行：**福行、非福行和不动行。不动行指修行有漏（含有烦恼成分）之禅定，感悟三界中的色界、无色界果。

⑨**介者不拜：**语出《礼记·曲礼上》。

⑩**周亚夫长揖汉文：**周亚夫（公元前？—前一四三年），西汉沛县人，周勃之子，封条侯，为将军，屯兵细柳，军令严整。汉文帝慰劳军队，至则亚夫手持兵器作揖曰："介胄之士不拜，请以军礼见。"文帝赞曰："此真将军矣！"景帝时任太尉，迁丞相，后触犯景帝，病归，被诬，呕血而死。传附《史记·绛侯周勃世家》。

⑪**蓍代筮宾，尊先冠阼：**古代男子二十岁为成年，此时要举行加冠的礼仪，表示其已可继承长辈的事业，主人请筮者以蓍草占卜择举行冠礼的吉日，并邀请宾客。冠礼完毕，主人设宴，宾客与宴并对冠者表示祝贺。而后冠者见母、兄，母、兄皆行拜礼，表示祝贺。

⑫**尧称则天：**语出《后汉书·逸民列传序》。则天，以天为法则。《论语·泰伯》："巍巍乎！唯天为大，唯尧则之。"

⑬**颍阳之高：**尧时隐士巢父、许由。尧欲让位于二人，许由听到这消息，认为有污其听，便到颍水边洗耳，不肯为君。

⑭**武尽美矣：**语出《论语·八佾》。武指周武王。

⑮**孤竹之洁：**殷时孤竹国君之子伯夷、叔齐。相传其父遗命立次子叔齐为君，叔齐让位伯夷，伯夷不受，二人先后逃至周。周武王伐纣，二人曾谏阻。武王灭纣，二人耻食周粟，逃至首阳山采薇而食，后饿死山中。见《史记·伯夷列传》等。

⑯**五刑：**古代五种轻重不同的刑法。

⑰**三木：**古代加于犯人颈、手、足上的三种刑具。

⑱**品庶：**众人。贾谊《鹏鸟赋》："夸者死权兮，品庶冯生。"

## 译文

君王竭心尽力，按规定的等级祭祀天地、山川，希望它们能保佑国家，赐福百姓。而沙门在世上维护、弘扬佛教，使百姓无论善恶，皆知皈依佛法，敬天礼神，从而有益治政，有助教化，其作用不亚于神灵。此其一。

古人祭祀，代死者受祭，象征死者神灵的人，也是要按等级辈分加以区别的。这种人虽一般以臣下充任，但对他们却必须恭恭敬敬，不能像对待臣僚下属那样。佛教以佛、法、僧为三宝，三位一体，礼佛也就应当敬僧。这些佛经上早已明言，毋庸辞费。此其二。

古代的杞国、宋国都是周王朝分封的诸侯国，杞、宋的君主分别是夏禹、商汤的后代，一向为其他诸侯国国君所敬重和礼遇。僧众是法王（即佛）的传人，受佛的嘱托，修德守戒，鼓励人向善，也应受到与国宾同样的礼遇。此其三。

儒家讲究尊师重道，即使是天子，也不能让自己的老师行臣下跪拜之礼。今沙门弘传佛教，对世人循循善诱，尊师重教，具有儒士的学行和风范，当然也不应跪拜君王。此其四。

《礼记·曲礼上》说："披甲戴盔的人可免行跪拜之礼。"因为那样会有失仪容。西汉的将军周亚夫见亲临军营视察的汉文帝，也只是拱手致礼，就是这个缘故。现在，沙门凭依智慧之力，斩除各种欲望和困惑，并讲求宽容忍让，守戒遵法，而佛教的戒规对于僧人的约束，更甚于军士的披甲戴盔，军士披甲可以不拜君王，沙门就更应该免跪拜之礼了。此其五。

古代士人，年二十而举行加冠的礼仪，长辈要请筮者选择加冠吉日，并宴请宾客，加冠者的母亲、兄长也要向加冠者致礼表示祝贺。这是因为举行冠礼不仅意味着加冠者已经成年，而且更意味着他将继承和肩起父祖辈的事业和生活的重担。沙门以传教弘法为己任，志在拯救处在俗世苦难之中的人们，正是对佛教事业的最好的继承，是对其先辈的遗愿和事业的最好的继承，因而他们也理应受到世人的尊重。此其六。

古时唐尧，号称以天为法，神圣英明，但他想让位于巢父、许由，巢、许不肯答应，尧亦不能勉强他们；周武王素称完美无瑕，然武王灭纣后，曾劝武王不要伐纣的伯夷、叔齐耻食周粟，隐居首阳山，采薇而食，武王亦难以让他们出山。现在沙门以皈依佛法，致力佛教事业为无比高尚，不肯为王侯尽心效力，摆脱尘世的泥淖，洁身自好，超然于俗世之外，堪称高隐之士，自然不应受世俗之礼的束缚。此其七。

世上犯罪而遭受惩罚、戴脚镣手铐的人，人们便不会再用生活中的各种礼节去严格要求他。沙门削发受戒，出家为僧，身着袈裟，不能婚娶，修行之苦，更甚于受刑之人，怎么能仍用跪拜之礼去苛求他们呢？此其八。

颁布诏敕的人，本身地位并不高，但因为他亲承皇帝的使命，以皇帝的代表出现，也就无人敢与之对抗。沙门虽然社会地位低贱，但他们上承佛意，施教弘法，因而也应受到尊重。此其九。

第十，沙门的功德，感天动地；沙门之教化，神鬼受益；沙门可救苦救难，可驱除迷雾邪氛。既然如此，沙门功业极为广大，恩泽又极为普遍，岂能使超绝尘世之人去跪拜君亲，使旷达放逸之人与儒家士子视同一概呢？

## 原典

余幼耽斯务，长颇搜寻，采遗烈于青编，纂前芳于汗简。重以感沦晖于佛日，罄爝火[①]以兴词，庶永将来，传之好事。

又古今书论，皆云“不敬”。据斯一字，愚窃惑焉。何者？敬乃通心。《曲礼》[②]称无不敬，拜唯身屈，周陈九拜之仪[③]。且君父尊严，心敬无容，不可法律，崇重身拜，有爽通经，以拜代“敬”，用将为允。故其书曰“不拜”为文。

远公[④]有言曰：“渊壑岂待晨露哉？盖自伸其罔极也。”[⑤]此书之作，亦犹是焉。达鉴通贤，傥无讥矣。

## 注释

①**爝火：**炬火。

②**《曲礼》：**《仪礼》。为儒家经典之一，汇编了部分春秋战国时期各种仪式礼节制度，有郑玄等注本。

③**九拜之仪：**古代祭祀、相见时行礼的九种形式。参《周礼·春官·大祝》。

④**远公：**东晋高僧慧远法师。

⑤语出慧远《沙门不敬王者论》(见《弘明集》卷五)，意谓深者自深，渊壑并不有待于露水而深。佛教本就渊深宏大，并不因为有一两篇文章赞扬才伟大。自己写文章只不过表达一己的感情而已。罔极，无穷无尽，原指父母之恩，此指佛教之德。

## 译文

我自幼好佛学，后来更喜欢披览、搜聚、编纂有关的佛学资料。加之，又有感于邪说横行，佛说反受歪曲和蒙蔽，故尽自己微薄之力，编成《集沙门不应拜俗等事》六卷，以备后人传览。

另，古今论著涉及沙门应否拜俗的问题，皆称沙门“敬”或“不敬”君亲云云，我认为这是不妥当的。为什么呢?“敬”指的是一种心理或情感。《仪礼》没有“敬”这种说法，“拜”也只是拱手俯身致礼的意思。周代有九拜的礼节。君、父都是应有威严的，对君、父的尊重，主要应强调发自内心，而不宜用强制的办法，迫使他人行跪拜之礼，同时，这也与儒家的有关经典不合。因此，本书用“拜”而不用敬，应该是比较恰当的。

慧远法师有言：“渊壑并不因为晨露而深，佛教也不会因为我写了这篇文章才变得伟大了，我不过是借此表达一下自己对佛教无尽的敬仰之情而已。”我编纂本书，也是此意，贤达之士，想能理解。

# 6　慈济篇

## 究竟慈悲论

南朝宋·沈约

### 原典

释氏之教，义本慈悲，慈悲之要，全生为重。恕己因心，以身观物，欲使抱识怀知之类，爱生忌死之群，各遂厥宜，得无遗夭。而俗迷日久，沦惑难变，革之一朝，则疑怪莫启，设教立方，每由渐致。又以情嗜所深，甘腴为甚，嗜深于情，尤难顿革。是故开设三净[①]，用伸权道[②]。及《涅槃》后说[③]，立言将谢，则大明隐恻，贻厥将来。

夫肉食蚕衣，为方未异，害命夭生，事均理一。瀹茧烂蛾，非可忍之痛；悬庖登俎，岂偏重之业，而去取异情，开抑殊典。寻波讨源，良有未达。渔人献鲔，肉食同有其缘；枲[④]妄登丝，蚕衣共颁其分。假手之义未殊，通闭之详莫辩，访理求宗，未知所适。

外典云：五亩之宅，树之以桑，则六十者可以衣帛矣；鸡豚犬彘，勿失其时，则七十者可以食肉矣[⑤]。然则五十九年已前，所衣宜布矣；六十九年已前，所食宜蔬矣。轻暖于身，事既难遣；甘滋于口，又非易忘，对而为言，非有优劣，宜枲麻果菜，事等义同；攘寒实腹，曾无一异，偏通缯纩，当有别途，请试言之。

夫圣道隆深，非思不洽。仁被群生，理无偏漏，拯粗去甚，教义斯急，缯衣肉食，非已则通。及晚说大典弘宣妙训，禁肉之旨，载现于言，黜缯之义，断可知矣。而禁净之始，犹通蚕革，盖是敷说之仪，各有次第，亦犹阐提二义俱在一经[⑥]，两说参差，各随教立。若执前迷后，则阐提无入善之途；禁净通蚕，则含生无有顿免之望。

难者又以阐提入道闻之后说，蚕革宜禁，曾无概理。大圣弘旨，义岂徒然？夫常住[⑦]密奥，传译遐阻，泥洹始度，咸谓已穷，中出河西，方知未尽。关中晚说，厥义弥畅，仰寻条流，理非备足。

又案《涅槃》初说，阿阇世王[⑧]、大迦叶[⑨]、阿难[⑩]

三部徒众，独不来至，既而二人并来，唯无迦叶。迦叶佛大弟子，不容不至，而经无至文，理非备尽。昔《涅槃》未启十数年间，庐阜名僧[11]已有蔬食者矣，岂非乘心暗践，自与理合者哉？且一朝裂帛，可以终年，烹牢待膳，亘时引日，然则一岁八蚕，已惊其骤，终朝未肉，尽室惊嗟。拯危济苦，先其所急，敷说次序，义实在斯。

外圣又云："一人不耕，必有受其饥者。"[12]故一人躬稼，亦有受其饱焉。桑野渔川，事虽非己，炮肉裂缯，咸受其分。

自《涅槃》东度，三肉罢缘，服膺至训，操概弥远，促命有殚，长蔬靡惓。秋禽夏夘[13]，比之如浮云；山毛海错[14]，事同于腐鼠。而茧衣纩服，曾不怀疑，此盖虑穷于文字，思迷于弘旨。通方深信之客，庶有鉴于斯理。斯理一悟，行迷克反，断蚕肉之因，固蔬枲之业，然则含生之类，几于免矣。

## 解说

本文选自《广弘明集》卷二十六《慈济篇》。佛教的目的是给一切众生以快乐，能除一切众生痛苦。佛家素以大慈大悲为怀，以普度众生为己任。同时，佛教又以因果报应说为其重要理论基石，善有善报，恶有恶报，食肉饮酒，杀生害物，便会断绝成佛的希望。

沈约此文认为慈悲的关键在于全生。讲慈悲便不能不讲戒杀生。人总有嗜好、习俗，非一日所能革除，所以小乘不严格禁止食肉，有三种净肉之说，但这只不过是施教的权宜之计。《大般涅槃经》出，禁止食肉已明确指出，小乘之说便被取代。同理，《大般涅槃经》并未提出禁止穿丝绸，但缫丝衣帛与食肉饮酒同属杀生害命，因而理应加以革除。这才是真正的彻底的慈悲。道宣极为推重沈约此文，《广弘明集序》中云："沈休文之《慈济》，词彩卓然，迥张物表。"《慈济篇序》又云："观其劝勖之文，统其殷勤之至，足令心寒形栗，岂临履之可拟乎？"究竟：至极，寻根究底的意思。

## 注释

①**三净：**三种净肉。小乘佛教不严禁食肉，认为"不见、不闻、不疑（即无为我而杀之嫌者）"这三种所谓干净的肉是可以吃的。见《十诵律》卷三十七。

②**权道：**权宜之计。

③**《涅槃》后说：**北凉昙无谶译四十卷本《大般涅槃经》中有关于禁止食肉的教义。东晋法显所译六卷本《大涅槃经》无此说。六卷本先译出，称"先分"，其余

称“后分”。

④**枲：**麻的总称。

⑤**外典云：**语出《孟子·梁惠王上》。“六十”一句，原文作“五亩之宅，树之以桑，五十者可以衣帛矣”，今据改。

⑥**阐提二义俱在一经：**阐提，一阐提之略，是梵文Icchantika的音译，意为穷奢极欲、断了善根的人。一阐提能否成佛，说法不一，法显所译六卷本《大般泥洹经》认为不能，而四十卷本《大般涅槃经》中则有一阐提人可以成佛的说法。

⑦**常住：**无生灭变迁，谓之常住。

⑧**阿阇世王：**摩揭陀国王舍城的统治者，初囚禁父母，攻并邻国，后皈依佛教。

⑨**迦叶：**摩诃迦叶，佛十大弟子之一，称头陀第一。佛涅槃时，迦叶率五百弟子最后赶到，事见四十卷本《大般涅槃经》等。

⑩**阿难：**阿难陀之简称，佛十大弟子之一，号称多闻第一。

⑪**庐阜名僧：**东晋高僧慧远等。据《高僧传·慧远传》载，慧远曾与庐山僧徒在无量寿佛像前，“建斋立誓，共期西方”。

⑫**外圣又云：**语出《管子·轻重篇》：“一农不耕，

民或为之饥；一女不织，民或为之寒。”

⑬**夘：**当为“卵”。

⑭**山毛海错：**山珍海味。

## 译文

佛教以慈悲为根本，而慈悲的关键，则在于保全生命。以身观物，凭心待己，自然也应使一切有意识无意识的惜生忌死的物类，能够如愿以偿，而免去夭折之恨。然世俗之人被恶习陋俗所迷惑，积重难返，不是一朝一夕就能觉悟的，需要循序渐诱，才能奏效。正是虑及世人总是喜欢美味佳肴，而这种嗜好一旦形成又难以顿改，所以小乘佛教并不严格禁止食肉，只不过这仍是施教的权宜之计。待到《大般涅槃经》完整地译介到中国，小乘佛教的说法方逐渐被取代，而大乘佛教禁断酒肉的主张，则必将深入人心，流传久远。

饮酒食肉与穿丝绸做成的衣服，二者并没有什么不同，都属于杀生害命。煮茧抽丝，蚕蛾被烫熟，其痛苦难以忍受，而人们仅仅认为动物被缚进厨房，放上切肉板，是一种残忍的行为，将受到报应，并加以禁戒。这显然是一种偏颇，于理不合。渔人捕捞鲟鱼与世人食鱼，农人养蚕缫丝与富人衣绸着锦，虽然后者是借助前者的手杀生，是一种间接的杀生，但二者同是杀生则是无疑的。人们只看到渔人和缫丝者的伤生，只看到食肉者的伤生，却意识不到衣锦者的伤生，显然也不妥当。

《孟子·梁惠王上》说："田家在宅基四周种些桑树，那么到五十岁上，已渐入老境，就可以用自家养的蚕，缫丝织帛，供自己穿用；家禽家畜，不要耽误了饲养的时节，那么到了七十岁时，也就可以食肉饮酒，吃得好一些了。"照此而论，四十九岁以前应当是穿布衣，六十九岁以前应当是吃蔬菜素食了。人总是喜欢穿着既轻又暖的丝绸，喜欢美味可口的佳肴，食肉衣锦，相比较而言，并没有哪个好哪个不好的问题。因而穿粗布衣服，吃蔬菜水果，也都应当一样，都可以御寒饱腹。然孟子却认为五十就可以衣锦，七十才能食肉，这是什么道理呢？

佛理高深博洽，没什么思虑不周的地方；佛教有益于众生，也不会疏漏遗忘了哪一个。不过，佛教最初的译介，往往侧重于一些最基本的教义，而对衣锦食肉等问题则尚未顾及。直到《大般涅槃经》等经典被较完整地传译过来，禁止食肉的道理才逐渐为人们所了解。可以推知，佛经中也不会没有禁止穿着丝绸的教义，只是教义的传播有个轻重缓急，佛经本身暂时尚未译介成汉语而已。因为禁止食肉从一开始便是与禁穿丝绸的道理相通的。这就像是穷奢极欲、断了善根的人能否成佛，在《大般涅槃经》中就有两种完全相反的说法一样。如果执迷于法显所译六卷本《大般涅槃经》的观点，则穷奢极欲、断了善根的人便永无成佛的可能；同样，如果认定佛经中根本没有禁穿丝绸的戒律，那么蚕蛾等一切有生命的东西也很难有免遭戕害的希望了。

又有人认为，穷奢极欲、断了善根的人能够成佛的观点，见于稍后译出的四十卷本《大般涅槃经》，因此可信，而禁穿丝绸却不见于佛经，令人难以信从。这种观点，上面已论及，并不正确。佛法广博深奥，没有生灭变迁，但西方佛国距离中国路途遥远，传译也就必有先后轻重，这没什么可奇怪的。《大般涅槃经》六卷本初传入时，大家都以为此经就是六卷，待到北凉昙无谶译出四十卷本《大般涅槃经》，涅槃经义才算完备了。

比如，六卷本《大般涅槃经》说到佛入灭之时，阿阇世王、摩诃迦叶和阿难陀三部徒众未到，不一会儿，阿阇世王、阿难陀率徒众赶来，唯独摩诃迦叶未来。迦叶是佛十大弟子之一，佛涅槃时不可能不到，然经中却没有说明。而在四十卷本《大般涅槃经》中，则有迦叶率弟子五百最后赶到的记载。况且，在《大般涅槃经》传入之前十几年，庐山名僧慧远等人就已布衣蔬食，暗与佛理相合了，怎么能说佛经中不会有禁穿丝绸的戒律呢？再以常理而论，做一件绸衣总可穿一年数载，而吃一顿饭最多也就管一天不饿，因此，一年之中如果有几次缫丝织帛，人们便会有频繁的感觉，而只要一天没肉可食，恐怕全家人都会有意见。所以佛经中先强调禁止食肉，后提出不穿丝绸，自有它的道理。

管子说过："只要天下少一个农民种地，便会多有一些人挨饿。"相反，只要天下多一个人耕稼，则会多有一些人吃饱饭。虽然你没有亲自去捕鱼养蚕，但食鱼衣帛同样是杀生害命。

自《大般涅槃经》传入中国以来，小乘佛教认为有三种所谓"干净"（不闻、不见、不疑）的肉可食的观点，逐渐被取代了。许多人信服大乘之说，节操高远，虽生命有限，却能终身食素。鸡鱼肉蛋在他们看来轻如云烟，山珍海味也与腐鼠没什么两样。然而可惜的是，他们对穿着丝绸服装却从未怀疑过这是否应该，实在是太拘泥于佛经的文字，以致反忽略了佛经的真正含义。能够虚心听取正确意见的通达之士，理应明白上述道理，而一旦明白这个道理，便可以迷途知返，根除食肉衣帛的行为，加固布衣蔬食的信心，一切有生命的动物也就可以免遭伤害了。

# 7 戒功篇

## 与隐士刘遗民等书

东晋·释慧远

### 原典

每寻畴昔[①]，游心[②]世典，以为当年之华苑也；及见老庄，便悟名教是应变之虚谈耳。以今而观，则知沉冥[③]之趣，岂得不以佛理为先？苟会之有宗[④]，则百家同致。

君与诸人[⑤]，并为如来贤弟子也。策名神府[⑥]，为日已久，徒积怀远之兴，而乏因籍[⑦]之资，以此永年，岂所以励其宿心哉？意谓六斋日[⑧]，宜简绝常务，专心空门[⑨]，然后津寄之情笃，来生之计深矣。若染翰缀文，可托兴于此，虽言生于不足[⑩]，然非言无以畅一诣之感，因骥之喻，亦何必远寄古人？

## 解说

选自《广弘明集》卷二十七《戒功篇》。慧远（已见前注）主张神不灭说，又深信因果报应，因而于沉溺生死之苦、累劫轮转之痛尤其关注。他有《致司徒王谧书》，已劝其不要欣羡长生，此书更劝刘遗民等究心佛理，勤修念佛三昧，以为来生之计，这就为他后来与诸人共发宏愿，期生净土，预示了端绪。

晋安帝元兴元年（公元四〇二年），慧远与刘遗民、周续之、毕颖之、宗炳、张野、雷次宗等人，在庐山般若台精舍无量寿佛像前，建斋立誓，结社念佛，共期往生佛国，并让刘遗民著发愿文（见《高僧传·慧远传》），又编有《念佛三昧诗集》，慧远作序。这种专修往生净土的法门，到唐代逐渐发展成为中国佛教的一个宗派——净土宗。

刘遗民（公元三五二—四一〇年），原名程之，字仲恩，彭城（今江苏省徐州市）人，祖仕至卿相。自幼读百家经籍，尤好佛理。晋太元中任宜昌、柴桑二县令，与庐山慧远往来，后隐庐山，著有《释心无义》等，此文前有道宣注，介绍刘遗民的身世和诸人好尚及与慧远关系，文后有附注说明刘遗民等人修念佛三昧皆有劳绩云云。

## 注释

①**畴昔：**往日。畴，助词，无义。《左传·宣公二年》羊斟曰："畴昔之羊，子为政；今日之事，我为政。"

②**游心：**注意，留心。

③**沉冥：**隐晦，泯灭无迹。

④**有宗：**有一定主旨。《老子》："言有宗，事有君。"

⑤**君与诸人：**刘遗民与宗炳等人。宗炳，字少文，南阳（今属河南省）人，拒绝接受刘裕聘用，入庐山，与释慧远考寻文义（《宋书》本传），著《明佛论》，盛赞佛教，论证神不灭和三教合一。亦信仰净土。张野（公元三五〇—四一八年），南阳宛人，与陶潜联姻，隐居不仕，师事慧远。周续之（公元三七七—四二三年），字道祖，雁门广武（今山西省代县西南）人，通五经，曾入京教授儒学。后入庐山，师事慧远，与刘遗民、陶潜等称"浔阳三隐"。著《难释疑论》，与怀疑报应论的戴逵辩论。雷次宗（公元三八六—四四八年），字仲伦，南昌人，少入庐山。师事慧远，笃志好学，尤擅《三礼》《毛诗》。刘宋元嘉十五年（公元四三八年）应诏入京师，于

鸡笼山开馆授儒学，晚年居钟山招隐馆。《宋书》有传。

⑥**策名神府**：此处谓隐居学佛。策名，原指出仕。神府，原指神仙洞府。

⑦**因籍**：凭借。

⑧**六斋日**：佛教以每月八、十四、十五、二十三、二十九、三十日六天为天王下界察访世人行善作恶情况的日子，须小心谨慎，守斋安意。过午不食为斋。斋之本意原为清净。

⑨**空门**：佛教谓俗世皆是虚妄，要破除偏执虚妄而达到成佛，须以空为入道之门，故称佛门为空门。

⑩**言生于不足**：意思是思想、感情得不到充分抒发时便需要用语言文字。

## 译文

往日，我每每留心披览儒家经典，以为它包罗万象，蕴含丰富，如花园一样，足以供学者观赏探寻、采撷英华；及至后来读到老子、庄子的书，便领悟到，儒家学说不过是应付事变的空谈而已。而现在看来，真正要领略荣辱不惊、隐晦无迹的情趣，则不能不以钻研佛理为先。假如你能从佛理的角度去审视诸子百家，那么它们也都不过是同一旨趣，难与释教相比。

您与周续之、宗炳、张野、雷次宗诸位，皆为如来弟子，久皈佛门，然似乎是空有成佛的愿望，而缺少借以达到成佛目标的手段和方法，长此以往，怎能如愿以偿呢？我以为每月的吃斋之日，应尽量减少日常的政务，专心致志地探讨、体悟佛理，然后便可以安身立命于佛门，而不必为来世担心了。诸位如果在这方面有什么感受，不妨来信谈谈，虽然思想情感得不到充分发抒时才用得着文字，但不借助于文字又确实难以充分表达这些思想和感受。诸位都是俊逸之才，修行有方，又何必让古人独领风骚呢？

## 净住子净行法门·开物归信门并颂

南朝齐·萧子良

### 原典

如来愍念众生，爱同一子，何常不以善权方便[①]，弘济益之津乎？所以垂形丈六[②]，表现灵仪，随方应感，法身匪一。及其金容托体，相好[③]庄严，显发众生，欣乐瞻睹。行则大千震动，众魔慑伏；住则洞达诸定[④]，外道归化；坐则演示方等，释梵谘仰；卧则开一实道，三乘禀德[⑤]；言则三涂静苦；笑则四生受乐；闻声者证道[⑥]；见形者解脱，当此之时，岂不盛哉！

今者虽禀精灵，昏惑障重，进不睹分卫[7]国城，退不闻八音[8]辩说。将由罪业深厚，烦恼牢固，非唯恐不见前佛后佛，来圣近贤，深忧恶道无由可绝。发如此意，实有切情之悲；运如是想，不觉痛心之苦，岂容顺默驶流，晏安苦海，沉沦沸火而不自拔者乎？

当须慷慨凛厉，挫情折意，生增上心；忏悔灭罪，去诸尘累，乃可归信。自不坚强其志，亡身舍命，捍劳忍苦，衔悲恻怆者，将恐烦恼炽火，无由而灭；无明重暗，开了未期。譬如牢狱重囚，具婴众苦，抱长枷，牢大械，带金钳，负铁锁，捶扑其躯，脓疮秽烂，周遍形骸，臭恶缠匝，而欲以此状求见国主、贵臣，虽复一心无怠，恳诚嘉到，恐升高殿，践王筵，亦无由而果。假令慇念，欲睹为难。何以故？以其具诸罪恶，不离苦具，故若去枷脱锁，洗垢严服[9]，王不我碍，自然而现。

今欲归信，亦复如斯。将见如来相好光明者，先当净身、口、意，洗除心垢，六尘爱染[10]，永灭不起；十恶[11]重障，净尽无余，业累既除，表里俱净，方可运明想于迦维[12]，标清心于宝刹，去诸尘劳，入归信门，必然仰睹法身无碍。如囚脱枷锁，自然见于王。我今除烦恼，亦必睹诸佛，若不如是，虽复殷勤倍切，直恐障碍难通，岂可不五体投地如太山崩，一心归信，无复疑想，奉为至尊。皇太子七庙[13]圣灵，龙神八部[14]，一切剧苦众生，敬礼十方一切三世诸佛[15]，求哀忏悔。既悔已后，常行柔软调和心，堪受心，不放逸寂灭心，真正心，不杂心，无贪吝心，胜心，大心，慈悲安乐心，善欢喜心，度一切心，守护众生心，无我所心，如来心。发如是等广胜妙心，专求多闻，修离欲定，奉戒清净，念报恩德，常怀悦豫，不舍众生。

## 归信门颂

南朝齐·王融

生浮命舛，识罔情违。业云结影，慧日潜晖。
逶迤修道，极夜无归。登山小鲁，泛海难沂。
参珉见璧，辨砾知玑。迷其未远，匪正何依？

## 解说

本文见《广弘明集》卷二十七《戒功篇》。南朝皇帝和诸王大都信佛，齐竟陵王萧子良（公元四六〇—四九四年）便是其中著名的一位。萧子良是齐武帝二子，他任司徒时，曾居鸡笼山邸，当时文学名士沈约、谢朓、王融及萧衍等，皆游其门下，号称“竟陵八友”。他集学士校《五经》、百家，纂《四部要略》，又召集名僧讲经说法。齐梁名僧多与之有交往。萧子良服膺大乘空理，尤重修行，奉戒极严，认为其与儒教之旨相合。

自名净住子（按：道宣序此名，为子良感梦所得），著有《净住子净行法门》二十卷，王融为之作颂，道宣将其略为一卷。萧子良亦颇提倡佛教义理，劝人信佛行善，多引儒家经典，曾著《维摩义略》五卷等。亦重视讲筵。南齐讲席甚盛，多由萧子良护持。净住子净行法门是一种戒法，它通过对佛、法、僧的信奉，制驭各种世俗情欲，坚定、增长善心，以期证得佛果。净行法共三十一种，这里选了第二《开物归信门》，此法认为如来对众生一律平等，并无偏颇，而有人不能修得正果，反堕于恶道的原因，在于自己不能坚定其志，去除尘累。文章劝勉人们从身、口、意三方面忏悔灭欲，一心皈信佛法，自能成就正果。

## 注释

①**善权方便：**巧妙多变，可适用于一切众生的施教方法。

②**垂形丈六：**《传灯录》："西方有佛，其形丈六而黄金色。"

③**相好：**就佛之身体言，庄严容貌中之显而易见者，谓之相；形貌之微细难见者，谓之好。佛化身相有三十二，好有八十。

④**定：**使心专注于一境，不使散动，有生得之定、修得之禅定二种。

⑤**开一实道，三乘禀德：**一，一乘，即指佛乘。但由于受教者能力、性情不一，故权且分三种情况施教、说法，称三乘。此所谓一乘真实，三乘方便。

⑥**证道：**证悟真实之佛理。

⑦**分卫：**佛乞食分与僧尼，护卫使修行进善，称为分卫。

⑧**八音：**谓如来所出音声，言辞清雅，具有八种殊胜功德，令诸众生闻即解悟。

⑨**严服：**整齐装束。

⑩**爱染：**烦恼。由于对各种事物之贪爱而引起执着染污之心。

⑪**十恶：**杀生、偷盗等十种罪恶。

⑫**迦维：**迦维罗卫之略。

⑬**七庙：**历代帝王设七庙供奉七代祖先。

⑭**龙神八部：**天龙八部。天龙、夜叉等八部众中以天、龙为首，故称。

⑮**三世诸佛：**过去、现在、未来三世中出现之诸佛。

## 译文

如来对一切众生皆慈爱怜悯，如同亲子，何尝不想设法使其都能渡越苦海、证圣成佛呢？所以，如来以丈六金身，展现人间，随处而在，应感而生，仪态庄严，容貌慈祥，众生竞相瞻仰，无不欣然有得。如来出行则世界震动，众魔慑服；停步则悄然入定，外道心服；就座则演说佛理，僧徒恭听；卧居则广开成佛正道，诸种权变之说归一；言说之中，救苦消难；谈笑之外，众生陶然受教；闻佛之声音者，证悟佛理；见佛之容仪者，超越苦海，当此之时，是何等美妙啊！

然而如今的人虽有灵魂，但他们的灵魂却已被种种欲念、邪说所迷惑，修行进善，亦不见佛居之城；退居有得，也难闻佛说之妙音。这实在是由于罪孽太深重、烦恼太多，以致很难化解消除，不但不可能得见前佛释迦、后佛弥勒以及往圣今贤，而且令人深为担忧的是，行恶的根源没有办法使其断绝。假如真的是这样，则着实令人悲哀；而即使是设想到这一切，也足够人痛心的了，岂能沉默不言，顺水行舟，沉沦苦海竟安然无事，身陷欲念之火中却不知自拔呢？

因此，理当慷慨凌厉地荡除各种欲念，增加行善上进之心；忏悔所犯的罪恶，摆脱诸种烦累，这样才可能皈依、信奉佛教。而如果自己不能坚定志向，舍身向佛，忍辱负重，遏情制欲，则恐怕烦恼欲望之火便难以扑灭；永不能觉悟，苦难人世的漫漫长夜亦无有重见天日之时了。这正如关在监狱中备受重刑的囚犯，身带枷锁，脚缠铁链，棍打鞭抽，伤痕遍体，脓疮溃烂，污臭难闻，却要以这副样子去求见君王大臣，即使是诚心诚意，无半点不恭，恐怕也难能登上大殿，入座王筵，达到什么目的。假如他能认识到自己所以难见君王的原因在于罪恶太多，身服重刑而免其罪过，脱去枷锁，洗除污垢，整齐装束，然后去求见君王，君王自然不会拒而不见。

现在要信奉、皈依佛门，道理也是一样。要得见如来慈祥、庄严的容仪，首先必须在身体、语言、思想意识三方面加以净化，洗心革面，使各种烦恼、欲念，永久消除，不再出现；使各种罪恶和阻碍人成佛的东西，一扫无余。烦累既除，表里俱澄澈，这才可能心向西方，思皈佛国，才可能真正去除烦累，入皈佛门，也才可能得睹佛容，没有阻碍。而要彻底扫除烦累，也不能不亲见诸佛，否则即使殷勤备至，只恐障碍太多，难以达到目的。可见礼佛必须恭谨诚敬，五体投地，应像供奉祖先一样敬待诸佛，绝不可三心二意，疑虑徘徊。一切受苦受难的众生，向四面八方、过去未来一切诸佛致礼、忏悔，忏悔之后，勤修随顺调和之心，忍辱负重之心，不放松体悟佛理之心，上求真正成佛之心，不产生杂念之心，没有贪婪吝啬之心，所行之事皆胜过他人之心，智慧广大之心，慈悲安乐之心，行善欢喜之心，普救众生之心，卫护众生之心，虚空无我之心，自性清净心。总之应期求成佛正道，博学多识，摆脱欲念，凝思静心，奉守戒律，保持自身的清净不染，同时又应想到报答佛恩，时时处在一种愉悦感奋的状态中，行善积德，救助众生，共向佛国。

## 归信门颂

南朝齐·王融

尘世浮薄，人生多舛；无知无识，情乖理违。欲望雾障，佛日掩晖。

步入歧途，长夜难归。登上泰山，则小天下；泛舟沧海，则难为水。

识得美石，则见白璧；辨得沙砾，方知玉玑。迷途知返，非佛何依？

# 8　启福篇

## 与刘智藏书

南朝梁·萧绎

### 原典

菩萨萧法车[1]置邮[2]大士刘智藏侍者：

自林宗遄反，玄度言归，以结元礼之心，弥益真长之叹[3]。故以临风望美，对月怀贤，有劳寤寐，无忘兴寝。方今玄冥[4]在节，岁聿云遒[5]，日似青缇[6]，云浮红蕊；清台[7]炭重，北宫[8]井溢。想禅悦为娱，稍符九次[9]；成诵之功，转探三密[10]。山间芳杜[11]，自有松竹之娱；岩穴鸣琴，非无薜萝[12]之致。修德之暇，差足乐也。

昔韩梅两福[13]，求羊二仲[14]，郑林腾名于冯翊[15]，周党传芳于太原[16]，或有百溢[17]可捐，千金非贵；松子为餐，蒲根是服，未有高蹈真如，归宗法海。梵王四鹤[18]，集林籞而相鸣；帝释千马，经丘园而局步[19]。有一于此，犹或称奇，兼而总之，何其盛也。故知南临之水，已类吕梁之川[20]；北眺之山，弥同武安之岭[21]，岂复还思溆浦[22]，尚想强台[23]，眷彼汉池[24]，载怀荒谷[25]？以此相求，心可知矣。

仆久厌尘邦，本怀人外，加以服膺常住，讽味了因[26]，弥用思齐[27]，每增求友。常欲登却月[28]之岭，荫偃盖之松，挹琁玉之源[29]，解莲华之剑[30]。藩维[31]有限，脱屣[32]无由，每坐向诩之床[33]，恒思管宁之榻[34]。梦匡山[35]而太息，想桓亭[36]而延伫。白云间之，苍江不极，未因抵掌，我劳如何。想无金玉[37]，数在邮示。弱水[38]难航，犹致书于青鸟[39]；流川弗逮，伫芳音于赤玉[40]。鹤望还信，以代萱稣[41]。得志忘言，此宁多述。法车叩头叩头。

## 解说

此文选自《广弘明集》卷二十八《启福篇》。萧绎，已见前《内典碑铭集林序》注。刘智藏即智藏（公元四五八—五二二年），俗姓顾，十六岁即代宋明帝出家，因赐姓刘，吴郡（今江苏省苏州市）人，齐、梁名僧。

在齐时敕住兴皇寺，梁时住开善寺。曾从僧柔、慧次学《成实论》、涅槃学，博采群师，综括众说，为梁《成实论》三大法师之一，又是第一个诵《金刚经》以解厄延寿、去凶化吉的人。梁武帝甚为器重智藏，曾敕于慧轮殿讲《般若经》，又特许其自由出入宫中。智藏曾为梁武帝授菩萨戒，皇太子亦对其致北面礼。

智藏著有《般若》《成实》《法华》等经讲论义疏十数种,《续高僧传》卷五有传。萧绎此书叙相别眷念之思，想对方禅定之悦、栖隐之趣，抒发了其崇信佛法、敬慕高僧的惓惓之情。文章典丽精工，然亦稍嫌堆砌。

## 注释

①**菩萨萧法车：**萧绎自称。据《梁书·武帝纪》，武帝曾“令其王侯子弟皆受佛戒，有事佛精苦者，辄加菩萨之号”。

②**置邮：**驿站。以马传递曰置，以人曰邮。

③**林宗遄反，玄度言归，以结元礼之心，弥益真长之叹：**林宗，郭泰，字林宗，东汉太原人，东汉末太学生首领，不就官府征召，后归乡里。党锢祸起，遂闭门授徒。《后汉书》有传。遄反，速返。元礼，李膺，字元礼，东汉颍川襄城（今属河南省）人，桓帝时为司隶校尉，因反宦官而入狱，释免后仍遭禁锢。灵帝时外戚执政，

被起用，与陈蕃谋诛宦官，后失败死于狱中。李膺生当东汉末世，远见卓识，声闻海内，士人得与之结交，名为登龙门。结元礼之心，谓郭泰游洛阳，李膺一见称奇，遂相友善，名震京师。后郭泰返归故里，士人送者数千人，泰唯与李膺同舟而济，飘然若仙。参见《后汉书·郭泰传》。玄度，许询，字玄度，东晋名士，参见《内典碑铭集林序》注。真长，刘惔，字真长，亦东晋名士，沛国相人，汉室之后，历官司徒左长史、丹阳尹，为政清简，《晋书》有传。真长之叹，谓刘做丹阳尹时，许询曾至，询走后，刘常思念，云："清风朗月，辄思玄度。"（《世说新语·言语》）此处林宗、玄度皆用以比智藏。

④**玄冥**：谓水神。

⑤**岁聿云遒**：时光飞逝。

⑥**缇**：橘红色。

⑦**清台**：汉时天文台。

⑧**北宫**：汉宫殿，用以祠神。

⑨**九次**：九种禅定。

⑩**三密**：通过修行而去除身、口、意三方面的迷惑、蒙蔽，证悟佛性。

⑪**芳杜**：杜若，香草名。屈原《九歌·湘君》："采芳洲兮杜若。"

⑫**薜萝**：薜荔、女萝，植物名，多喻隐士服装。屈原

《九歌·山鬼》:“若有人兮山之阿，披薜荔兮带女萝。”

⑬**韩梅两福**：韩福，汉涿人，以行义修洁著名，昭帝时征辟，行至京兆，因病不得进，赐帛遣归，终身未仕。梅福，字子真，汉九江人，少学于长安，补南昌尉，后去官归里。王莽专权，乃弃妻子隐于吴，亦有其成仙的传说。

⑭**求羊二仲**：求仲、羊仲，皆汉隐士。

⑮**郑林腾名于冯翊**：郑林，当为郑朴之讹。皇甫谧《高士传》卷中:“郑朴，字子真，谷口人也。修道静默，世服其清高。成帝时，元舅、大将军王凤以礼聘之，遂不屈。扬雄盛称其德曰:‘谷口郑子真，耕于岩石之下，名振京师。’冯翊人刻石祠之，至今不绝。”

⑯**周党传芳于太原**：周党，字伯况，东汉太原广武人。束身修志，州里称高。王莽专权，杜门不出，强暴纵横，唯过广武不入。后隐居渑池，著书而终。事见《后汉书·逸民传》。

⑰**百溢**：《大正藏》本作“百镒”，可从。镒，黄金计量单位，一镒等于二十两。

⑱**梵王四鹤**：梵王已见前注，“四鹤”云云，未详。

⑲**帝释千马，经丘园而局步**：帝释已见前注。帝释曾乘千马之车，入舍卫国祇树给孤独园游观。以上两句皆喻智藏所居之处高洁优雅，堪比佛国名苑；智藏德高

望重，可比诸佛。

⑳**吕梁之川：**《庄子·达生》：“孔子观于吕梁，县水三十仞，流沫四十里，鼋鼍鱼鳖之所不能游也。”

㉑**北眺之山，弥同武安之岭：**武安山属魏郡，东晋高僧道安曾在魏郡邺都师从佛图澄，并在此一带讲经传道。以上两句除写景之外，亦有称道智藏才高学富的意思。

㉒**溆浦：**溆水之滨。溆水源出湖南省溆浦县东南，西北流入沅水。屈原《九章·涉江》：“入溆浦余儃佪兮，迷不知吾所如。”

㉓**强台：**台名，又称荆台、章华台。《淮南子·道应训》：“吾闻子具于强台。强台者，南望料山，以临方皇，左江而右淮，其乐忘死。”

㉔**汉池：**汉水。《左传·僖公四年》：“汉水以为池。”南方人认为依凭江水可抵御敌人，如城池一样。

㉕**荒谷：**隐居之地。以上四句皆谓隐栖逸居之地。

㉖**了因：**以智慧观照，体悟佛理，如灯照物，故曰了因。

㉗**思齐：**向别人看齐。《论语·里仁》：“见贤思齐焉。”

㉘**却月：**使月退却，此以形容山高。

㉙**琁玉之源：**《山海经·中山经》：“（升山）黄酸之水

出焉，而北流注于河，其中多璇玉。”

㉚**莲华之剑：**《越绝书》：“越王取纯钩（即剑），薛烛望之，其花捽如芙蓉。”

㉛**藩维：**藩篱，喻藩国。《诗·大雅·板》：“价人维藩。”

㉜**脱屣：**喻摒弃世俗生活。《汉书·郊祀志上》：“嗟乎，诚得如黄帝，吾视去妻、子，如脱屣耳。”

㉝**向诩之床：**向诩当为向栩之误。向栩，字甫兴，东汉河内朝歌（今河南省淇县）人，向长之后。常读《老子》，行似狂生，时常坐板床上，板上有膝踝足指之迹。后应征为官，每论朝廷大事，侃然正色，后为张让所杀。《后汉书》有传。

㉞**管宁之榻：**管宁（公元一五八—二四一年），字幼安，三国魏人，汉末避乱辽东，讲学三十七年始归，皇帝屡征不就。《高士传》载其“常坐一木榻上，积五十五年，未尝箕踞榻上”。以上两句皆比智藏讲经修禅之所。

㉟**匡山：**庐山。庐山自东晋慧远时，即为南方佛教发展的繁盛之地。

㊱**桓亭：**未详。然与上句之“匡山”，当皆为佛学繁兴之所，借以比智藏所居寺院。

㊲**想无金玉：**想不会吝惜言语、笔墨，即不会不复信。《诗·小雅·白驹》：“毋金玉尔音。”

㊳**弱水：**《山海经·大荒西经》："西海之南，流沙之滨……有大山名曰昆仑之丘……其下有弱水之渊环之。"

㊴**青鸟：**相传西王母居于昆仑山，以青鸟为使。参《山海经》等。

㊵**流川弗逮，伫芳音于赤玉：**《高士传》载秦方士安期生"卖药海边，秦始皇东游，请与语，三日三夜，赐金璧，直数千万。出置阜乡亭而去，留赤玉舄为报"。以上两句皆喻望智藏回信之意。

㊶**萱稣：**萱草、苏草，相传可以令人忘忧。

## 译文

菩萨萧绎致礼于大士刘智藏：

自从大士返回山寺，真好似郭林宗返归故里，许玄度自京还乡，使李元礼顿起思念之心，刘真长颇增离别之叹，以至寤寐行止，临风望月，未尝不时刻让人眈思怀恋。如今正当雨季，日色黯淡，浓云翻卷，宫里须生炉火，苑中井水满溢，阴雨之苦，在所难免。遥想大士安居于山中，以修禅习定为娱，渐入佳境；以诵经研论为事，迷惑日除。山间芳草，自有松竹怡人之趣；岩穴鸣琴，不乏隐居之意。修行悟道之暇，必定是十分快乐的啊！

昔日，汉朝有韩福、梅福，有求仲、羊仲，郑朴闻名于冯翊（今陕西省大荔县），周党流芳于太原。他们饥餐松子、蒲根，渴饮山泉，千金不以为贵，万两亦不屑一顾，然而却未能皈依佛法，步入佛教的更高的境界。梵王之四鹤，飞集篱边，引吭而鸣；帝释所乘千马之车，路经山林，也流连不前。世人能享有一件这样值得荣耀的事，已是难得，而您却兼而有之，这真是无可比拟了。在您眼中，您所登临、居处的山水，就是道安法师曾讲经传教的武安山，颇像孔子曾游观、赞叹善咏之人出没的吕梁涧，悠游其中，乐趣无穷，哪里还用得着思慕溆浦，向望强台，眷恋汉池，怀念荒谷呢？由此已可见您高洁宽广的胸怀。

我久已厌烦了尘世生活，本就追求那世外的乐趣，加之服膺佛法，研味佛理，每每想以文会友，时时希望能向德才兼备的人看齐。常常企盼着登上高入云霄的山岭，憩息在亭亭如盖的松荫之下，汲饮清澈甘甜的泉水，解下佩带的莲花之剑。然而国事所限，出家无由，只能像东汉向栩、三国管宁那样，安坐于席位之上，怀想庐山、桓亭这些佛学发展的圣地，为自己不能前往而徘徊叹息。山水阻隔，天各一方，难以晤面，未能抵掌而谈，相思相念之情，又怎能言说？百般无奈，只能依靠青鸟传书，诚望早得佳音，以慰此心。区区之意，毋需赘言。

# 9 统归篇

## 玄圃园讲赋

南朝梁·萧子云

### 原典

曰天监之十七[①]，属储德[②]之方宣，惟玄帛[③]之光盛，信昌符[④]之在焉。于是上照天，下漏泉[⑤]，轮囷[⑥]之气吐烟，日月之景扬员[⑦]。乃圣武[⑧]之龙飞，载为家于天下。思承规于景数[⑨]，遂长发而明社[⑩]。若重光于有周[⑪]，似二英于皇夏[⑫]，方前星而列曜，播洪钟于《胤雅》[⑬]。

去兹永福[⑭]，来即东朝[⑮]。文物是纪，声明是昭[⑯]。发玄章于粉缋[⑰]，靡青绥[⑱]于翠翘[⑲]。銮纳那[⑳]而垂藻，笳和鸣以承箫。载锡其光[㉑]，令闻令望。察情幄帐，让齿虞庠[22]。性与天道[23]，言为珪璋[24]。诗史遥集，《礼》《易》翱翔，义华洛水[25]，文丽清漳[26]。

## 解说

本文选自《广弘明集》卷二十九《统归篇》。萧子云（公元四八七—五四九年），字景乔，南齐豫章文献王萧嶷之子，少有文才，仕梁至侍中、国子祭酒等。侯景之乱，东奔晋陵，卒于显灵寺。其父信仰佛教，子云当受影响。又，子云亦善书法，为时所重。《梁书》附《萧子恪传》。

玄圃园是六朝宫中名园。玄圃，取之于昆仑山名。《梁书》卷八《昭明太子传》载昭明太子“性爱山水，更立亭馆，与朝名士素者游其中”。即为此园。

《玄圃园讲赋》详细描述了昭明太子于园中设座讲法、听众云集的盛况，并极力颂扬了昭明太子的功德、才华，夸饰园中亭台楼阁、山石水沼、珍禽异兽的满目琳琅、悦人耳目。《广弘明集》卷二十收有萧纲《上皇太子玄圃园讲颂启》并《皇太子答》及《玄圃园讲颂并序》，当与此赋同为一时之作。

## 注释

①**天监之十七：**梁武帝天监十七年（公元五一八

年）。

②**属储德**：属，恰逢；储德即储元、储贰，皆谓太子。天监十四年武帝为昭明太子举行加冠典礼。典礼后，太子便可正式参与处理国家政事。

③**玉帛**：瑞玉、缣帛，古代祭祀会盟时的珍贵礼品。

④**昌符**：昌盛之兆。

⑤**漏泉**：润泽下沾，如屋之漏。

⑥**轮囷**：屈曲貌。《史记·邹阳传·狱中上书》："蟠木根柢，轮囷离诡，而为万乘器者。"此以屈曲蟠木的车驾代指梁武帝及昭明太子。

⑦**扬员**：发扬广大。

⑧**圣武**：圣明英武，称颂帝王语。

⑨**景数**：犹大运、国运。

⑩**明社**：似犹明祀，神明之祀，《左传·僖公二十一年》："崇明祀，保小寡，周礼也。"

⑪**若重光于有周**：《尚书·顾命》："昔君文王、武王宣重光。"喻昭明太子能继梁武帝之功德。重光，日月重明。

⑫**似二英于皇夏**：二英似指夏禹及其子启，此比梁武帝与昭明太子。

⑬**《胤雅》**：乐章名。南朝梁《三朝雅乐》之一，太子出入，奏《胤雅》，取《诗·大雅·既醉》："君子万年，

永锡祚胤。”

⑭**永福**：萧统于天监元年被立为皇太子，时尚幼，依旧居宫内永福省（省：皇帝听政之官署）。

⑮**东朝**：东宫，太子所居。

⑯**文物是纪，声明是昭**：文物，礼乐典章制度。声明，声音与光彩。《左传·桓公二年》：“文物以纪之，声明以发之。”

⑰**粉缋**：绘画，代指皇宫。

⑱**青緌**：緌，帽带垂于下巴下的部分。指代官服。

⑲**翠翘**：妇女头饰，似翠鸟之长毛，故名。

⑳**纳那**：纳纳，广大宽和貌。

㉑**载锡其光**：谓太子光辉普照。《诗·大雅·皇矣》：“载锡之光。”载，语气词。

㉒**让齿虞庠**：谓太子谦恭大度，以礼待人。虞庠，学校。

㉓**天道**：自然之道。

㉔**珪璋**：朝会所执美玉。

㉕**洛水**：洛河，源出陕南，东流入黄河。

㉖**清漳**：漳河上游支流之一，在山西东部。

## 译文

今皇帝天监十七年（公元五一八年），时值皇太子加冠典礼举行之后不久，国君后继有人，国家兴旺强盛，国运昌明通达，真犹如日月经天，光照天地。皇上圣明英武，秉承天意，为太子加冠，使其得参朝政，使国家大业更替相传，长治久安，则又犹如周文王、周武王烜赫于西周，夏禹、夏启光照于夏朝，可谓日月星辰，光辉相继。

皇太子离开幼时所居的宫中永福殿之后，便正式入居东宫，一切礼乐典章制度，声威与光彩，皆呈现出太子的气象。太子在东宫不重声色，而留心玄理。专力政事，谦逊大度，处断宽宥，天下称颂，声名远闻。太子又天性自然，金口玉言，《礼》《易》娴熟，诗、史兼擅，著述文章，词彩卓然。

## 原典

昔七觉[①]之吐华，高人天而为长。道西被乎日用，法东流而未朗。故授神药[②]于文昌[③]，寄宝船[④]于明两[⑤]。异昔谈而同世，亦千年而影响。闻填填之法雷[⑥]，见慧云之初爽，真如之轨既接，发挥之功已蹑。间金泥[⑦]，剖玉牒[⑧]，削蒸栗之简，采罗树[⑨]之叶。石室灵篇[⑩]，南宫[⑪]神箧[⑫]。所以一音[⑬]不已，而待规重矩叠者矣。惟至人[⑭]之讲道，必山林之闲旷。彼柰园[⑮]与杏坛[⑯]，深净名[⑰]与素王[18]。模清游之浩漾，拟乐贤之隆壮。睿情杳然，是焉供帐[19]。乃高谈玄圃之苑，张乐宣猷[20]之上。

## 注释

①**七觉：**七觉分，对佛理的七种觉悟。

②**神萠：**佛家文体，文称萠，诗称偈。

③**文昌：**星名，又称文曲星，中国神话中主掌文运的星宿。

④**宝船：**佛法。

⑤**明两：**颂扬帝王明照四方。语出《周易·离卦》："明两作离，大人以继明照于四方。"谓离卦为两明前后相续之象。

⑥**法雷：**佛之说法。使愚昧之人内心萌动，如雷声震骇人心。

⑦**间金泥：**以水银和金粉为泥，用以封印诏书等。间，当从《大正藏》本作"开"。

⑧**玉牒：**此指典册。

⑨**罗树：**多罗树。树形、树叶如棕榈，印度人用以写经文，称为贝叶。

⑩**石室灵篇：**国家藏图书档案之处所藏图书。

⑪**南宫：**南宫本为南方列宿，汉用以比尚书省，掌

文书、章奏等。

⑫**神箧**：亦指典册。

⑬**一音**：一音声，指如来说法而言。

⑭**至人**：道德修养达到极高境界的人。《庄子·逍遥游》："至人无己。"

⑮**柰园**：庵罗树园，说《维摩诘经》之处。

⑯**杏坛**：传说孔子聚徒讲学处。出《庄子·渔父》。

⑰**净名**：维摩诘居士。

⑱**素王**：此指孔子，语出《论衡·定贤》。

⑲**供帐**：设置帷帐以备陈设礼乐。

⑳**宣猷**：宣犹，原谓征求众人意见，此指听众。

## 译文

昔日佛创派开宗，天下独尊，佛法在西方广为传播，而尚未在中国流布。于是有文运东移，得帝王倡导，佛法化行，虽与西方佛说有所不同，然毕竟也是佛教千年相传的一脉。如今的中国本土，处处可见传法之人，时时可闻讲经之声，佛教最高的真理既已昭明，修行进善，超越生死，进入这一永恒不灭的境界，就自然成为可能。而翻检官府文书章奏、皇室收藏典册，所见多有佛教经籍；披览君王诏书，以及各种图帙书简，亦多涉释家之说，此可谓如来一语，揣摩品味、注疏讲说者便有百千之家。只不过道德修养高的人讲经传道，往往选择闲旷幽静的山林，正像维摩诘居士要在庵罗树园讲经、孔子会在杏坛聚徒一样。皇太子生性聪敏，留意释典，喜招高僧隐逸，尤爱才学之士，纵恣通脱，寄情西方。于玄圃园筑台设馆，招徕僧众，讲说佛经，孜孜不倦。

## 原典

观夫灵圃要妙[①]，揔禁林之叫窱[②]，禀犨道之三星[③]，躔离宫之六曜[④]。写溟浚沼，方华作峭。其山则峛崺[⑤]貏豸[⑥]，硱磳[⑦]謳诡；坂墀巀嶭[⑧]，夏含霜雪。下则溪壑泓澄，虹蝃[⑨]降升；上则青霄丹气，云霞郁蒸。金华琳碧，烛银碝石[⑩]，藻玉[⑪]摛[⑫]白，丹瑕流赤。周以玉树灌丛，紫桂香枫，篔筜[⑬]含人，桃枝育虫。妙草的皪[⑭]，灵果垂蓌[⑮]，长卿[⑯]寒翠，简子[⑰]秋红。

崖戴云而吐雨，木鸣条[⑱]而起风。中有兰渚华池，渌流潩泞[⑲]，激水推移，弥望杳溟。到飞阁之嵯峨，漾钓台而浮迴；张翠帷于鸿船，泛羽旒[⑳]于雀艇[㉑]。鸟则杉鸡[㉒]绣质，木容[㉓]锦章，戴胜[㉔]吐绶，鸜鹆[㉕]讴香。璧龟紫鳖，鹔鷞[㉖]鸳鸯。风鸣日思，高广浮长。内则钱荇[㉗]菱华，菡萏散葩；硉矶[28]巨石，瀇滉[29]碧砂；离篵[30]比目，累绮红虾。漂青纶之蒉折，荡碧组[31]之鬖髿[32]；铜龟受水而独涌，石鲸吐浪而戴华。所以借园籞之壮观，将仿像于毗耶[33]。

## 注释

①**要妙**：精要微妙。

②**叫窱**：深远。

③**辇道之三星**：古星名，属天鹅、天琴星座。《晋书·天文志上》:“织女……两足五星曰辇道。”三星，疑为“五”之误。此谓宫中供帝王往来之道路。

④**离宫之六曜**：星名。《晋书·天文志上》:“离宫六星，天子之别宫，主隐藏休息之所。”此指皇宫。

⑤**岃嶡**：犹逦迤，连绵不断的样子。

⑥**貏豸**：兽名，此比山高低不平的样子。

⑦**硱磳**：石高耸貌。

⑧**坂墀巀嶭**：山势高峻貌。

⑨**蝃**：虹。

⑩**碝石**：似玉之石。

⑪**藻玉**：有彩色纹理的玉。

⑫**摛**：传布、伸展。

⑬**篔筜**：竹名，皮薄，节长而竿高。

⑭**的皪**：明亮，鲜明貌。

⑮**蔆**：树的细枝。

⑯**长卿**：蟹的别名。此疑为一种藤蔓植物。

⑰**简子**：藤类果实。

⑱**鸣条**：风吹树林而发声。

⑲**淵泞**：水清貌。

⑳**羽旒**：旌旗下悬垂的羽饰。

㉑**雀艇**：小舟。

㉒**杉鸡**：鸟名，常在杉树上，故名。

㉓**木容**：鸟名。

㉔**戴胜**：鸟名，似雀，五色有冠。

㉕**鸐鸈**：鸟名，似雉，飞时上下相呼。

㉖**鸊鷉**：水鸟，似凫而小。

㉗**钱荇**：水菜。

㉘**硉矹**：岩石高峻貌。

㉙**潰潍**：沙水往来貌。

㉚**离簁**：离蓰，毛羽始生貌。

㉛**青纶、碧组**：皆水草名。

㉜**鬖髿**：鬖鬖髿，毛发蓬松貌。

㉝**毗耶**：Vaiśāli，即毗耶离城，维摩诘居士之居所。

## 译文

玄圃园精要微妙，在皇室园林中最为深曲幽远，它有辇道可与宫廷相通，很像是天子的别宫。园中山水池沼，亭台楼阁，应有尽有。其山或高耸峻峭，或奇特怪异，迤逦连绵，高下参差，气象各不相同。山间溪水淙淙，池潭清澈，水珠飞溅，映日成虹；山上青云缭绕，云霞蒸蔚。金玉琳琅，珍石满目，藻绿瑕红，流光溢彩。山石周围，树木繁荫，丛林茂密，紫桂飘香，秋枫映红，筼筜摇曳，桃李结实。又有灵草育生，仙果垂枝，长卿寒翠，藤子秋彤。

时而山崖云飞，微雨洒落，时而山风乍起，树枝作响。园中池塘溪流，碧水澄澈，清波荡漾，楼阁巍峨，倒映在水中，垂钓之台，似浮于水面；雕饰巧丽的小艇，不时在水面划过。林中杉鸡五彩缤纷，木容照眼锦绣，戴胜吐绶，鸐鹢讴吟。水面岸边，龟鳖潜藏，鷿鷉鸳鸯，浮游嬉戏。水中菱花开放，荷叶飘香，嶕石凸兀，沙砾摇荡，比目翱游，虾儿穿梭，青纶漂浮，碧组摇曳。水流涌动，铜龟似乎要浮出水面；石鲸吐浪，溅起朵朵水花。玄圃园美丽壮观，已颇与维摩诘居士所处的毗耶城相似。

## 原典

于是清宫广辟，宿设宵张，华灯熠耀，火树散芒。敛闪六尺，笼丛九光[①]。颖若流金之出沙屿，粲若列宿之动天潢[②]。朝曭朗[③]而戒旦[④]，云依霏而卷族。轻辇西园，齐宫北囿。仗卫[⑤]济济，僧徒肃肃。法鼓[⑥]朗而震音，众香馝而流馥。亦有百兽睒睒皀皀[⑦]，云车九层，芝驾四鹿[⑧]。吴越楚艳，胡笳燕筑[⑨]。常从名倡，戏马蹋鞠[⑩]。巡少阳[⑪]，渡紫复[⑫]，绕崇贤，瞰承禄[⑬]。扬散华之飘飖，响清梵[⑭]于林木。灯王归而赠筵[⑮]，香积来而献熟[⑯]；似众圣[⑰]之乘空，若能仁[⑱]之在目。

既而俄轩有睟，肆筵授几[⑲]。高殿肃而神严，微言[⑳]欣而奏理[㉑]。焕嘉语于丹青，得亲承于音旨。智周物[㉒]而为心，情研机[㉓]而尽谛；言超超而出象，理亹亹[㉔]而逾系[㉕]类。炙两娱心之谈，未足云，晋储真假之理，岂能逮[㉖]？

史臣乃载笔撰功，请事其职，赋金相玉式[㉗]。世既闻甘露之言，民已登仁寿之域矣。将奉瑶宫之轪[㉘]，陪云楼之轼，福穰穰[㉙]委如山，长莫长永无极。

## 注释

①**敛闪六尺，笼丛九光：**形容光芒四射，耀眼夺

目。笼丛，松散。六尺、九光，形容色彩缤纷。

②**天潢**：天河。

③**曭朗**：不明貌。

④**戒旦**：天将明。

⑤**仗卫**：仪仗护卫。

⑥**法鼓**：击鼓进兵。譬佛说法告诫众生修善。

⑦**皎皎皁皁**：细小的样子。

⑧**云车、芝驾**：本指仙家之车，此指太子车驾。

⑨**胡笳燕筑**：流行于北方民族中的两种管弦乐器。

⑩**蹋鞠**：蹴鞠，古代军中习武的一种游戏。

⑪**少阳**：东方之极地。此似代指宫殿名。

⑫**紫复**：似指宫中复道，犹阁道，俗称天桥。

⑬**崇贤、承禄**：似皆为宫殿名。

⑭**清梵**：寺僧诵经之声。

⑮**灯王归而赠筵**：据《维摩经》，有东方世界曰须弥相，其佛号须弥灯王，维摩诘现神通力，灯王遣三万二千师子座（佛之座位）至维摩诘室。

⑯**香积来而献熟**：香积，众香世界之佛名。此国一切皆香，此国所供饮食名香积饭。

⑰**众圣**：小乘初果以上，大乘初地以上断惑证理诸圣人。

⑱**能仁**：释迦牟尼佛之旧译。

⑲**肆筵授几**：陈列座次。肆，陈列。《诗·大雅·行苇》："肆筵设席，授几有缉御。"

⑳**微言**：精微之言。

㉑**奏理**：皮肤纹理及肌肉间的空隙，此指理论上有条理。

㉒**周物**：遍及一切人和事物。《周易·系辞上》："知周乎万物，而道济天下。"

㉓**机**：根机、机缘，本为自己心性所有，可受佛法所激而萌动。

㉔**亹亹**：言论动听，有吸引力。

㉕**系**：《周易·系辞传》，附于爻卦之下，泛论易理，内容博杂。

㉖**炙两、晋储**：炙两，据《大正藏》本，当为"吴两"，指吴太子。下句"晋储"，则谓晋太子。然此两句所据何典，未详。

㉗**金相玉式**：比喻事物的内容和形式都很美。《诗·大雅·棫朴》："追琢其章，金玉其相。"（《大正藏》本作"赋金相，歌玉式"。）

㉘**轪**：车毂端的帽。

㉙**穰穰**：同攘攘，丰富、繁盛貌。

## 译文

于时园门大开，花灯齐放，通宵达旦，筹设讲筵。火树银花，光芒四射，若沙金从岛屿中流出，像群星在天河里闪烁。待到夜幕渐渐隐去，天色将明，朝霞满天，太子即乘车自东宫前往园中。只见仪仗护卫，前后簇拥；僧徒济济，肃然跟随。法鼓咚咚，香烟缭绕。百兽匍匐驯顺，车驾若仙家降临。吴越美女，胡燕乐手，日常侍从的歌女，娱乐君王的名优，也尾随其后。车驾经过少阳宫，沿着宫中复道，绕过崇贤殿，跨过承禄宫，继续前行。天空中飘洒着鲜花，树林外传来诵经的清音。须弥灯王遣送三万二千师子座，香积国亦派人献上香饭；恰似众圣乘空而至，又如释迦牟尼佛赫然在目。

很快，车到玄圃，太子率众人依次入座，一切都井然有序。高殿肃穆庄严，宣讲精妙而富有条理，经说善言得以展现发挥，众人又得以亲耳聆听太子的音声。太子的智慧足以惠及万事万物，太子的情性颇能切合机缘，识悟佛理，因而太子的解说高超奥妙，远出物象之外；娓娓动听，已非《周易·系辞》之类的讲疏所能拘限，也不是吴公子娱心之谈、晋太子那番议论真假的道理所能比拟的。

于是臣下请求将玄圃园太子讲法之事载入史册，

作诗为赋，颂其功德。世人既已聆听了太子讲法的美善之言，便可荣享长寿遐龄，追随太子车驾，步入琼楼玉宇，福比南山，永驻天国。

## 八关斋诗并序

东晋·释支遁

### 原典

间与何骠骑[①]期，当为合八关斋。以十月二十二日，集同意者在吴县土山[②]墓下，三日清晨为斋始。道士白衣，凡二十四人，清和肃穆，莫不静畅。至四日朝，众贤各去。余既乐野室之寂，又有掘药之怀，遂便独住。于是乃挥手送归，有望路之想[③]；静拱虚房，悟外身之真[④]；登山采药，集岩水之娱。遂援笔染翰，以慰二三之情。

八关斋诗三首其三

靖一[⑤]潜蓬庐，愔愔[⑥]咏初九[⑦]。广漠[⑧]排林篠，流飙洒隙牖。

从容遐想逸，采药登崇阜。崎岖升千寻[⑨]，萧条临万亩。

望山乐荣松，瞻泽哀素柳[⑩]。解带长陵岥，婆娑[⑪]清川右。

冷风解烦怀，寒泉濯温手。寥寥神气畅，钦若盘春薮。

达度冥三才，恍惚丧神偶[12]。游观同隐丘，愧无连化[13]肘。

## 解说

本篇选自《广弘明集》卷三十《统归篇》。支遁，东晋高僧，已见前《阿弥陀佛像赞并序》注。八关斋，谓于斋日奉行八种斋法，包括：不杀生，不偷盗，不邪淫，不妄语，不饮酒，不涂脂施粉、歌舞游乐，不卧好床以及过午不食（即所谓斋）。

佛教认为僧徒诚心奉行八关斋，可“各相感发，心既感发，则终免罪苦，是以忠孝之士，务加勉励，良以兼拯之功，非徒在己故也”（《弘明集》卷十三郗超《奉法要》）。东晋以后，八关斋盛行于南朝。此诗并序，据汤用彤先生考证（参《汉魏两晋南北朝佛教史》页一二六），当作于东晋康帝建元元年（公元三四三年），支遁游京师返吴之后。

## 注释

①**何骠骑**：骠骑将军何充，字次道，庐江人，有文才，富情思，时领扬州刺史，镇京口。

②**吴县土山**：吴县，属江苏省。土山，据《崇祯吴县志》卷三引《越绝书》，谓“土山者，春申君治为贵人冢，去县十六里，疑即道林斋会之地，去支硎（山）为近，岂即此也”。

③**望路之想**：惜别和思念之意。

④**外身之真**：身外之理，超世脱俗之理。

⑤**靖一**：专一。

⑥**愔愔**：安静和悦貌。

⑦**初九**：《周易·中孚》：“象曰：初九虞吉，志未变也。”意谓斋日吉利，应持戒除恶，坚定信念。

⑧**广漠**：辽阔空旷，寂绝无为。

⑨**寻**：古代长度单位，八尺为一寻。

⑩**素柳**：肃秋之柳。

⑪**婆娑**：此谓徘徊、盘旋。

⑫**丧神偶**：本谓丧魂落魄，此形容得意忘象、出神入化的境界。《庄子·齐物论》：“仰天而嘘，答焉似丧其耦。”

⑬**连化**：共同化恶为善。

## 译文

近日与骠骑将军何充商讨，应当在斋日举行一次倡导奉持八种戒规的活动。十月二十二日，二十四位志同道合的僧徒和士人，聚会在吴县土山脚下，并于第二日清晨始奉行斋戒。此日气氛清静和平，庄严肃穆，斋戒诸人莫不心志宁静，情绪舒畅。二十四日晨，众人各自散去。我自己既乐于山野独处的安静，又想采些药草，于是与众贤依依惜别，静处僧房，体悟身外之理；登山采药，颇有山水之乐。因而援笔抒怀，以寄诸位友人。

八关斋诗三首其三

息心茅庐中，吉日咏襟怀。林竹生旷野，秋风动户牖。

从容发逸想，采药登崇山。山路既崎岖，万壑景萧然。

松青令人喜，柳凋令人悲。卧身高坡上，漫步清溪侧。

冷风解吾忧，寒泉静我虑。寥寥神情爽，宛如置春野。

达旷天地间，恍若出世外。因观同志士，难同臻化境。

# 念佛三昧诗集序

东晋·释慧远

## 原典

序曰：夫称三昧[1]者何？专思寂想之谓也。思专，则志一不分；想寂，则气虚[2]神朗。气虚，则智恬其照；神朗，则无幽不彻。斯二者，是自然之玄符，会一而致用也。是故靖恭[3]闲宇，而感物通灵，御心惟正，动必入微。此假修以凝神，积习以移性，犹或若兹，况夫尸居[4]坐忘[5]，冥怀至极，智落[6]宇宙，而暗蹈大方[7]者哉？请言其始，菩萨初登道位，甫窥玄门，体寂无为而无弗为[8]。及其神变也，则令修短革常度，巨细互相违[9]，三光回景以移照，天地卷舒而入怀矣。

又，诸三昧，其名甚众。功高易进，念佛为先。何者？穷玄极寂，尊号如来，体神合变，应不以方。故令入斯定者，昧然忘知，即所缘以成鉴。鉴明则内照交映而万象生焉，非耳目之所暨而闻见行焉。于是睹夫渊凝虚镜之体，则悟灵相湛一，清明自然；察夫玄音之叩心听，则尘累每消，滞情融朗，非天下之至妙，孰能与于此哉？以兹而观，一觌之感，乃发久习之流覆[10]，豁昏俗之重迷。若以匹夫众定之所缘，固不得语其优劣，居可知也。

是以奉法诸贤，咸思一揆[11]之契，感寸阴之颓影，惧来储之未积。于是洗心法堂，整襟清向，夜分忘寝，夙宵惟勤。庶夫贞诣之功，以通三乘之志，临津济物，与九流而同往。仰援超步，拔茅[12]之兴，俯引弱进，垂策其后。以此览众篇之挥翰，岂徒文咏而已哉?

## 解说

本文选自《广弘明集》卷三十《统归篇》。慧远曾与庐山僧侣及刘遗民等人建斋立誓，倡导净土信仰，勤修念佛三昧，期生西方佛国。所谓念佛，是一种修持禅定的方法，慧远等人在这里依据的是东汉支谶译的《般舟三昧经》，即在修行的过程中念佛的形象和西方净土的景色。慧远认为在诸种三昧中，念佛为先，而念佛三昧又在于凝思静虑，用志不分，能做到这一点，再加上勤修不懈，便能往生佛国。慧远诸人又曾以念佛为题，唱和酬答，结撰成集，此文便是慧远为诸人题咏所作的序。诸人三昧诗多已不可见，唯存王齐之和作一首（见《广弘明集》卷三十）。

## 注释

①**三昧：**梵文音译，意为定、正定，即排除一切杂念，凝思静虑的意思。三昧有多种，参见《大日经疏》卷六。

②**虚：**虚静，是身心修养所达到的一种境界。《庄子·人间世》："虚者，心斋也。"

③**靖恭：**恭谨。《诗·小雅·小明》："靖共尔位，正直是与。"

④**尸居：**像尸体一样静止无为。

⑤**坐忘：**物我两忘，淡泊无思虑。

⑥**落：**摈弃。

⑦**大方：**大道理。

⑧**菩萨初登道位，甫窥玄门，体寂无为而无弗为：**菩萨，自修佛道同时又普救众生的人。菩萨修行成佛要经过极为漫长的时间，这期间可分三大阶段、五十个等级。在第一阶段的修行圆满结束后，初悟佛理，迷惑渐除，心中喜悦，已进入一种无为又无不为的修行境界。道位，修道的位次、等级。

⑨**神变也，则令修短革常度，巨细互相违：**灵妙莫测，与生俱来的智慧，以超常的方式（所谓长短巨细超乎常规）显示出来。谓神变，即成佛。

⑩**流覆：** 揭除蔽障。

⑪**一揆：** 同一道理。《孟子·离娄下》："先圣后圣，其揆一也。"

⑫**拔茅：** 推荐引进。

## 译文

什么叫"三昧"？"三昧"就是凝思静虑。凝思，就能一心无二；静虑，则可气虚神朗。内气虚静冲淡，智慧才能显示出来；神情开朗豁达，就可以洞察幽微。这两个方面皆玄妙自然，融会合一，其用无穷。因此，恭敬谨慎，心无邪念，才能感应外界事物，洞察秋毫。凝思静虑，专心致志，不但为一般的身心修养所必需，而且对心怀佛理，超然脱俗，静默无为，物我两忘，志在悟道成佛的人来说，更是不可须臾或缺的。即如自度度人的人在修行成佛的第一阶段完成后，初悟佛理，迷惑渐除，已进入一种静默无为而又无不为的修行境界。待到修行者自身与生俱来、灵妙莫测的智慧，超乎常规地展示出来的时候，天地纵宽广，皆在我胸中，日月虽经天，亦为我驻足，证圣成佛，即在眼前。

三昧亦有多种，名目可谓纷繁，但功德最高而又易见成效的，则首推念佛。为什么这样说呢？因为位处虚静空寂、无生无灭的如来，可与修行之人的内心的智慧、悟性及其超常的展现息息相应，而并不拘于一格，所以能使修行并进入凝思静虑的禅定状态的人，随着自己想象的驰骋而得悟佛性。佛性既悟，则心境澄澈，万物皆备，已不是一般人之耳目所能闻能见的了。于是得见凝虚渊深的如来真身，方知佛的形象纯洁澄清，玲珑自然；聆听美妙绝伦的传法玄音，不觉烦累顿消，神情开朗，若非进入至妙至善的境界，怎能产生如此神奇的功效呢？由此可见，通过凝思静虑，专心念佛，一旦与佛相感应，步入妙境，就可以揭除久习而无所获的蔽障，驱散萦绕人们心头的迷雾，与其他诸种三昧所能收到的功效相比，谁优谁劣，不言自明。

现在，诸位奉佛高士，有感于光阴荏苒，来生未卜，皆希望深研念佛三昧，修行有成，于是整衣登堂，清心寡虑，废寝忘食，勤勉不懈。其修行的目的与大乘佛法相同，其修行的功效足以普救众生。大家一心念佛，相互切磋，携手并进，由此而即兴挥毫，赋诗言志，又哪里是一般的文人题咏所能比拟的呢？

# 奉和（梁简文帝）望同泰寺浮图诗

南北朝·庾信

## 原典

迢迢[①]陵太清[②]，照殿比东京[③]。
长影临双阙[④]，高层出九城[⑤]。
栱[⑥]积行云碍，幡[⑦]摇度鸟惊。
凤飞如始泊，莲荅似初生[⑧]。
轮重对月满，铎韵拟鸾声[⑨]。
画水流泉注，图云色半轻[⑩]。
露晚盘犹滴，珠朝火更明[⑪]。
虽连博望苑，还接银沙城[⑫]。
天香下桂殿，仙梵入伊笙[⑬]。
庶闻八解[⑭]乐，方遣六尘情。

## 解说

此诗选自《广弘明集》卷三十《统归篇》。南朝佛教至梁武帝萧衍可谓全盛。梁武帝虽也主三教合一，但实则近于以佛教治国。在位数十年中，建寺院甚多，而尤以建于普通八年（公元五二七年）的同泰寺最为壮丽宏大。梁武帝常于此设法会，而且曾数次舍身于同泰寺。本诗的作者庾信（公元五一三—五八一年），字子山，北周文学家，南阳新野（今属河南省）人，庾肩吾之子。初仕梁，后出使西魏，值西魏灭梁，留仕西魏、北周，官至骠骑大将军、开府仪同三司。

庾信善诗赋、骈文，在梁时文风绮艳，晚年诗赋萧瑟苍凉。今有《庾子山集》传世。据诗中“虽连博望苑”句，此诗似作于中大通年间，梁简文帝为太子时。梁简文帝与诸僚属远望同泰寺塔，先有诗作，庾信等应声和作。庾诗描绘了同泰寺塔的巍巍富丽。浮图，谓塔。

## 注释

①**迢迢：**高貌。

②**太清：**谓天空。

③**东京：**洛阳。传说东汉明帝梦见佛身白光照殿。此言寺塔神光可与东汉明帝所见比美。

④**阙：**宫殿门两边的高建筑物。

⑤**九城：**古代传说昆仑山上有层城九重，此指皇宫和京城。

⑥**栱：**斗栱。传统建筑中的一种支承物体，在柱与屋顶之间，迭构而成，构造精美。

⑦**幡：**旗帜。

⑧**凤飞如始泊，莲萼似初生：**言铸凤形甍标，似飞凰驻足；刻莲花方井，栩栩如生。

⑨**轮重对月满，铎韵拟鸾声：**谓法轮如日月，流转不息，塔檐摇铃似鸾凤和鸣。

⑩**画水流泉注，图云色半轻：**言壁画流水行云，轻灵飞动。

⑪**露晚盘犹滴，珠朝火更明：**汉武帝曾于殿前建承露盘，此谓塔内饰有金银珠宝，金璧辉煌。

⑫**虽连博望苑，还接银沙城：**博望苑，汉武帝立太子开博望苑以接待宾客，苑在长安南门外。银沙城指佛国。由此句可知梁简文帝时为太子。

⑬**天香下桂殿，仙梵入伊笙：**据《三辅黄图》，汉昆明池中有灵波殿，以桂为柱，风来香飘，故可称桂殿。传说王子晋好吹笙，作凤鸣，曾游于伊川、洛阳间。仙梵，指僧衣。

⑭**八解：**八解脱，即摆脱各种烦恼欲念的束缚。

## 译文

遥望寺塔，高入云霄，光照今世，比美汉明。

塔影长长，毗邻宫阙，塔身巍巍，俯瞰皇城。

斗栱连锁，上遏行云，旗帜飘扬，飞鸟惊恐。

甍标似凤凰驻足，莲井亦栩栩如生。

法轮如日月运转，永无止息，铎铃铿锵作响，似鸾凤和鸣。

壁画行云流水，自然轻灵。

塔饰金银珠宝，琳琅满目。

寺塔既下接宫苑，又何尝不与佛国相连？

那天香绕塔飘散，便似有众佛下凡。

陶醉在悠扬悦耳的梵乐中，不觉已顿除世俗欲念。

## 被幽述志诗并序

南朝梁·萧纲

### 原典

梁简文于幽絷中援笔自序云：

有梁正士，兰陵①萧纲，立身行己，终始若一。风雨如晦，鸡鸣不已②。非欺暗室，岂况三光③。数④至于此，命也如何！

诗曰：

恍惚烟霞散，飔飂松柏阴。

幽山白杨⑤古，野路黄尘深。

终无千月命，安用九丹⑥金？

阙里[7]长芜没，苍天空照心！

十月弑于永福省，年四十九崩，崩时太清五年也。

## 解说

本诗选自《广弘明集》卷三十《统归篇》。梁武帝太清三年（公元五四九年），太子萧纲即位，是为梁简文帝。仅隔一年，叛将侯景攻占京师，梁简文帝被拘禁于永福省，十月被害。此诗并序，又《连珠》三首皆作于被拘禁时。诗借景抒情，临终言志，表现了其立身守正、随运而化的志趣，抒发了悲苦无救、凄怆哀怨的愤懑之情。

## 注释

①**兰陵：**南兰陵中都里，今江苏省武进县。

②**风雨如晦，鸡鸣不已：**语出《诗·郑风·风雨》。两句写景是虚，渲染作者临终悲苦无救、凄惨哀怨是实。

③**三光：**日、月、星谓之三光。

④**数：**国家的命运、气数。

⑤**幽山白杨：**幽山，指阴间。白杨，《古诗十九首》其十四："白杨多悲风，萧萧愁杀人。"

⑥**九丹：**道家所谓服之可以成仙的九种灵丹妙药。

⑦**阙里：**原指孔子故里，此谓梁朝宫阙。

## 译文

梁简文帝萧纲于拘禁中持笔自序说：

梁朝正士，兰陵萧纲，立身行事，始终如一。“风雨如晦，鸡鸣不已。”虽陷囹圄，士不可辱；日月在上，岂又能欺？国运至此，身命奈何！

诗曰：

人生如梦，转瞬烟霞散尽，松风阴森。

黄泉路上，枯木白杨，野径尘封。

人纵长生，犹有尽时，灵丹妙药，服之何用？

今日辉煌殿宇，锦簇花团，终落得荒草芜没，断壁残垣。悠悠苍天，吾又何言！

十月时被弑于永福省，时年四十九岁，逝世时是太清五年。

# 奉和（江令）往虎窟山寺诗

南朝陈·王冏

## 原典

美境多胜迹，道场实兹地。

造化本灵奇，人功兼制置。

房廊相映属，阶阁并殊异。

高明留睿赏，清净穆神思。

豫游穷领历，借此芳春至。

野花夺人眼，山莺纷可喜。

风景共鲜华，水石相辉媚。

像法无尘染，真僧绝名利。

陪游既伏心，闻道方刻意。

## 解说

此诗选自《广弘明集》卷三十《统归篇》。这是一首和作。汤用彤先生在《汉魏两晋南北朝佛教史·佛教之南统》一章中指出："晋宋以来，僧徒多擅文辞，旁通世典，士大夫兼习佛理。又因僧寺清幽，尤为其游观倡和之地，因而文人学士，首已在文字上结不解因缘。"这是很正确的。唱和诗在南朝迅速发展，并逐渐形成一种风尚，不能说与佛教的兴盛无缘。

江令，即江总，陈侍中、尚书令，《陈书》有传。江总少年即归心佛教，年二十余入钟山，从则法师受菩萨戒，晚年仕陈至尚书令，仍与摄山慧布上人为道友。虎窟山，据孔焘和作"脂驾出西南"句，山当在南京市西南。又，孔作中有“灵龛”“清潭”，他人和作中亦有“沟壑”“涧道”等，其地不知是否在今南京市乌龙潭一带。治中王冏，生卒不详。此诗描绘虎窟山寺春景明丽可喜。“野花”两句尤清新自然。

## 译文

世间的名胜古迹，多蕴藏于优美的山水之中。
大自然本已奇妙，况人力巧夺天工。
台阁构造独特，房廊往复相通。
清幽令人赏，高广乐登临。
适逢芳春至，山岭遍游历。
野花夺人眼，山莺欣可喜。
水石相辉映，风景何妍丽。
佛法无尘染，高僧弃名利。
同游既归心，闻道亦一意。

# 谒并州大兴国寺

唐·李世民

## 原典

回銮游福地[①]，极目玩芳晨。

梵钟交二响，法日转双轮。
宝刹遥承露，天花近足春。
未佩兰犹小，无丝柳尚新。
圆光低月殿，碎影乱风筠。
对此留余想，超然离俗尘。

## 解说

此诗选自《广弘明集》卷三十《统归篇》。原题二首，今存一首。李世民已见前《三藏圣教序》注。并州，汉置，其地约相当今内蒙古、山西大部及河北一部分，治所为太原。唐太宗晚年较为信佛，曾与玄奘谈玄论道，并将玄奘所译经论颁赐全国各地。贞观十九年（公元六四五年）春，太宗率大军亲征高丽，十二月还并州，次年初春还京师，此诗即作于在并州时。

## 注释

①**福地**：安乐之地，指兴国寺。

## 译文

回驾游佛寺，清晨极目望。
法轮转不息，寺钟遥相闻。

宝塔承仙露，天花落凡尘。
兰蕊含未放，鹅黄柳色新。
月上低佛殿，风来乱竹筠。
对此留遐想，超然离俗尘。

# 源流

《广弘明集》源出《弘明集》。

元释念常《佛祖历代通载》卷十二曾言道宣是僧祐后身，这当然不足信，但即以二人一生学问和著述看，的确有很多相似之处。譬如，二人都毕生致力律学，造诣很深，声著当世；又都以弘道明教为己任，著述甚丰，像僧祐的《出三藏记集》《弘明集》《释迦谱》，道宣的《续高僧传》《广弘明集》《大唐内典录》，在佛学中都有很高的价值和地位。道宣对僧祐十分推崇，观其所撰《释迦氏谱》与僧祐的《释迦谱》，传承关系十分明显，而《弘明集》与《广弘明集》，则一向以保存了许多重要的佛学思想史料而并称于世。下面，我们即对《弘明集》与《广弘明集》的传承关系略作探讨。

《弘明集》与《广弘明集》的编撰动机和宗旨是一

致的。僧祐编纂《弘明集》，是有慨于佛教传入中国不久，世人崇信者较少而疑惑、排斥者较多，尤其是来自道教的非难和攻击较多，因而才“志深弘护，静言浮俗，愤慨于心，遂以药疾微间，山栖余暇，撰古今之明篇，总道俗之雅论”[①]，成《弘明集》十四卷。所谓“弘明”，就是要阐明佛学义理，弘扬佛教精神。

道宣编撰《广弘明集》，同样是不满于“中原周魏，政袭昏明，重老轻佛，信毁交贸”的状况，又认为僧祐编《弘明集》，“有梁所撰，或未寻讨”，于是“寻条揣义，有悟贤明，孤文片记，撮而附列，名曰《广弘明集》，一部三十卷”[②]。其弘道护教，扬佛抑道的主旨是十分明显的。

《广弘明集》与《弘明集》在编选内容上也是一脉相承的。《弘明集》收入了自东汉至梁的许多重要的佛学论著，这些论著的主要内容，是论述当时佛学界和社会所关注的一些基本理论问题，解答人们对佛教的某些疑惑，反驳儒、道，尤其是道教对佛教的各种批评和非难，同时也有一些文章论及出家与在家、佛法与王法的关系。

如著名的《牟子理惑论》、宗炳《明佛论》、郑鲜之《神不灭论》、萧琛《难范缜神灭论》、明僧绍《正二教论》、周颙《难张融门律》、朱昭之《难夷夏论》、刘勰《灭惑论》、慧远《沙门不敬王者论》、何尚之《答宋文帝赞扬佛教事》等，便为代表之作。

《广弘明集》的主要内容，如本书《题解》所介绍，亦大致为上述几个方面，而且在所收文章的时间断限上，与《弘明集》正相衔接，多为梁至隋唐时期的作品；在文章收罗的范围上，则更为广泛，可补《弘明集》之不足。如齐、梁时发生的一场激烈的关于神灭与否的论争，《弘明集》只收了曹思文、萧琛等人的《难范缜神灭论》，却没有收同时参加辩争的沈约的《形神论》《神不灭论》《难范缜神灭论》，而沈约的这些文章，皆见于《广弘明集》卷二十二中。

又如关于沙门应否敬王的问题，《弘明集》收入了东晋时期慧远的《沙门不敬王者论并序》，《广弘明集》则收录了唐高宗时释威秀、道宣、彦悰等人论述沙门不应拜俗的许多表状启论，并有道宣对魏晋以来沙门敬王之争的叙述，两书并参，方能见魏晋以来敬王之争的始末。再像论及佛教与政治关系的《何尚之答宋文帝赞佛教事》，既见于《弘明集》卷十一，复见于《广弘明集》卷一，更是二书内容相袭相承的显例。宋《碛砂藏》本《广弘明集》，于每篇之首多附有《弘明集》某某篇目录，如《归正篇》卷首先列“梁《弘明集》归正目录”：

明僧绍正二教论

谢镇之析夷夏论

朱昭之难夷夏论

朱广之谘夷夏论

释慧通驳夷夏论

释僧敏戎华论

何尚之答宋文佛教

谯王论孔释教（并张答）

次列“《广弘明集》归正篇总目”：

子书商太宰问孔子以佛为圣人

老子符子明以佛为师

汉显宗开佛化立本传

后汉书郊祀志

吴主孙权论佛化三宗

宋文帝集朝宰叙佛教

元魏孝明召释老门人述宗

元魏书释老志

南齐江淹遂古篇

北齐颜之推归心篇

梁阮孝绪七录序

北齐王劭齐志明佛教

梁高祖舍事道诏

北齐宣帝废道诏

隋释彦琮通极论

《弘明集》的编选虽基本上是按文章内容分类编排的，但并未分篇。这里，刊刻者依《广弘明集》所作的分篇，虽未必尽合僧祐原意，然而却大致符合《广弘明集》承《弘明集》而编纂成书的实际，符合道宣所自谓的“博访前叙，广综《弘明》”[③]，“广《弘明》者，言其弘护法网，开明于有识”[④]，“昔梁（指梁释僧祐的《弘明集》）已叙其致，今唐更广其尘，各有其志，明代代斯言之不绝”[⑤]的本意。

从《弘明集》到《广弘明集》，我们亦可见佛教自东汉传入中国以至初唐时期发展演变的基本线索和特色，可见佛教僧徒为佛学发展所做出的不懈的努力和斗争。

《广弘明集》虽承《弘明集》而撰，但由“源”到“流”，已有发展和变化。因为道宣编集此书时本就以为僧祐之书意犹未尽，即所谓“有梁所撰，或未寻讨”，所以《广弘明集》的编纂，无论在内容上还是在体例上，都已突破了《弘明集》的范围和限制，而有所发展，有所创新。

首先，与《弘明集》所相应的内容，《广弘明集》有的篇幅已大为增加。例如，历代帝王兴废佛教的诏敕，《弘明集》所收极少，而《广弘明集》则所收甚多。关于佛道两教斗争的论辩之文和史料，《弘明集》所收已多，但

《广弘明集》就更多，仅集中《辨惑篇》一篇，便多达十卷，个中原因，固然是道宣原有将《弘明集》扩而大之的用意，但也是由于道宣在编纂《广弘明集》前，已先成《集古今佛道论衡》四卷，而此书即专收自汉至唐佛道二教斗争的史实和论文，预为道宣撰《辨惑篇》做好了资料上的准备。

其次，与《弘明集》相应的内容，《广弘明集》多见于《归正篇》《辨惑篇》《法义篇》《僧行篇》数篇里，其余的篇目如《佛德篇》《慈济篇》《戒功篇》《启福篇》《悔罪篇》《统归篇》诸篇的内容，则多为《弘明集》所无。

第三，在编纂体例上，《弘明集》中的文章虽大致依类编排，但并不分篇，《广弘明集》则将全书分为十篇，各篇卷数不等。《弘明集》皆选古今人文，僧祐所撰仅书前序文和书末《弘明论》两篇，《广弘明集》则除了卷首有总序之外，每篇前皆有道宣分序，对设为某篇的原因、主旨和内容等，加以说明；其中《辨惑篇》以两卷的篇幅收录了道宣的《列代王臣滞惑解》，《僧行篇》中还收入道宣上唐高宗及宰辅等论沙门不应致拜君亲的表、启等；又，道宣对所选文章多有增删，并在所选之文的前后，时时附记数笔，或叙述文章写作的背景，或提示文章内容，或简介作者，或加以补充说明和论述，显示出鲜明的弘教护法思想倾向。

《广弘明集》在唐代即广为流传。撰于盛唐智昇的《开元释教录》中已著录此书，并称道宣“凡所修撰，并行于代”，释赞宁著《宋高僧传》卷十四《道宣传》，亦称“宣之编修，美流天下”。智昇和赞宁所言，虽非专指《广弘明集》而言，然亦可略见此书在当时是很流行的。《广弘明集》与《弘明集》亦为后世弘道护教类佛学著述的撰集开了先河，像宋张商英《护法论》、元子成《折疑论》等，虽未必受其影响而著，但究其源头则不能不追溯到《广弘明集》和《弘明集》。

## 注释：

①僧祐《弘明集序》。

②《广弘明集序》。

③《广弘明集序》。

④《广弘明集·统归篇序》。

⑤同上《法义篇序》。

# 解说

本书计从《广弘明集》中选出论序、赞颂、书诔、诗赋等各类文章三十三篇，这些文章以内容论，大致可分两类：

一是在中国佛学思想发展的不同阶段，具有一定代表性的论文。其中，既包括阐扬佛学基本教义的文章，也包括讨论当时佛学界和社会所特为关注的理论问题的文章；既有反驳儒道两家的某些观点的文章，也有主张调和折中儒释道三教的文章。

二是赞颂佛陀庄严美好、法力不可思议，悬拟西方佛国神奇瑰丽，描绘讲法盛况，表彰高僧德才学行，抒发崇信佛教、栖隐出世情志，以及描写寺塔宏伟洁净、山林优美秀丽的诗赋文章。下面即分别对所选原典的主要内容加以介绍，并结合现代社会生活中的文化现象略作评说。

先说第一类文章。

因果报应是佛教的基本教义之一，也是佛教自东汉传入中国以来，屡为儒道两家所诘难，以致引起激烈辩争的重要问题之一。在早期佛学的重要论著《牟子理惑论》中，已对此做过论辩。东晋时慧远曾作《三报论》《明报应论》，并与周续之、戴安公书信往返，讨论报应问题。

南北朝时较为著名的有何承天作《报应问》诘刘少府，谓因果报应之说“但是假设权教，劝人为善耳，无关实叙”；刘少府答书则就“报由三业，业有迟疾”加以阐述。（问答并见《广弘明集》卷十八）这里我们选入的颜之推的《归心篇》和李师政的《内德论·空有》等，皆论及这一问题。

颜氏认为，善恶祸福，相倚相报，并非佛教的一家之说，而是社会上的普遍看法。世间的事物及其联系参差变化，阴错阳差，有时当然不能一一对应、事事相合，但因此便认为报应之说是欺诳，三世之说为虚无，却不免失之浅薄和偏颇。与其为子孙留置终会穷尽的财产，不如令其信佛行善，预为来生之计。

颜之推的论述是从常理出发的，李师政则是在论述大乘空宗理论，批驳歪曲空理、执着成见、不信因果的观点时，涉及这一问题的，因而更富理论色彩。李师政指出，大乘空宗所说的空，讲的是空无自性，是一切事物和现象的因缘和合，而绝不是空无一物的空，更不能由这种对空的错误理解，推出善恶因果皆为空无的结论。

相反，大乘佛教讲事物的因缘和合而成，同时也就强调了事物间的因果联系。譬如人的寿夭，首先便与其行为的善恶密切相关，其次才是医药的疗效如何。若是人有善行，命该还魂，医药才能显示出其起死回生的妙用；若是行恶而应受报应，则圣医也回生无术。

在传统的儒家思想文化中，没有因果报应之论，却早就有殃庆之说。《周易·坤卦·文言》曰：“积善之家，必有余庆；积不善之家，必有余殃。”东汉王充在《论衡·福虚》中说：“行善者福至，为恶者祸来，福祸之应，皆天也，人为之，天应之。”便都是明确的殃庆论思想。这种思想与佛教的报应说很相似，二者都具有一种赏善罚恶的道德属性，因而在现实生活中报应论极易为人们所接受。

当然，报应论为中国传统文化所接受，还有它理论层次上的原因，那就是儒家“天地絪缊，万物化醇”（《周易·系辞》）的本体论思想，也与佛教的因缘之说有着相应的契合点，二者讲的都是联系、是中介，而非实体。正是由于因果报应论与善恶殃庆说和絪缊化生思想在理论上和现实中都有结合点，它才不仅被作为一种信仰来接受，而且早已逐渐融入中国传统文化、心理要素之中，以至在当今社会中仍具有劝善惩恶的积极意义，仍有益于社会风气的改进，用何承天《报应问》中的话说，就是“余谓佛经，但是假设权教，劝人为善耳”。

戒杀生害物，禁食肉饮酒，是佛教另一基本教义和戒律之一。一方面，它是以因果报应说为理论基石的；另一方面，它也是与佛教的终极目标相一致的。既然是善有善报，恶有恶报，杀生食肉便难免遭受苦报，甚而影响其成佛愿望的实现。如梁武帝萧衍即持此种主张，并影响到后世；既然佛教要给予众生快乐，要解除众生痛苦，当然也不能不顾及动物的生死安危。

本书所选沈约《究竟慈悲论》一文，提出佛教的慈悲不仅体现在戒杀生的方面，而且还应禁衣帛。沈约认为，人有嗜好，非一日可除，故小乘佛教不严禁食肉。但这只不过是权宜施教，《大般涅槃经》出，禁止食肉才明确起来。同样，《大般涅槃经》并未禁止穿丝绸，但佛教既以慈悲为怀，缫丝衣帛又仍属杀生害命，也就理应革除。

禁戒杀生的宗教意义此可不论，然释家素来提倡以慈悲为怀，以普救众生为任，以克制自我、救助他人为准绳，以自利利他、自觉觉他为人生解脱的最高境界，这一切都与中国古代社会理想化了的道德规范十分相近，并在历史上引发过美好善良、益国利民的动机，和努力奋斗、自我牺牲的激情，因此，毫无疑问，这种理想仍应为人们所嘉许，仍应予以发扬光大。

成佛成圣问题，是东晋时期佛学界和整个思想界曾激烈争论的问题，本书所选谢灵运《辨宗论（诸道人王卫军问答）》和竺道生《答王卫军书》，即是这一争论的实录。谢灵运在《辨宗论》中，对竺道生折中儒释，将儒家圣人可学和佛教圣人可至的观点结合起来，创为顿悟成佛的新说，进行了阐发，使儒佛在成圣问题上的异同清晰可辨。

关于谢灵运《辨宗论》在中国佛学思想史的重要地位和影响，汤用彤先生在《谢灵运辨宗论书后》一文中，有精辟的分析，此不赘述。

另外，值得我们注意的是，谢灵运并非佛教中人，在历史上他主要是一位著名的文学家，然而他的一篇短短的《辨宗论》，却在佛学史上产生了重要影响，这一方面又一次使魏晋南北朝时期许多士人和高僧往往兼通儒、释、道三教的事实，得到了验证；另一方面，如楼宇烈先生所正确指出的："佛教并不仅仅是出家僧人的信仰，而且有着极其广泛的世俗信仰者做其基础的。特别是其中有许多著名的思想家、文学家、艺术家，他们又不同于一般的信仰者，他们通过自己的文字著作或艺术作品，宣传和发展佛教理论，其社会影响和历史作用绝不下于那些出家高僧。”[①]这对于佛教在现代社会中的发展，无疑是有启发意义的。

二谛和法身问题，是南北朝时期大乘空宗各派热烈讨论的重要问题之一，本书选译的梁昭明太子萧统的《解二谛义令旨》和《解法身义令旨》，是可反映当时三论学者在此问题上认识深度的有代表性的论文。关于二谛，萧统认为，若就出世和入世只有一种无生无灭、永恒博大的最高精神境界论，佛理高于俗理；而若以真、俗二谛为两个相互独立、相互平行的世界和认识体系来论，二者则又不必强分高低。

至于法身，萧统则认为它既无形无状，无来无去，不可言说，没有分别，又不等于虚空无物；既无生无灭、永恒普遍，又绝非实有，而是非有非无、离有离无的精神本体。本书另选有慧远的一篇《万佛影铭序》，此序对他所理解的神格化的法身，作了形象的描绘，可与萧统之文参阅。

我们在本书的《题解》部分，曾谈到中国佛教的发展，经历过一个与儒、道思想从冲突到融合的曲折过程，而道宣在他所编选的《广弘明集》中，则相当广泛地搜集了许多足以反映上述发展过程的重要资料。颜之推《归心篇》、沈约《均圣论》、彦悰《沙门不应拜俗总论》、道安《二教论·依法除疑》、慧琳《破邪论（对傅奕废佛僧事）》、李师政《内德论·空有》，便是我们从这些资料中选出的部分篇目。

颜之推《归心篇》认为，儒释二教，本为一体，释氏不杀、不盗等五种禁戒，即犹儒家的仁、义、礼、智、信五常，只不过佛理比儒教更为渊深广博。既然如此，当然就不应对佛教加以非难而应诚心归附了。颜氏在文中列出责难佛教迂诞、欺诳、僧徒滥杂等的五种观点，一一予以辩驳。比如，他认为人们并没有因为解释不了日月星辰的运行变化，就去怀疑自己的耳闻目见，那么轻易否定自己还不甚了解的佛理，也就显属不当。僧徒之中确有名实不符者，但士人学诗习礼亦有高下之分，又怎能对僧人就一概求全责备呢？颜之推的这些论辩，多是引据生活常理，将儒释牵强比附，虽不免生硬，然而这种通过牵合儒释来反驳人们对佛教的攻击的思想倾向和方法，却从一个侧面反映出佛教发展的艰难历程，反映出儒释融合的曲折轨迹，对后世是颇有影响的。

沈约《均圣论》对儒释的调和，较之《归心篇》，更为明显。在沈约看来，人类社会是不断发展的，随着社会的发展进步，原本一些不为人所认识的道理，可以逐渐为人们所认识，佛教就是如此。远古人类茹毛饮血，自然谈不上去戒杀。随着社会的进步，儒家提出君子远庖厨，畋猎有时，这就是教人悲悯惜生，而与佛教的仁慈、戒杀生相一致。由此可见，“内圣外圣，义均理一”。

用生活的常理来论证儒佛思想的相近，进而消除人们对佛教的排斥心理，是有一定的可行性的，但若讨论沙门是否应当致拜君亲之类的问题，则主要要强调儒佛的相异了。唐释彦悰的《沙门不应拜俗总论》，认为沙门不应致拜君亲的根本原因，就在于出世不同于入世，僧俗有别，各有所宗，俗世的礼法规矩不能强加在僧众头上。不过，文中一要用生活常理对这一点加以说明，就又回到了将释比儒的路上。

北周释道安的《二教论》和唐释法琳的《破邪论》，都是当日佛、道激烈斗争的产物。道宣在《广弘明集序》中指出：“姚安著论，抑道在于儒流；陈琳缀篇，扬释越于朝典。”可见这两篇文章的论辩色彩是很浓的。不过，我们这里所节选的部分，文笔要缓和得多。

道安《二教论·依法除疑》一节提出，世上万物，禀性不齐，沙门中亦难免鱼龙混杂的现象，但不能因此就以偏概全，因人废教，而应当以道废人，依法行事，从而解除世人对佛教的疑虑。这种论断，应该说是比较通达的。

慧琳《破邪论》的末节，针对傅奕要僧众还俗的观点，比较三教异同，盛赞佛教博大精深，“万德俱融”，远出儒道之上。西方佛国，庄严圣洁，幸福快乐。佛教自传入中国，得帝王崇信，高僧硕学，举不胜举。此文虽不免有夸饰之处，但毕竟反映出佛教不断发展和僧徒对本教所充满的自信心。

李师政的《内德论·空有》又与上面的文章稍有不同，它更多地从理论上批驳了来自佛教内部和外部的偏执之见。文章指出，大乘空宗是主张“空”，但这种“空”是无自性之“空”，而绝非空无所有之“空”。因为万物既是因缘和合而成，也就有其作为假相的存在。只看到事物空无自性的一面，或只看到假相的存在，都失之偏颇，不合中道。若误以为万物皆为空无，不信因果，恣情作恶，那只能自堕苦海，与成佛无缘。此文还吸收了大乘有宗的观点（如“万境唯识造”），亦不排斥小乘佛教，从中我们可以略见初唐时期大乘空有两宗、大小二乘间的相互吸收与融合。

无论从佛教传入中国之后，经过与中国本土文化的不断冲突，而逐渐地自我调适，在中国传统文化中植根生长、发展繁荣来考察，还是从中国传统思想文化对外来佛教的既有排斥更有改造、吸收、融合来看，任何一种文化，都应以宽宏的品格，不断地在与不同文化的碰撞中汲取新的营养，丰富和发展自己，以适应不断改变着的历史环境，以永保自身的根深叶茂，生生不息。同时，我们应该注意到，在中国，自魏晋南北朝起，儒、释、道三教虽有冲突（尤其是释道之间），有时出于政治的原因，还出现过流血事件，但综括三教的关系及其发展，则始终是一种以儒家思想文化为主干而儒、释、道三教合一、圆融的局面，并未发生过宗教战争，而至今在世界上许多地区，却不断爆发由宗教纷争引起的残酷战争。

正如周勋初曾正确指出的，这种文化现象启示我们："执政者对宗教应持超脱的态度，提倡各宗教之间的相互尊重，求同存异。作为社会的人……应有一定的道德规范，在此基础上，各人自可根据精神生活的需要，信仰某一宗教，或者兼崇几种宗教，或者不信任何宗教。……这种诸教圆融的社会生活，可以避免许多人间悲剧。"②

现在我们说第二类文章。这类文章包罗的内容较为广泛。

支遁《阿弥陀佛像赞并序》勾勒了西方佛国没有等级制度、没有奸佞邪恶的美好生活，并为人们展示了佛国殿宇寺塔宏伟辉煌、山水园囿神奇瑰丽的优美景观。

陆云的《御讲波若经序》，记述梁武帝在华林园开讲

《摩诃般若经 · 三慧品》时，朝野倾动，听众云集，灵异迭现的盛况，再现了般若学于魏晋之后重又兴盛的状况。萧子云的《玄圃园讲赋》，则详细地描述了梁昭明太子萧统于玄圃园中讲法的盛况。通过这两篇文章，人们可以想见南朝佛教的兴盛。

慧远的《念佛三昧诗集序》和《与隐士刘遗民等书》，都是主张修行念佛三昧、倡导净土信仰的文章。这种专心念佛，期生佛国的法门，后经北魏昙鸾，唐道绰、善导等大力开创，形成了净土宗，影响极为广泛，尤其是深入民间。

净土信仰广泛传播的原因是多方面的，然而其为来生作计的宗教目的和修行方法由观想念佛到口称念佛的简化，则应是最主要的原因③。净土信仰在中国民间的盛行，真实地反映了古代人民对现实苦难生活的不满，和来世期生西方净土，得享美好生活的渴望。

道宣将萧子显的《净住子净行法门》二十卷缩为一卷，这里我们选收了《开物归信门》一节。此节主要劝导人们坚定信念，修善守戒，除累灭欲，以成正果。

力倡涅槃佛性说和顿悟成佛说，在中国佛学史和哲学史上占有重要地位的东晋竺道生，其生平行事和道德学问，我们可以从刘宋释慧琳的《龙光寺竺道生法师诔序》中略见一斑。唐代著名高僧玄奘法师不畏艰险西行取经，功绩昭著，唐太宗李世民亲为其所译佛经写序，即《三藏圣教序》，对此做了表彰。

其他像刘孝标的《东阳金华山栖志》、萧纲的《答湘东王书》、萧绎的《与刘智藏书》以及支遁《八关斋诗并序》、萧纲《被幽述志诗并序》、庾信《奉和（梁简文帝）望同泰寺浮图诗》、王冏《奉和（江令）往虎窟山寺诗》和唐太宗李世民的《谒并州大兴国寺》，或写山居美景、栖隐情志，或抒归心佛法、期羡高僧之情，或言临终随化情志，或记结社斋戒之事，或描绘寺塔宏伟庄严，或抒写山游之趣，都是优美的文学作品。

另外，我们还选了萧绎的《内典碑铭集林序》，此序虽主要是论碑铭，然其文质并重的主张，却具有普遍的意义。慧皎的《答王曼颖书》这里也选了，此文有助于我们研读他的名作《高僧传》。

## 注释：

①《中国佛教思想资料选编编后》，载（中华书局）《书品》一九八九年第三期。

②《三教论衡与文士心态》，载《中国传统思想文化与二十一世纪国际学术研讨会论文选集》，南京大学出版社一九九二年版。

③汤用彤先生对此有精辟分析，参其《隋唐佛教史稿》页一九三、一九四，中华书局一九八二年版。

# 附录

# 《广弘明集》两种版本对照表

陈垣先生在论及《广弘明集》的版本问题时曾指出："应将（《广弘明集》三十卷、四十卷）两本卷数对照，列表如后。"（《中国佛教史籍概论》卷三）然限于体例，未遑罗列。今三十卷本取《碛砂藏》、四十卷本取《四部备要》本《广弘明集》，列表如下，以裨读者。

| 《碛砂藏》本<br>（三十卷本） | 《四部备要》本<br>（四十卷本） |
| --- | --- |
| 第一至第十二卷 | 第一至第十二卷 |
| 第十三卷 | 第十三、十四卷 |

| 第十四卷 | 第十五卷 |
| --- | --- |
| 第十五卷 | 第十六、十七卷 |
| 第十六卷 | 第十八卷 |
| 第十七卷 | 第十九卷 |
| 第十八卷 | 第二十、二十一卷 |
| 第十九卷 | 第二十二卷 |
| 第二十卷 | 第二十三卷 |
| 第二十一卷 | 第二十四卷 |
| 第二十二卷 | 第二十五卷 |
| 第二十三卷 | 第二十六卷 |
| 第二十四卷 | 第二十七卷 |
| 第二十五卷 | 第二十八、二十九卷 |
| 第二十六卷 | 第三十、三十一卷 |
| 第二十七卷 | 第三十二至三十四卷 |
| 第二十八卷 | 第三十五、三十六卷 |
| 第二十九卷 | 第三十七、三十八卷 |
| 第三十卷 | 第三十九、四十卷 |

# 附记

在本书的写作过程中，南京大学哲学系周继旨教授一直予以热情支持和鼓励，并审阅了本书的《题解》和《源流》部分。南京大学中文系副教授张伯伟博士，亦曾对本书的工作给予热情帮助。谨在此一并致谢。限于作者学识，书中的疏漏讹误，在所难免，诚望读者批评指教。

# 参考书目

1.《大正新修大藏经》 中华文化会馆及新文丰出版公司影印本

2.《广弘明集》 唐释道宣 《影宋碛砂版大藏经》本

3.《广弘明集》《大正新修大藏经》本

4 《广弘明集》《频伽大藏经》本

5.《广弘明集》《四部丛刊》本

6.《广弘明集》《四部备要》本

7.《弘明集》 梁释僧祐 《碛砂藏》本

8.《集古今佛道论衡》 唐释道宣 《大正藏》本

9.《出三藏记集》 梁释僧祐 《大正藏》本

10.《开元释教录》 唐释智昇 《大正藏》本

11.《四库全书总目》 清永瑢等 中华书局一九六

五年版

12.《大般涅槃经》 北凉昙无谶译 《大正藏》本

13.《大般涅槃经》 刘宋慧严等译 同上

14.《杂阿含经》 刘宋求那跋陀罗译 同上

15.《维摩诘所说经注》 僧肇注 同上

16.《摩诃般若波罗蜜经》 姚秦鸠摩罗什译 同上

17.《妙法莲华经》 姚秦鸠摩罗什译 同上

18.《金光明经玄义》 隋智𫖮释 金陵刻经处本

19.《大楼炭经》 西晋法立等译 《大正藏》本

20.《佛说海龙王经》 西晋竺法护译 同上

21.《大方广佛华严经》 唐实叉难陀译 同上

22.《金刚般若波罗蜜经》 姚秦鸠摩罗什译 同上

23.《无量寿经义疏》 隋释慧远 金陵刻经处本

24.《十诵律》 后秦弗若多罗等译 《大正藏》本

25.《大智度论》 姚秦鸠摩罗什译 同上

26.《大乘义章》 隋释慧远 《续藏经》本

27.《论语》《四书章句集注》本

28.《孟子》 同上

29.《诗集传》 宋朱熹 上海古籍出版社一九八〇年新一版

30.《尚书》 阮元《十三经注疏》本

31.《周易》 同上

32.《周礼》 阮元《十三经注疏》本

33.《礼记》 同上

34.《仪礼》 同上

35.《春秋左氏传》 同上

36.《春秋穀梁传》 同上

37.《春秋公羊传》 同上

38.《孝经》 同上

39.《老子校释》 朱谦之 中华书局一九八四年版

40.《庄子集释》 清郭庆藩 中华书局一九六一年版

41.《云笈七签》 宋张君房 《四部丛刊》本

42.《高僧传》 梁释慧皎 《大正藏》本

43.《续高僧传》 唐释道宣 同上

44.《宋高僧传》 宋释赞宁 中华书局一九八七年版

45.《佛祖统纪》 宋释志磐 《大正藏》本

46.《佛祖历代通载》 元释念常 同上

47.《法显传校注》 章巽 上海古籍出版社一九八五年版

48.《国语》 上海古籍出版社一九七八年版

49.《战国策》《四部备要》本

50.《史记》 汉司马迁 中华书局一九五九年版

51.《汉书》 东汉班固　中华书局一九六二年版

52.《后汉书》 刘宋范晔　中华书局一九六五年版

53.《三国志》 晋陈寿　中华书局一九五九年版

54.《晋书》 唐房玄龄　中华书局一九七四年版

55.《宋书》 梁沈约　同上

56.《南齐书》 梁萧子显　中华书局一九七二年版

57.《梁书》 唐姚思廉　中华书局一九七三年版

58.《陈书》 唐姚思廉　中华书局一九七二年版

59.《南史》 唐李延寿　中华书局一九七五年版

60.《魏书》 北齐魏收　中华书局一九七四年版

61.《旧唐书》 后晋刘昫　中华书局一九七五版

62.《高士传》 晋皇甫谧 《丛书集成初编》本

63.《列仙传》 汉刘向 《四库全书》本

64.《山海经校注》 袁珂　上海古籍出版社排印本

65.《三辅黄图》 佚名 《四库全书》本

66.《水经注》 北魏郦道元　同上，一九九〇年版

67.《洛阳伽蓝记》 东魏杨衒之　上海古籍出版社一九七八年版

68.《释迦方志》 唐释道宣　中华书局一九八三年版

69.《大唐西域记》 唐释玄奘述，辩机撰　中华书局一九八五年版

70.《太平寰宇记》 宋乐史 《四库全书》本
71.《嘉庆重修一统志》 中华书局一九八六年版
72.《彰德府志》 台湾学生书局一九六八年版
73.《金华府志》 同上
74.《峨眉县志》 四川人民出版社一九九一年版
75.《读史方舆纪要》 清顾祖禹 清敷文阁刊本
76.《管子集校》 许维遹等 科学出版社一九五五年版
77.《荀子集解》 清王先谦 科学出版社一九八八年版
78.《列子集释》 杨伯峻 科学出版社一九七九年版
79.《淮南鸿烈集解》 刘文典 科学出版社一九八九年版
80.《法言义疏》 汪荣宝 中华书局排印本
81.《抱朴子》 东晋葛洪 《四部备要》本
82.《世说新语笺疏》 余嘉锡 中华书局一九八三年版
83.《论衡集解》 刘盼遂 中华书局一九五九年版
84.《金楼子》 梁萧绎 《知不足斋丛书》本
85.《颜氏家训集解》 王利器 上海古籍出版社一九八〇年版

86.《本草纲目》 明李时珍　人民卫生出版社一九七七—一九八二年版

87.《广博物志》 董斯张　高晖堂重刊本

88.《全上古三代秦汉三国六朝文》 清严可均　中华书局一九五八年影印本

89.《先秦汉魏晋南北朝诗》 逯钦立　中华书局一九八三年版

90.《文选》 李善注　中华书局一九七七年版

91.《全唐文》 清董诰等　中华书局一九八三年影印本

92.《庾子山集注》 清倪璠　中华书局一九八〇年版

93.《刘孝标集校注》 罗国威　上海古籍出版社一九八八年版

94.《陆机集》 中华书局一九八二年版

95.《曹植集校注》 赵幼文　人民文学出版社一九八四年版

96.《文心雕龙注》 范文澜　人民文学出版社一九五九年版

97.《经律异相》 梁僧旻等 《大正藏》本

98.《法苑珠林》 唐道世　同上

99.《翻译名义集》 宋法云 《大正藏》本

100.《一切经音义》 唐慧琳 上海古籍出版社影印本

101.《佛学大辞典》 丁福保 文物出版社一九八八年版

102.《艺文类聚》 唐欧阳询 上海古籍出版社一九八二年版

103.《太平御览》 宋李昉 中华书局一九六〇年版

104.《说文解字注》 清段玉裁 上海古籍出版社一九八一年版

105.《广雅疏证》 清王念孙 《四部备要》本

106.《汉魏两晋南北朝佛教史》 汤用彤 中华书局一九八三年版

107.《隋唐佛教史稿》 汤用彤 中华书局一九八二年版

108.《中国佛学源流略讲》 吕澂 中华书局一九七九年版

109.《中国佛教史》(一至三卷) 任继愈 中国社会科学出版社一九八一、八五、八八年版

110.《中国哲学史新编》(四) 冯友兰 人民出版社一九八四年版

111.《中国佛教史籍概论》 陈垣 中华书局一九八八年版

112.《中国佛教思想资料选编》(一至三卷) 石峻等 中华书局一九八一——一九九〇年版。

113.《汤用彤学术论文集》 中华书局一九八三年版

114.《周叔迦佛学论著集》 中华书局一九九一年版

115.《理学·佛学·玄学》 汤用彤 北京大学出版社一九九一年版

# 出版后记

星云大师说：“我童年出家的栖霞寺里面，有一座庄严的藏经楼，楼上收藏佛经，楼下是法堂，平常如同圣地一般，戒备森严，不准亲近一步。后来好不容易有机缘进到藏经楼，见到那些经书，大都是木刻本，既没有分段也没有标点，有如天书，当然我是看不懂的。”大师忧心《大藏经》卷帙浩繁，又藏于深山宝刹，平常百姓只能望藏兴叹；藏海无边，文辞古朴，亦让人望文却步。在大师倡导主持下，集合两岸近百位学者，经五年之努力，终于编修了这部多层次、多角度、全面反映佛教文化的白话精华大藏经——《中国佛教经典宝藏》，将佛教深睿的奥义妙法通俗地再现今世，为现代人提供学佛求法的方便途径。

完整地引进《中国佛教经典宝藏》是我们的夙愿，

三年来，我们组织了简体字版的编审委员会，编订了详细精当的《编辑手册》，吸收了近二十年来佛学研究的新成果，对整套丛书重新编审编校。需要说明的是此次出版将丛书名更改为《中国佛学经典宝藏》。

佛曰：一旦起心动念，也就有了因果。三年的不懈努力，终于功德圆满。一百三十二册，精校精勘，美轮美奂。翰墨书香，融入经藏智慧；典雅庄严，裹沁着玄妙法门。我们相信，大师与经藏的智慧一定能普应于世，济助众生。

东方出版社

图书在版编目（CIP）数据

广弘明集／巩本栋 释译．—北京：东方出版社，2018.10
（中国佛学经典宝藏）
ISBN 978 - 7 - 5060 - 8599 - 1

Ⅰ．①广…　Ⅱ．①巩…　Ⅲ．①佛教史—中国—唐代②《广弘明集》—注释③《广弘明集》—译文　Ⅳ．① B949.2

中国版本图书馆 CIP 数据核字（2015）第 322221 号



广弘明集
（GUANG HONGMING JI）

释 译 者：巩本栋
责任编辑：王梦楠　杨　灿
出　　版：东方出版社
发　　行：人民东方出版传媒有限公司
地　　址：北京市东城区东四十条 113 号
邮　　编：100007
印　　刷：北京京都六环印刷厂
版　　次：2018 年 10 月第 1 版
印　　次：2018 年 10 月第 1 次印刷
开　　本：880 毫米 ×1230 毫米　1/32
印　　张：13
字　　数：183 千字
书　　号：978 - 7 - 5060 - 8599 - 1
定　　价：62.00 元
发行电话：（010）85924663　85924644　85924641